U0083214

中國學術思想研究輯刊

十九編

林 慶 彰 主編

第22冊

禪宗非言語行爲之語言研究（上）

康 莊 著

花木蘭文化出版社

國家圖書館出版品預行編目資料

禪宗非言語行為之語言研究（上）／康莊 著 -- 初版 -- 新北市：
花木蘭文化出版社，2014〔民 103〕
目 4+180 面；19×26 公分
（中國學術思想研究輯刊 十九編；第 22 冊）
ISBN 978-986-322-941-4（精裝）
1.禪宗 2.佛教哲學
030.8 103014785

中國學術思想研究輯刊
十九編 第二二冊 ISBN：978-986-322-941-4

禪宗非言語行爲之語言研究（上）

作　　者　康　莊
主　　編　林慶彰
總 編 輯　杜潔祥
副總編輯　楊嘉樂
編　　輯　許郁翎
出　　版　花木蘭文化出版社
社　　長　高小娟
聯絡地址　235 新北市中和區中安街七二號十三樓
電話：02-2923-1455／傳真：02-2923-1452
網　　址　http://www.huamulan.tw 信箱 hml 810518@gmail.com
印　　刷　普羅文化出版廣告事業
封面設計　劉開工作室
初　　版　2014 年 9 月
定　　價　十九編 25 冊（精裝）新台幣 42,000 元

禪宗非言語行爲之語言研究（上）

康　莊　著

作者簡介

康莊，男，西北大學文學博士，北京師範大學訪問學者。畢業於西北大學文學院古代文學專業，研究方向爲佛教文學。現供職於廣東省肇慶學院文學院，該成果爲廣東省哲學社會科學「十一五」規劃專案，立項編號：GD10XZW10。

提　要

人類不斷創造詞語概念，建構起了豐富的經驗世界。但當人們「尊重傳統的權威」，通過詞語概念對語言觀念進行考察，並試圖發現事物未被闡釋之前就已有所暗示但指向性不明確的東西時，卻發現通常的語言觀念中所謂的本質，是無法釐清的。而詞語與概念僅僅是一種現象，其能指與所指之間的關係本身並不牢固。因此，在人們探尋本眞存在家園的途中，語言不一定能提供幫助，反而會對返歸思想原始性與質樸性的超越性追求形成障礙。如何實現對不可說的言說，成爲長期困擾中西方宗教與哲學表述的重要難題。自唐以來，中國化了的禪宗提出「不立文字」、「言語道斷」，並以種種非言語的行爲接引學人，一反傳統佛教注重經籍傳承的習俗，在中國佛教思想發展史上迎來了一次巨大的「語言的轉向」，也正是對這一難題表述的嘗試。

禪宗自惠能之後，在禪法修行方法上由傳統的單一禪坐發展爲生活行爲皆可修證。從禪宗歷代語錄中可見，唐五代時期的禪師在「不立文字」的宗門意旨下傾向於不依經論、言說，直接面授弟子，傳佛心印。他們創造性地使用棒打、大喝、沉默、圓相、手勢、足勢、體勢等多種非言語行爲，甚至將之發展成爲個人或宗門的禪法特徵。本文立足於禪宗文獻，從禪法啓悟過程中禪師所使用的副語言、身體姿勢、身體接觸、圖示呈示四大維度，綜合考察禪林宗門教化過程中的非言語行爲的類型與發生機制，進而歸納出禪宗非言語行爲所蘊含的宗門思維方式，爲中國古典文化研究提供一種新的思路。

目次

上冊

前　言

禪宗自惠能〔註1〕之後，在禪法修行方法上發生了巨大變革，由傳統的單一禪坐發展爲生活行爲皆可修證。「不立文字」、「以心傳心」的宗門意旨，則令禪師傾向於不依經論、言說，直接面授弟子，傳佛心印。禪宗追求的第一義諦，可名之爲「心」、「佛性」或者「眞如」。達摩西來，依據的四卷本《楞伽經》中得證第一義諦的手段強調「宗通」，也就是遠離文字、言說，達到對第一義諦的自證自覺。雖然與「宗通」相對應的「說通」，即通過文字、言說教人度脫，並未被摒棄。但就禪宗追求的自性清淨而言，「宗通」比「說通」更符合第一義諦不可言傳的特點。禪宗講明心見性，要求修行者超越知識經驗、邏輯理性的樊籬，自然是盡量迴避言語、文字的。所以，禪宗自稱「教外別傳，不立文字」，接引學人得證第一義諦的方式也是「直指人心，見性成佛」。但第一義諦不可言語、文字傳達的特點，讓禪師在禪法傳承的過程中陷

〔註1〕對於六祖惠能是「惠能」還是「慧能」，杜繼文、魏道儒的《中國禪宗通史》曾予以討論：「《六祖大師緣起外記》與《六祖大師法寶壇經略序》均署名法海，事實上是一個原本。……《妙記》作『惠能』，《略序》作『慧能』；在解釋其所以如此命名時，前者謂：『惠者，以法惠濟眾生』；後者謂：『慧者，以法慧施眾生』。惠、慧兩字，古文可以通用，但佛教在使用上有別：『惠』是『施』義；『慧』則是『智』。以『法惠濟眾生』，屬六度中的布施；以『法慧施眾生』，則是六度中的般若。」（杜繼文，魏道儒《中國禪宗通史》，南京：江蘇人民出版社，2007年，第128頁。）對此，西北大學文學院普慧（張弘）撰《禪宗六祖得名小考》一文，認爲六祖惠能本來用字即爲「惠能」，不存在釋義問題。而宋贊寧改其名爲「慧能」，暗含「般若」之意。元宗寶恢復其「惠能」本名，則暗含「布施」之意。因此，「惠能」與「慧能」之別，只能反映大乘佛教內部的旨趣不一，故而應恢復其本來用字，即「惠能」。（普慧《禪宗六祖得名小考》，收於《中國語言文獻與文學文獻高層論壇》，文獻編輯部西北大學文學院聯合主辦，2007年11月，中國西安。）

入了兩難的困境。正如H·奧特在《不可言說的言說》中論及基督教上帝「不可說」時提到的那樣，「怎樣能夠不對不可說的保持沉默，而是言說；怎樣能夠使它進入人際間的理解」。〔註 2〕因此，禪師於語言、文字之外，尋找著傳達心性的方便法門。

中唐以來，惠能南禪興盛天下。其弟子南嶽懷讓門下出馬祖道一和尚，創立洪州禪法。洪州禪系的僧人，秉承宗門「不立文字」的意旨，在其禪法教育活動中好以「勢」示人。其非言語的禪法啓悟方法，如棒喝、身勢動作、刻意沉默或畫圓相等，既有效地規避了言語、文字，又傳達了「行住坐臥，無非是道」的洪州禪修證理路。其宗門法嗣的臨濟宗與溈仰宗，繼續以非言語的禪教手段接引學人，其中就包括禪史上赫赫有名的「臨濟喝」與「溈仰圓相」。六祖惠能的另一位弟子青原行思，其法系弟子南陽慧忠、鳥窠道林、丹霞天然、德山宣鑒等，皆有以非言語的方式啓悟學人的公案，其中「德山棒」名播禪林，「天下言激箭之禪道者，有德山門風焉」，〔註 3〕在其時代有著巨大的社會影響力。綜而論之，南禪一系禪師在禪法啓悟過程中所使用的種種非言語行爲，皆是從心性思想生發出的機用，以見性成佛爲終極目的，有著非常嚴肅宗門形而上追溯的立場。「禪宗動作可以看做空性在現象中的感性展現」，〔註 4〕貫穿了宗門「不立文字」的語言觀，呈現了禪師個體的修證體驗，強化了禪師獨特的教化風格，具備禪宗語言學、禪宗史、禪宗思想史、禪宗美學等多重研究價值。

南禪禪師喜好以獨特的非言語行爲啓悟學人的做法，直到五代時期才逐漸式微。隨著宋代「文字禪」興起，大多數禪師由單純主張「不立文字」、「言語道斷「改爲暗中贊同「不離文字」，其中尤其以惠洪的觀點最爲鮮明。他在《石門文字禪》卷二十五《題宗鏡錄》中說，「然宗門要旨，雖即文字語言不可見，離文字語言亦安能見哉？」公開支持以言說、文字爲教。但是「禪家運用語言『不離文字』是以『不立文字』爲原則的」〔註 5〕，以言語、文字爲

〔註 2〕〔瑞士〕H·奧特《不可言說的言說：我們時代的上帝問題》，林克等譯，北京：三聯書店 1994 年，第 34 頁。

〔註 3〕〔宋〕贊寧《宋高僧傳》卷十二，范祥雍點校，北京：中華書局 1987 年，第 275 頁。

〔註 4〕龔雋《禪史鉤沈——以問題爲中心的思想史論述》，北京：三聯書店 2006 年，第 9 頁。

〔註 5〕方立天《禪宗的「不立文字」語言觀》，《中國人民大學學報》2002 年第 1 期，第 34～44 頁。

教的後果是禪宗語錄編纂興盛，非言語的禪法啓悟法則在實踐中逐漸減弱其存在功效。但前代祖師所使用的種種非言語的禪悟手段，仍不時被後代的禪師摹仿並討論。散見於禪宗燈錄，如《祖堂集》、《景德傳燈錄》、《五燈會元》中的經典公案，即爲明證。

一、研究對象的預設

1、「非言語」與「非言語交流」

本文提出的「非言語」概念，是基於索緒爾在《普通語言學教程》中對「語言（langue，英譯 language）」與「言語（parole，英譯 speaking）」之區分。〔註 6〕在人類的言語活動過程之中，語言是主要的、社會的、純心理的，是一種約定俗成的東西；言語則是次要的、個人的、物理的，是一種當下的語言實踐活動。李幼蒸認爲索緒爾對「語言」和「言語」的劃分，具有現代人文術語的嚴格性。他認爲「語言」具有社會性（集體性）、同時性（空間性）、結構性、形式性、自主性、齊一性、內在性、系統性、規則性、關係性、潛在性和靜態性；而「言語」則具有個人性（意志性）、歷時性（時間性）、事件性、實質性、受制性、多樣性、外在性、過程性、事實性、個別性、實在性和動態性。〔註 7〕整體而言，「語言」是潛藏於一個社會群體的語法系統，在這個系統之內，人們使用言語符號（話語、文字）或者非言語符號（動作、圖象、語氣、身體接觸、環境等）進行交流。陳原曾說，「人類進行交際活動最重要的交際工具當然是語言，但是交際工具決不只是語言，例如還依靠許多非語言的符號。……實際上，社會交際常常混合了語言與非語言這兩種工具。」〔註 8〕結合陳原書中所舉實例，他所謂的「語言」對應的應該只是索緒爾區分之下的「言語」。

人類交際的實踐，可以簡單區分爲言語的和非言語的。相對於言語交流具有主觀賦與的、有明確指定意義的符號體系，非言語交流只是「個人發出有可能在他人頭腦裏產生意義的非言語暗示的加工過程」，〔註 9〕大致可以區

〔註 6〕〔瑞士〕費爾迪南・德・索緒爾《普通語言學教程》，高名凱譯，北京：商務印書館 1980 年，第 28～36 頁。

〔註 7〕李幼蒸《理論符號學導論》，北京：社會科學文獻出版社 1999 年，120 頁。

〔註 8〕陳原《社會語言學》，上海：學林出版社 1983 年，第 177 頁。

〔註 9〕〔美〕洛雷塔・A・馬蘭德羅、拉里・巴克《非言語交流》，孟小平等譯，北京：北京語言學院出版社 1991 年，第 9 頁。

分爲體態語（Body Language），包含身體姿勢、禮節動作等；副語言（Paralanguage），包括沉默、非語義聲音等；客體語（Object Language），包括衣著、氣味及個人用品等；環境語（Environmental Language），包括空間信息、時間信息等。〔註 10〕交際過程中，非言語交流的方式能對言語、文字交流，起到補充、否定、重複、調節、替代、強調的作用，〔註 11〕非言語行爲可能是交際主導者有意或無意的行爲，而交際功效產生的前提在於受教者的自領悟。

2、禪宗發展史上的非言語交流與非言語行為

佛教歷來有「教」與「禪」的分別，「教」是通過學習佛經記錄的佛祖經典言說而修證；「禪」是不憑藉言語、文字而達到的心靈直覺，所謂「教外別傳」也。在佛經故事中即有對非言語教化的肯定，如《維摩所說經》所載「文殊師利問維摩詰」事：

> 「何等是菩薩入不二法門？」時維摩詰默然無語。文殊師利歎曰：「善哉善哉，乃至無有文字語言，是眞入不二法門。」〔註 12〕

當文殊師利菩薩以言說闡述入形而上之眞如「不二法門」，直至天花亂墜時，維摩詰以非言語的方式——「默然無語」，陳述他對形而上眞如超言絕相、不可言語描述的肯定與認知。從而得到文殊師利「無有文字語言，是眞入不二法門」的讚歎。禪宗爲了在傳統佛教傳統教義之外，開拓出符合中國本土要求的思想意旨，刻意杜撰出一段「靈山說法」公案：

> 世尊在靈山會上，拈華示眾。是時眾皆默然，唯迦葉尊者破顏微笑。世尊曰：「吾有正法眼藏，涅槃妙心。實相無相，微妙法門。不立文字，教外別傳。付囑摩訶迦葉。」〔註 13〕

世尊拈花，迦葉尊者微笑領悟，宗門意旨在不藉助言說、文字的情況下，實現了非言語的交流。禪宗特別突出的是自己有別於「教」的定位，「禪悟的獨

〔註 10〕畢繼萬《跨文化非語言交際》，北京：外語教學與研究出版社 1998 年，第 7 頁。

〔註 11〕〔美〕洛雷塔・A・馬蘭德羅、拉里・巴克《非言語交流》，孟小平等譯，北京：北京語言學院出版社 1991 年，第 14～15 頁。

〔註 12〕〔姚秦〕鳩摩羅什譯《維摩詰所說經》卷中《文殊師利問疾品》,《大正藏》第 14 卷，第 551 頁下。

〔註 13〕〔宋〕普濟《五燈會元》卷一，蘇淵雷點校，北京：中華書局 1984 年，第 10 頁。

特修持覺悟方式，決定了它是超越思維、推理的，是排斥語言文字的」，〔註 14〕「不立文字」因此也有了朝向事實本身的形而上意旨了。自中唐以來，禪宗尤其是南禪一系禪師，在禪法交流的過程中，有意識地規避言說、文字，使用身體姿勢、棒打、大喝、副語言或者畫圓相等禪法啓悟法。如：

> 師一日在法堂上坐，見一僧從外來，便問訊了，向東邊叉手立，以目視師。師乃垂下左足，僧卻過西邊叉手立。師垂下右足，僧向中間叉手立。師收雙足，僧禮拜。〔註 15〕

晚唐時期溈仰宗的仰山慧寂禪師，在與學僧進行禪法應對時未發一言。二人之間的交流純粹以身體動作互相問答。這些動作的施爲，反映了交際雙方的對待言語、文字的態度，並且表述了個體的禪思理路，是一種「非言語」的思維方式。在此純粹的非言語交流過程中，彼此認知能夠達成交互，有其內在合理機制且符合禪宗獨特的修證需求。

相對於之前提及的非言語交流中體態語、副語言、客體語、環境語四種行爲劃分維度，本書所討論的禪宗非言語行爲，是更狹義的內容。主要是指唐五代時期，南禪一系禪師出於阻止學人從言說、文字上參證形而上本體之目的，在禪法應對過程中刻意使用的語氣詞、大喝、沉默、身體姿勢、身體動作、面部表情、棒打、腳踢以及畫圖等行爲，總歸其類，可分爲副語言、身勢、身觸、圖示四大類。

二、研究的現狀

禪宗在「不立文字」的原則之下，使用非言語的行爲進行禪教的事實，是任何一本關涉禪宗研究的專著皆無法迴避的論題。但絕大部分專著對於禪宗非言語行爲的研究，流於簡單描述，或淺層次地羅列，缺乏整體性的歸納和有深度的分析。大量的研究文字在強調禪宗「不立文字」的宗旨的同時，只關注禪宗的語言、文字，忽略對禪宗非言語行爲的嚴肅討論，這不是直面問題本身的研究。當前國內直接涉及禪宗非言語行爲的研究成果，主要集中在禪宗語言研究方面。比較突出的三部著作，分別是袁賓以筆名「于谷」出版的《禪宗語言和文獻》、張美蘭《禪宗語言概論》、周裕鍇《禪宗語言》。

〔註 14〕方立天《中國佛教哲學要義》，北京：中國人民大學出版社 2002 年，第 1114 頁。

〔註 15〕〔宋〕普濟《五燈會元》卷九，蘇淵雷點校，北京：中華書局 1984 年，第 534 頁。

袁賓《禪宗語言和文獻》一書，在第二章「超常出格：禪宗的語言實踐」中，專門討論了禪宗的「動作語」與「棒喝語」，認爲禪宗的動作語、棒喝語，有和禪宗口頭語一樣粗俗鄙野的風格。而「這種設施也體現了禪宗不立文字的語言觀，是禪僧們企圖擺脫通常言辭概念和思維程序束縛的、別出心裁的勇敢嘗試。」〔註 16〕

張美蘭《禪宗語言概論》一書，在第一章「禪宗語言概論」第六節，特意討論了「禪宗語言的非言語表達手法」，其中歸納出體勢語、目視行爲、面部表情和體隨語，並在體勢語下分出無言與有言兩大類，並專門討論了伴隨語言（副語言）。〔註 17〕

周裕鍇《禪宗語言》一書，分別在上編第三章「分燈禪：禪門宗門的確立」中討論「棒喝：截斷言路的手段」、「圓相：立象盡意的手段」、「作勢：示道啓悟的動作」；在第六章「默照禪與看話禪：走向前語言狀態」中討論了「默照：無言的妙用」；在下編第一章「拈花指月：禪語的象徵性」中討論了「動作語、棒喝語」。〔註 18〕

臺灣地區的研究，以中正大學蔡榮婷的碩士學位論文《景德傳燈錄之研究——以禪師啓悟弟子之方法爲中心》〔註 19〕爲始。其以景德傳燈錄爲研究背景，第三、四章爲該論文之重心，探討禪師啓悟弟子的方法。其中第四章以動作和默爲範圍，已經談到「溫和或激烈的動作」與「沉默」作爲導引弟子悟入自性的方法，對其進行歸納整理，並提出方法雖不等於「道」自身，卻具有幫助弟子悟入自性、提升生命的層次等作用等觀點。其 1990 年度獲國科會補助之專題計劃的《唐五代時期禪宗「圓相」研究》〔註 20〕，繼續討論禪宗非言語教法中的圖象爲教，拓展了禪宗非言語行爲研究的範疇和深度。

佛教史學類的研究成果，涉及到中晚唐五代時期的時候，對禪宗非言語交流的獨特風格，多少都有涉及。呂澂《中國佛學源流略講》〔註 21〕裏，提

〔註 16〕于谷《禪宗語言和文獻》，南昌：江西人民出版社 1995 年，第 41～43 頁。

〔註 17〕張美蘭《禪宗語言概論》，臺北：五南圖書出版公司 1998 年，第 37～56 頁。

〔註 18〕周裕鍇《禪宗語言》，杭州：浙江人民出版社 1999 年。

〔註 19〕蔡榮婷《景德傳燈錄之研究——以禪師啓悟弟子之方法爲中心》，臺北：政大中文所碩士論文 1984 年。本書於 1986 年由臺北文殊出版社以專書《禪師啓悟法》出版。

〔註 20〕蔡榮婷《唐五代時期禪宗「圓相」研究》，1990 年度獲臺灣國科會補助之專題計劃。

〔註 21〕呂澂《中國佛學源流略講》，北京：中華書局 1979 年。

到五家分燈時期各家宗風時，特舉潙仰宗不施言語的圓相爲例。蔣維喬的《中國佛教史》〔註 22〕論及禪宗一節時，提到臨濟下「五逆聞雷」之喝的峻烈禪風和潙仰宗的「體用語似爭而默契」的身勢語言。對此問題，禪宗史研究類的書籍更爲詳盡一些。較有代表性的印順的《中國禪宗史》〔註 23〕在論及洪州禪係禪者的風格時，說其主流有「粗暴作風」，指的正是洪州禪系打、喝、蹋的作風，書中指出臨濟宗對洪州宗風的繼承和發揚。印順還從人文地理的角度考察禪宗峻烈的非言語手段，稱爲「北方之強」。隨後的篇章之中，還提及禪宗的身勢、圓相等，但只是列舉，並未展開討論。楊曾文的《唐五代禪宗史》〔註 24〕在「南宗禪迅速興起」和「禪門五宗的形成及其早期傳播」兩章節中，談到馬祖道一禪法和禪風，提及動作、打、喝，認爲這種行爲給禪林生活帶來了一種能吸引世人注意的粗獷氣息和朝氣。隨後章節裏對馬祖門下的臨濟、潙仰二宗和其它宗門使用非言語的禪教手段都有所提及，並特別關注到非言語禪教手段的流弊，稱其導致禪風日益庸俗和敗落，消解宗門教義。杜繼文、魏道儒的《中國禪宗通史》〔註 25〕一書中，論及中唐洪州宗馬祖道一「隨處任眞」、「觸境皆如」的時候，提及他注意在日常的待人接物中發明禪理，啓迪後學。並專門提及其門下農禪一系，通過自身勞作，傳達宗門理念。並對分燈時期的臨濟棒喝、潙仰圓相、曹洞圓相以及宋代的默照禪，都有記述。由於其通史性質，還將禪宗使用非言語手段禪教的歷史，延承至元、明、清時期，屬於比較完整的羅列。

就禪宗思想研究而言，對禪宗非言語交流的方式更多從宗門義理發展的角度予以解析。早期頗具代表性的日本學者忽滑谷快天所著的《中國禪學思想史》〔註 26〕，將行棒豎拂、揚眉張目、圓相放喝，看做是禪風由純禪時代發展到禪機時代的重要表現。並對馬祖道一爲首的洪州禪以及希運、義玄、慧寂、宣鑒等人的非言語的禪機均有提及。葛兆光在《中國禪思想史》〔註 27〕一書，在「語言與意義——九至十世紀禪思想史的一個側面」中提到南宗禪在中唐導致的巨變，他認爲馬祖道一禪法的轉變，有一個由即心即佛到非心

〔註 22〕蔣維喬《中國佛教史》，上海：上海古籍出版社 2007 年。
〔註 23〕印順的《中國禪宗史》，上海：上海書店 1992 年。
〔註 24〕楊曾文《唐五代禪宗史》，北京：中國社會科學出版社 1999 年。
〔註 25〕杜繼文、魏道儒《中國禪宗通史》，南京：江蘇人民出版社 2007 年。
〔註 26〕〔日〕忽滑谷快天《中國禪學思想史》，上海：上海古籍出版社 1994 年。
〔註 27〕葛兆光《中國禪思想史》，北京：北京大學出版社 1998 年。

非佛的過程。而這一過程是心的自然流露而不是對知的求索。由心靈清靜到自然求索。而禪宗非言語的禪教手段正是自然求索的結果。潘桂明《中國禪宗思想歷程》〔註 28〕中，對洪州禪的非言語行爲的研究，認爲是其「行住坐臥皆是道」的理論的實踐。洪修平先後在《禪宗思想的形成與發展》〔註 29〕和《中國禪學思想史》〔註 30〕二書中，稱馬祖禪法將惠能的「心」發展到「人」，其非言語的禪教方法表達的是洪州禪法人性的凸顯，對隨後溈仰、臨濟的使用非言語方式，不假思維的特點均有提及。總而言之，這些認識比較表面零散，深度不夠，也未能實現系統性的觀照。在洪州禪系的研究專著裏，蘇樹華的《洪州禪》〔註 31〕和邱環的《馬祖道一禪法思想研究》〔註 32〕，集中對馬祖道一比較重要的非言語禪教手段進行了比較深刻的分析。

就宗教美學研究而言，皮朝綱的《禪宗美學史稿》〔註 33〕中將禪宗美學形容爲生命的美學，體驗的美學，而禪宗的棒喝、圓相、身勢等，透露的正是這樣的一種生動活潑的生命性，高揚的是生命的旗幟。並對非言語的圓相和默照進行了美學的解讀。在他與董運庭合作的《禪宗的美學》〔註 34〕一書裏，除了再度強調了生命美學之外，還關注了禪宗自證自悟的親證所帶來的審美直覺體驗。其中再度重申他曾在《靜默的美學》〔註 35〕一書中強調的禪宗以沉默爲美的美學境界。張節末的《禪宗美學》〔註 36〕裏雖然沒直接提到禪宗的非言語的交流方式，但其「說不可說之境」一章，強調禪宗對名相的破除，爲禪宗非言語交流的審美解讀提供了內在的思路。此外，周祖蔭在《中國佛教與美學》〔註 37〕提及梁啓超的「刺」的詩學觀源自於禪宗的「棒喝」。祁志祥在《佛教美學》〔註 38〕中關注到佛教的圓之美，並討論繪畫、雕塑、建築給人帶來的宗教審美體驗，以及其傳遞的宗教信息。

〔註 28〕潘桂明《中國禪宗思想歷程》，北京：今日中國出版社 1992 年。

〔註 29〕洪修平《禪宗思想的形成與發展》南京：江蘇古籍出版社 2000 年。

〔註 30〕洪修平《中國禪學思想史》，北京：中國人民大學出版社 2007 年。

〔註 31〕蘇樹華《洪州禪》，北京：宗教文化出版社 2005 年。

〔註 32〕邱環《馬祖道一禪法思想研究》，成都：巴蜀書社 2007 年。

〔註 33〕皮朝綱《禪宗美學史稿》，成都：成都電子科技大學出版社 1994 年。

〔註 34〕皮朝綱、董運庭《禪宗的美學》，臺北：臺灣鹿文文化事業有限公司 1995 年。

〔註 35〕皮朝綱《靜默的美學》，成都：成都電子科技大學出版社 1991 年。

〔註 36〕張節末《禪宗美學》，北京：北京大學出版社 2006 年。

〔註 37〕曾祖蔭《中國佛教與美學》，北京：文津出版有限公司 1994 年。

〔註 38〕祁志祥《佛教美學》，上海：上海人民出版社 1997 年。

就禪宗與文學研究而言，通常是發掘禪宗「不立文字」的非言語的思維理路，強調妙悟的審美之維。並從禪詩和禪理入手，發掘禪與詩的審美通性。但對禪宗獨特的行爲方式本身如何對文人文藝創作產生影響，研究卻不算很充分。鑒於孫昌武在《佛教與中國文學》〔註 39〕中討論的唐代文人與禪師之間的密切交往，文人頻繁的宗教活動，他們的文藝創作在宗教行爲方式中受到潛移默化地影響是有可能的。在《禪思與詩情》〔註 40〕一書中，孫昌武於「洪州宗——平常心是道」一章，進一步指出禪宗的非言語行爲對自性的肯定作用，但其強調個性的同時也消解著傳統，這對中唐文人個體創作的風格化頗有啓示。霍松林在爲張海沙《初盛唐佛教禪學與詩歌研究》〔註 41〕一書作的序文中提到晚唐五宗時代，禪的狂放與詩的香豔，有著相同的背景和構成機制。而禪的狂放更多是身體的呈現，詩的香豔更多也是身體的描寫，二者在肉身化主體上其實是能找到契合點的。張伯偉在《禪與詩學》〔註 42〕中，論及「佛學與晚唐五代詩格」問題時，提出詩論中「勢」這個概念，與禪宗的論「勢」的關係，而禪師的非言語方式是「勢」的最活潑表現。周裕鍇的《中國禪宗與詩歌》〔註 43〕一書，關注到禪宗非言語方式如棒喝、圓相等的直觀性，象徵性、暗示性，而且也指出禪宗喝佛罵祖、離經慢教的行爲，是對自性極大的肯定，這在中唐及以後詩人的文藝創作中都有體現。而非言語方式體現出的的隨意性、非分析性，都是詩禪一致的契合點。謝思煒在《禪宗與中國文學》〔註 44〕一書中，揭示了白居易受到洪州禪系的影響，接受觸事皆眞的思想，在詩作中注重表現生活細節，有著明顯的世俗化傾向。胡遂在《佛教禪宗與唐代詩風之發展演變》〔註 45〕中，關注到洪州禪法棒喝的峻烈風範對韓孟詩派奇崛險怪詩風的影響，以及洪州禪系的「行住坐臥，應機接物盡是道」對元白詩派平易淺俗詩風的引導。吳言生的《禪宗詩歌境界》〔註 46〕一書，對五宗禪法的意旨，予以詩性解讀。其中對臨濟「四喝」，溈仰宗「圓相」，都關注到其非言語行爲本身反映的直觀內證的理路對詩性的啓發。

〔註 39〕孫昌武《佛教與中國文學》，上海：上海人民出版社 2007 年。
〔註 40〕孫昌武《禪思與詩情》，北京：中華書局 1997 年。
〔註 41〕張海沙《初盛唐佛教禪學與詩歌研究》，北京：中國社會科學出版社 2002 年。
〔註 42〕張伯偉《禪與詩學》，杭州：浙江人民出版社 1992 年。
〔註 43〕周裕鍇《中國禪宗與詩歌》，上海：上海人民出版社 1992 年。
〔註 44〕謝思煒《禪宗與中國文學》，北京：中國社會科學出版社 1993 年。
〔註 45〕胡遂《佛教禪宗與唐代詩風之發展演變》，北京：中華書局 2007 年。
〔註 46〕吳言生《禪宗詩歌境界》，北京：中華書局 2001 年。

在以上所有關涉禪宗非言語行爲的研究，都必須強調一個前提，那就是禪宗「不立文字」的基本立場。這是禪宗非言語行爲發生的根本原因，體現的是一種強調「不可說」的「非言語」思維，這與西方語言哲學轉向中的維特根斯坦的「不可說」有契合之處。同時，禪宗非言語行爲可以看作形而上「空性」在現象中的展開，與胡塞爾、梅洛龐蒂的現象學理論也可架構內在聯繫。而以西方哲學重新審度禪宗語言觀，龔雋在《禪史鈎沈——以問題爲中心的思想史論述》〔註 47〕從思想史的角度探尋了禪宗語言觀，並不反對以維特根斯坦、海德格爾來格義禪宗語言問題，並以西方禪學的理路重新撰寫了禪宗語言問題。周樂昌的《禪悟的實證——禪宗思想的科學發凡》〔註 48〕一書，以語言哲學的思路解讀禪宗語言問題，也是有益嘗試。論文方面，陳海葉《禪宗與維特根斯坦語言哲學的語用詮釋》〔註 49〕一文則是在禪宗語言觀西方哲學觀照的個案研究方面做了較爲具體的工作。

三、研究的意義

通過上述學術研究背景的回顧，目前對唐五代時期禪宗非言語行爲的研究，基本上只是在論述禪宗語言的時候，將之作爲附屬內容，並無專題性的研究成果。

唐五代時期禪林中出現的非言語行爲，以直觀的方式超越言說、文字架構的理性世界，從而呈現「空」的不可思議、不可分析、當下現成與超越，令學人在參證過程中獲取直接的、感性的經驗。本研究有望在禪宗經典語錄的基礎上，藉助西方非言語交流理論範疇，歸納分析出禪宗非言語行爲的基本類型，進行整體觀照。並就其中具有代表性的非言語行爲，予以個案分析。同時，本研究將以禪宗思想史的變遷爲內裏，分析禪宗非言語行爲大致發展趨勢與盛衰之理，從而擺脫對禪宗非言語行爲表象的簡單再敘述與禪宗教義的再分析，站在科學研究的立場研究問題。

唐五代禪師所使用的非言語動作，引發的是審美直觀，當其「產生於文藝的論域之中，就構成了藝術的審美直觀」〔註 50〕，這深刻地影響到中國文

〔註 47〕龔雋《禪史鈎沈——以問題爲中心的思想史論述》，北京：三聯書店 2006 年。
〔註 48〕周樂昌《禪悟的實證——禪宗思想的科學發凡》，北京：東方出版社 2006 年。
〔註 49〕陳海葉《禪宗與維特根斯坦語言哲學的語用詮釋》，《四川大學學報》2007 年第 1 期，第 34 頁～39 頁。
〔註 50〕張節末《禪宗美學》，北京：北京大學出版社 2006 年，第 241 頁。

藝美學的走向。中國文藝美學中的詩論、畫論、樂論，歷來就有對形而上本體的崇高追求。總體而言，皆要求擺脫中介，「得魚忘筌」，達到對本體的直覺感悟。當「以禪喻詩」、「以禪論畫」進入文藝美學領域後，這種對實有本體形而上的追求，變成了「空性」形而下的展演。因此，詩論中出現「詩有別材，非關書也；詩有別趣，非關理也」與「然非多讀書、多窮理，不能極其至」的矛盾統一；畫論中出現了「虛」超越了「實」，以畫作中的最高等次象徵著最高維度，亦即形而上的原初統一，超越了繪畫世界。〔註 51〕這些文藝美學觀念的變化，皆可在禪宗「非言語」思維中找到一些足以佐證的內在理路，能夠為中國古典文藝美學的研究提供一些語言哲學上的幫助。

〔註 51〕〔法〕程抱一《中國詩畫語言研究》，南京：江蘇人民出版社 2006 年，第 361 頁。

第一章　禪宗非言語行爲的語言意義與語用分析

第一節　禪宗第一義的非言語特徵

中國禪所追求的形而上本體，名之爲「性」、「道」、「心」、「眞如」、「第一義諦」，宗門修行的趨向是「見性」、「見道」。此本體存在超越言說、文字以及思維擬議，對之六祖惠能有如下描述：

> 師告眾曰：「吾有一物，無頭無尾，無名無字，無背無面，諸人還識否？」神會出曰：「是諸佛之本源，神會之佛性。」師曰：「向汝道，無名無字，汝便喚作本源佛性。汝向去有把茆蓋頭，也只成個知解宗徒。」〔註 1〕

日用意義上的言語、文字指稱，架設的僅僅只是一種形式系統，並以與之同構的熟悉事物系統的對應部分，解釋形式系統的相應部分。也就是說，「在形式系統中，定理都是運用產生式規則事先定義了的，我們可以選擇以定理與眞陳述之間的同構（假如可以找到的話）爲基礎的『意義』。」〔註 2〕六祖惠能描述第一義諦時所列舉的「頭」與「尾」、「名」與「字」、「背」與「面」等名稱概念，正是這種預定系統中的「意義」對應的產物。對此，惠能皆以「無」對預定系統的「意義」作出徹底否定。他所說「一物」，即禪宗所追求的第一義諦，超出言語、文字描述的界限，不在經驗知識、邏輯思辨的理解

〔註 1〕《六祖大師法寶壇經》卷一《頓漸》，《大正藏》第 48 卷，第 359 頁中。
〔註 2〕侯世達《哥德爾、艾舍爾、巴赫》，北京：商務印書館 1997 年，第 70 頁。

範疇，具備終極的本體存在性。故而當神會將之落實到名稱概念上的「本源」、「佛性」，被惠能斥責爲從邏輯思辨之上追溯「第一義」的「知解之徒」。由此可見，惠能宣揚「諸佛妙理，非關文字」〔註3〕有其思想層面的自定位，倒不可以完全看作其對自身經典知識缺乏的託詞。惠能弟子南嶽懷讓，在承襲惠能對本體「第一義」非言說、文字、思維能達的定位同時，也發展了惠能的本體思想。他認爲「道」屬於「無代爾常」，永恒存在，但其「非定相」即不凝固於特殊的物相，不能在名詞概念架構的形式系統中獲得對應關係，故而「說似一物即不中」〔註4〕。中國禪歷經唐宋，一花五葉，分支播流，但對此形上本體的定性卻未曾變過。兩宋之際的大慧宗杲對此本體曾有一番論述：

> 我此禪宗，從上相承以來，不曾教人求知求解。只云學道，早是接引之辭。此道天眞本無名字，只爲世人不識迷在情中，所以諸佛出來，說破此事。恐爾不了，權立道名，不可守名而生解也。前來所說，瞎眼漢，錯指示人，皆是認魚目作明殊。守名而生解者，教人管帶，此是守目前鑒覺而生解者；教人硬休去歇去，此是守忘懷空寂而生解者。歇到無覺無知，如土木瓦石相似。〔註5〕

「道」是構成中國思想的中心觀念，其超越的存在於事實界限之外，屬於「不可知」的範疇。中國本土的老莊哲學即強調「道可道、非常道」，〔註6〕形上本體在名相表述能力之外。中國禪中本原的「性」或「道」，超越與熟悉事物對應而存在的形式系統，也無法在名相、概念之中追溯。與中國老莊哲學的「道」仍處於三維宇宙之間不同的是，中國禪以「空」否決了「有」，在超越的層次上走得更遠。大慧宗杲認爲形上本體「天眞本無名字」，雖然能名之爲「禪」或「道」，但卻無法在熟悉事物系統中找到對應之物。其名謂不過是迎合世人認知需求，爲未徹悟之人樹立本原方向，屬於「接引之詞」，「是止啼之說」。「接引之詞」與「止啼之說」並非是「道」，且基於邏輯思辨基礎之上的言語、文字，並不具備描述眞性的能力，因此不能「守名而生解」。如若學人就名相生執著心或迴避心，從而「不識迷在情中」，就無法達到對「第一義」本「空」的體認。正如維特根斯坦在論及超驗本體時所秉持的觀點：「我們不

〔註3〕《六祖大師法寶壇經》卷一《機緣》，《大正藏》第48卷，第355頁上。

〔註4〕〔宋〕普濟《五燈會元》卷三，蘇淵雷點校，北京：中華書局1984年，第126頁。

〔註5〕《大慧普覺禪師語錄》卷二十五，《大正藏》第47卷，第918頁上。

〔註6〕朱謙之《老子校釋》，北京：中華書局1984年，第3頁。

能思考的東西，我們就不能思考；因此我們不能說我們不能思考的東西。……世界是我的世界這個事實，表現於此；語言的界限，意味著我的世界的界限。」〔註7〕大慧宗杲也關注到語言界限，並形象地將無視語言界限的人稱作「瞎眼漢」。他認爲體認「空性」，既不能「管帶」，對名相予以解釋；也不能走向反面，刻意「休去歇去」。最好的辦法是既不執著名相，也不執著放棄名相，這已是「中觀不二」的體證方法了。禪宗尤其是南禪一系，反對從言語、文字上追溯第一義諦的激烈觀點，常被視爲其反智的明證。但從禪宗使用言語、文字的禪悟方法實踐來看，禪師也以言說禪，也讀經書，即使主張「入門即喝」、逢人即棒的臨濟義玄也不例外。他們眞正反對的是學人執著於言語、文字，從邏輯上推證「第一義」，從而走上錯誤的參證之路：

> 第一義者，是聖樂處，因言而入，非即是言。第一義者是聖智內自證境，非語言分別智境。言語分別不能顯示。大慧，言語者起滅動搖展轉因緣生。若展轉緣生，於第一義不能顯示。〔註8〕

從語言誕生伊始，便成爲人類認知世界的利器。人類藉助名相、概念，在邏輯上推證，進而形成認知。但這種推證只在邏輯經驗之內，最多只能在熟悉事物認知系統之內，對概念名謂背後隱含的意義作無休止追溯。對此淨覺禪師形象地描述到，「學人依文字語言爲道者，如風中燈，不能破暗，焰焰謝滅。」〔註9〕相對於形而上的「心燈」恒明，學人停留在熟悉事物系統層面的邏輯推論，如風中燭火無法恒定，故而不能破除迷茫自性。對於在禪悟過程中使用到的語言，禪師要求是一些無意義語，即不從其意義指稱層面討論，大慧宗杲提倡的「看話禪」正是其類。錢鍾書中曾討論過禪宗的語言、文字觀，其曰：「禪於文字語言無所執著愛惜，爲接引方便而拈弄，亦當機煞活而拋棄。故『以言消言』。其以『麻三斤』、『乾矢橛』等『無意義語』，供參悟，……既無意義，遂無可留戀。登岸而捨筏，病除則藥贅也。詩借文字語言，安身立命；成文須如是，爲言須如彼，方有文外遠神，言表悠韻，斯神斯韻，端賴其文其言。品詩而忘言，欲遺棄跡象以求神，遏密聲音以得韻，則猶飛翔而先剪翮、踴躍而不踐地，視揠苗助長、鑿趾

〔註7〕〔英〕路得維希・維特根斯坦《邏輯哲學論》，郭英譯，北京：商務印書館1962年，第79頁。

〔註8〕〔唐〕實叉難陀譯《大乘入楞伽經》卷三《集一切法品》，《大正藏》第16卷，第600頁中。

〔註9〕〔唐〕淨覺《楞伽師資記》卷一，《大正藏》第85卷，第1285頁中。

益高，更謬悠矣。」〔註 10〕此處之所以選擇兩宋之際大慧宗杲的觀點，在於宋代禪宗經歷了唐五代禪宗由激烈的「不立文字」到「不離文字」的發展歷程，能較好地綜合正反兩方面的意見。其觀點既有禪宗一以貫之的大乘空觀內裏，也有藉合老莊哲學的文法表述，呈現出禪宗中國化較高的階段。

南禪一系禪師提倡不以經典文字、祖師言論爲據的觀點，常常受到秉承傳統，注重文字經典、言論宣講的義學僧的質疑，如「法明慧海公案」：

> 律師法明謂師曰：「禪師家，多落空。」師曰：「卻是座主家落空。」明大驚曰：「何得落空？」師曰：「經論是紙墨文字，紙墨文字者，俱是空設。於聲上建立名句等法，無非是空。座主執滯教體，豈不落空？明曰：「禪師落空否？」師曰：「不落空。」明曰：「何得卻不落空？」師曰：「文字等皆從智慧而生。大用現前，那得落空？」明曰：「故知一法不達，不名悉達。」師曰：「律師不唯落空，兼乃錯會名言。」明作色曰：「何處是錯處？」師曰：「未辨華竺之音，如何講說？」明曰：「請禪師指出錯處。」師曰：「豈不知悉達是梵語邪。」〔註 11〕

一、禪傳過程中的言語困局

這則公案發生在律師法明與禪師慧海之間，「雖同屬於佛教傳統的禪宗學僧與經律學僧對經教文字的看法還是有本質意義上的不同。」〔註 12〕律師是傳統佛教中注重文字義理的一支，注重佛教經典文本，強調邏輯推理思辨，從而達到佛教經典知識運用無礙、隨心而證的境界。禪師在禪悟過程中雖然也使用「宗門語」，但與「厄於講徒」的文字僧有著本質不同。宋代禪僧汾陽善昭就曾說，「夫參玄大士，與義學不同，頓開一性之門，直出萬機之路。」〔註 13〕而停留在文字層面的邏輯推證，將不利於自性的發掘。正所謂「荒草勞尋徑，岩松迴布陰。幾多玄解客，失卻本來心。」〔註 14〕

〔註 10〕錢鍾書《談藝錄》，北京：中華書局 1984 年，第 412 頁。

〔註 11〕〔宋〕普濟《五燈會元》卷三，蘇淵雷點校，北京：中華書局 1984 年，第 155 頁～第 156 頁。

〔註 12〕龔雋《禪史鈎沈——以問題爲中心的思想史論述》，北京：三聯書店 2006 年，第 348 頁。

〔註 13〕《汾陽無德禪師語錄》卷三，《大正藏》第 47 卷，第 619 頁中。

〔註 14〕《汾陽無德禪師語錄》卷一，《大正藏》第 47 卷，第 599 頁下。

作爲經律之師的法明和尚，認爲禪宗不依佛教經典的做法將造成口說無憑，因此修證「多落空」。對此，大珠慧海以「卻是座主家落空」反駁之。慧海禪師出自江西馬祖道一門下，因被馬祖道一贊爲「大珠」，故以之爲號。馬祖道一禪系秉承「言論說諸法，不能現實相」〔註 15〕的語言立場，在接機學人、禪法應對的過程中有意規避言語、文字，以棒打、喝叫、動作與圓相等非言語行爲啓發學人，呈現個人佛法知見。馬祖道一並無著作流傳於世，其禪法思想卻藉由學人得以傳佈，大珠慧海正是其門下理禪一路的代表人物。此則公案中，慧海禪師首先從名句與眞諦「第一義」的關係上，對法明和尚認爲禪師「多落空」的觀點予以批駁。他說，「於聲上建立名句等法，無非是空」。語言或文字，只是將發音和事物共同屬性聯繫起來的符號，與世界眞性的具體化、個性化存在，並無直接聯繫，這一觀點與近代語言學家索緒爾的觀點不謀而合。索緒爾說，「語言符號連結的不是事物和名稱，而是概念和音響形式。」〔註 16〕言語、文字可以作爲「第一義」的教體即表現眞如的手段，不可執著。如若試圖從言語、文字上進行邏輯推證，溯源形而上的第一義，則是不識眞諦三昧，誤入歧途的做法。

正因如此，南禪一系禪師常有一些針對言語、文字比較偏激的言論，如常說的「不立文字」、「不執文字」、「不落名言」、「不落唇吻」、「不涉言詮」、「不立義解」、「說似一物便不中」。德山宣鑒稱「我宗無語句，亦無一法與人」〔註 17〕，或投子義青的「法離文字，寧可講乎」〔註 18〕。這些禪師的觀點，將形上本體追溯過程中可能涉及到名相概念、邏輯推論的手段都否定了，堪稱「言語道斷」、「壁立千仞」。雖然由五代法眼文益爲始，言語、文字逐漸找回了自己作爲「第一義」參證手段的合法地位。而宋代文字禪興盛，禪師語錄迭出，「不立文字」最終明確附加了「不離文字」意旨。但學人從言語、文字所架構的認知系統中並不能參悟「第一義」的基本立場，還是一再被強調。《碧巖錄》其序言就說，「所謂第一義，焉用言句。」〔註 19〕言語、文字雖然

〔註 15〕〔南唐〕靜、筠二禪師編撰《祖堂集》卷三《慧忠國師》，孫昌武等點校，北京：中華書局 2007 年，第 612 頁。

〔註 16〕〔瑞士〕費爾迪南・德・索緒爾《普通語言學教程》，高名凱譯，北京：商務印書館 1980 年，第 101 頁。

〔註 17〕〔宋〕普濟《五燈會元》卷七，蘇淵雷點校，北京：中華書局 1984 年，第 373 頁。

〔註 18〕〔宋〕普濟《五燈會元》卷十四，蘇淵雷點校，北京：中華書局 1984 年，第 875 頁。

〔註 19〕〔宋〕重顯頌古 克勤評唱《碧巖錄》卷一，《大正藏》第 48 卷，第 139 頁上。

能表述社會共享的泛性事物，但卻與「第一義」眞性無涉。學人從他人的言論、著述中獲取參證經驗，即便是佛祖所言，終究也只是他方經驗，非自心本然佛性所出。而禪宗最看重自性的自覺，故而否定言語、文字傳達的他方經驗。一旦以爲「見言語者」即是見心，從他方經驗上參證，難免被祖師喝出。〔註20〕洞山良價禪師由此，極力否定一味記取他人言說的做法：

> 第一莫向舌頭上取辦。記他了事言語，有什麼用處？這個功課從無人邊得，不由聰明強記，莫向閒處置功。〔註21〕

自惠能以來，南禪一系就十分注重向內探求主體本然具有的佛性。如果學人執著於言語、文字所傳遞的他方經驗，忽略切身體證，即便是佛祖或老師觀點，都將成爲領悟主體本然佛性的巨大障礙。形而上的本體「第一義」，夾山和尚宣稱其「是聖智內自證境，非語言分別智境，言語分別不能顯示」，故而認爲「祖師玄旨是破草鞋」，與其受其羈絆，「寧可赤腳，不著最好」。〔註22〕言語被否定，更不必說文字。「法身無相。不可以音聲求。妙道亡言。豈可以文字會。」學人自性的理解不能執著於佛教經典，依文講經，終不過是「雪上更加霜，擔枷過伏來。」〔註23〕

禪師對參證過程中言語、文字的否定態度，甚至擴展爲對藉助言語、文字進行邏輯推證的批判。學人一動念即破除「無念」的混沌圓融狀態，正所謂「擬心則差」：

> 「從門入者非寶。直饒說得石點頭，亦不干自己事。」又云：「擬心則差，況乃有言？恐有所示轉遠。」〔註24〕

中國禪的禪師認爲，「擬心則差，況乃有言？」人類藉助言語、文字的概念實現對世界的認知，即便不言語、不書寫，邏輯思考也是以熟知的認知系統即社會生活中長久形成的一種自覺。依然從屬於「語言共同體成員心中的語法

〔註20〕「初參石頭。頭問：「那個是汝心？」師曰：「見言語者是。」頭便喝出。〔宋〕普濟《五燈會元》卷五《潮州靈山大顛寶通禪師》，蘇淵雷點校，北京：中華書局1984年，第264頁。

〔註21〕〔南唐〕靜、筠二禪師編撰《祖堂集》卷五，孫昌武等點校，北京：中華書局2007年，第251頁。

〔註22〕〔南唐〕靜、筠二禪師編撰《祖堂集》卷七，孫昌武等點校，北京：中華書局2007年，第326頁。

〔註23〕〔南唐〕靜、筠二禪師編撰《祖堂集》卷十九，孫昌武等點校，北京：中華書局2007年，第863頁。

〔註24〕〔南唐〕靜、筠二禪師編撰《祖堂集》卷五，孫昌武等點校，北京：中華書局2007年，第254頁。

體系」〔註 25〕。爲幫助學人擺脫熟知的認知系統，即言語、文字、邏輯推證對自性的束縛，禪師常要求學人回歸到「父母未生時」即元認知狀態。如：

> 山問：「我聞汝在百丈先師處，問一答十，問十答百，此是汝聰明靈利。意解識想，生死根本，父母未生時，試道一句看？」師被一問，值得茫然。歸僚將平日看過底文字從頭要尋一句酬對，竟不能得，乃自歎曰：「畫餅不可充饑。」屢乞溈山說破。山曰：「我若說似汝，汝已後罵我去。我說底是我底，終不干汝事。」師遂將平昔所看文字燒卻，曰：「此生不學佛法也，且作個長行粥飯僧，免役心神。」乃泣辭溈山。〔註 26〕

香嚴智閒在溈山靈祐門下參學，「博聞利辯，才學無當」，被人譽爲「禪匠」。〔註 27〕就溈山靈祐對其置問可知，香嚴智閒早年曾在百丈懷海門下參訪，卻因「問一答十，問十答百」，過於在名相概念上作邏輯推論、言語發揮，因此未能徹證。溈山和尚要其道「生死根本、父母未生時」，即要其放棄在熟悉認知系統中形成的對於概念，回歸到元認知層面。對此《祖堂集》的描述更爲具體：

> 汝從前所以學解，以眼耳於他人見聞及經卷冊子上記得來者，吾不問汝。汝初從父母胞胎中出來，未識東西時本分事，汝試道一句來，吾要記汝。〔註 28〕

所謂「未識東西時本分事」，即人尚未形成對應認知系統、不被名詞概念左右判斷的元認知。以言語、文字進行邏輯推證形成的認知，並非是同構的現實，其充其量只是語言層面上即熟悉認知系統中的對應再現。這一再現，儘管有群體性的共同屬性，但也具備個體形成認知概念時的獨特體驗。個體不同，體驗不一。佛性眞諦不是某種現成的東西，它隨言說生成，但卻不在言語、文字所反映的同構世界之中，在事實之外，屬於不可分析的超驗事物。對「第一義」的追溯，不得不藉助語言、文字等手段，卻最終又必須拋棄語言。正如維特根斯坦所作比喻，「書只是梯子，借梯子登上高處後，必須把梯子扔開。」

〔註 25〕陳嘉映《語言哲學》，北京：北京大學出版社 2003 年，第 70 頁。

〔註 26〕〔宋〕普濟《五燈會元》卷九，蘇淵雷點校，北京：中華書局 1984 年，第 536 頁。

〔註 27〕〔南唐〕靜　筠二禪師編撰《祖堂集》卷十八，孫昌武等點校，北京：中華書局 2007 年，第 827 頁。

〔註 28〕〔南唐〕靜　筠二禪師編撰《祖堂集》卷十八，孫昌武等點校，北京：中華書局 2007 年，第 827 頁。

〔註 29〕禪宗將「第一義」比作「月」，將一切參悟的手段比作「指」，言語、文字也屬於手段之一。但「指」非「月」，本不可執著，而世俗人習慣從常識上獲取認知，更加促使禪師主張「言語道斷」：

> 達教之人，豈滯言而惑理？理明則言語道斷。〔註 30〕

這裡主張一旦參悟眞理，就應該立即拋棄文字，與維氏的描述何其相似。對於眞諦的領悟，一旦內心參證佛性，即能「言語道斷，如鳥飛空」，〔註 31〕達到無所拘束，「行住坐臥，無非是道」〔註 32〕的圓融境界了。

二、禪傳過程中的語言立場

禪宗特別是南禪及其後嗣，反對言語、文字的態度一直比較的堅決。但凡有知見的禪師，其反對的是藉助已有的現成知解，即言語、文字呈現的他方經驗，而非言語、文字本身。禪宗公案裏常有「言下契悟」的描述，這其實正是大多數禪師潛在的對待知解的態度。正如日本學者阿部正雄所說：

> 禪是一種基於超越思量與不思量的「非思量」的哲學，以「自我覺悟」爲基礎，由智慧和慈悲所引發……禪既不是反理智主義的，也不是一種膚淺的直覺主義，更不是對達到動物式自發性的一種鼓吹，更確切地說，禪蘊涵著一種深奧的哲學。雖然知解不能代替禪悟，但修行若無適當合理的知解形式，往往會誤入歧途。〔註 33〕

大珠慧海當初拜見馬祖道一和尚，受其禪法「一切具足，更無欠少。使用自在，何假外求」〔註 34〕的啓發，參悟自心。他雖然反對學人停留在文字、言語之他方經驗層面上參究佛法，卻不反對文字、言語作爲佛法認知的功能性手段。大珠慧海特別強調「心」的第一性，但也肯定名相的跡用。〔註 35〕他主張將會見之本性全面貫徹於日常生活，提出「夫出家兒，莫尋言逐句。行

〔註 29〕〔英〕路得維希·維特根斯坦《邏輯哲學論》，郭英譯，北京：商務印書館 1962 年，第 54 頁。

〔註 30〕〔宋〕普濟《五燈會元》卷二，蘇淵雷點校，北京：中華書局 1984 年，第 94 頁。

〔註 31〕〔宋〕普濟《五燈會元》卷二，蘇淵雷點校，北京：中華書局 1984 年，第 97 頁。

〔註 32〕〔宋〕普濟《五燈會元》卷三，蘇淵雷點校，北京：中華書局 1984 年，第 157 頁。

〔註 33〕〔日〕阿部正雄《禪與西方思想》，上海：上海譯文出版社 1989 年，第 4 頁。

〔註 34〕〔宋〕普濟《五燈會元》卷三，蘇淵雷點校，北京：中華書局 1984 年，第 154 頁。

〔註 35〕杜繼文、魏道儒《中國禪宗通史》，南京：江蘇人民出版社 2007 年，第 263 頁。

住坐臥，並是汝性用，什麼處與道不相應？」〔註 36〕參悟的手段和入處，可以是言語、文字或者動作，甚至生活本身。因此在否定學人執著言語、文字，以邏輯推論參證佛法之後，大珠慧海接著說，「文字皆是從智慧而生，大用現前，那得落空。」佛性不在言語、文字之中，但言語、文字卻是佛性的體現。大千世界，無不是佛性之用，俱可以成爲佛性觀照對象。人可以經由「道」所映照的現象，達到對形而上本原的道（佛性）的認識，這正是道一主張的「凡所見色，皆是見心；心不自心，因色故有」。〔註 37〕正是在這個意義上，洪州禪主張的「觸境皆如」才能被理解，而徹悟者「隨時言說，即事即理，都無所礙」。〔註 38〕

但習慣從文字經典參悟佛法大意的法明和尚，卻會不得這等圓融智慧，反而認爲慧海贊同了他執著言語、文字的態度，於是自得地說「故知一法不達，不名悉達」。從社會語言學的角度來看，「語言與人類的精神發展深深地交織在一起，它伴隨著人類精神走過每一個發展階段。每一次局部的前進或倒退，我們從語言中可以識別出每一種文化狀態。」〔註 39〕這意味著語言不僅是交流工具，也是一種文化符號。有其相對固定的文化背景，且在此文化背景中的音聲與概念對應，才獲得意義。脫離文化背景，容易造成言語、文字失去本來意義，導致誤解。例如英文口語中「look out」的意思是「小心」而非字面的「向外看」。佛教本是舶來品，其中的名相概念，既有意譯，如「眞如」（Bhā）；也有音譯，如「浮圖」（Buddha）。在口耳相傳的時代，語言的傳承甚至會因不準確傳播而失去本意。這在佛法傳遞的早期已經出現：

> 師巡遊，往至一竹林之間，聞一比丘錯念佛偈曰：若人生百歲，不見水潦涸，不如生一日，而得覩見之。阿難聞已，嗟歎曰：世間一凡有，不解諸佛意，徒載四圍陀，不如空身睡。阿難歎已，語比丘曰：此非佛語。如今當聽我演佛偈。曰：若人生百歲，不會諸佛機，未若生一日，而得決了之。〔註 40〕

〔註 36〕〔宋〕道原《景德傳燈錄》卷二八，《大正藏》第 51 卷，第 444 頁上。

〔註 37〕〔宋〕普濟《五燈會元》卷三，蘇淵雷點校，北京：中華書局 1984 年，第 128 頁。

〔註 38〕〔宋〕普濟《五燈會元》卷三，蘇淵雷點校，北京：中華書局 1984 年，第 128 頁。

〔註 39〕〔德〕威廉・馮・洪堡特《論人類語言結構的差異及其對人類精神的影響》，摘自《西方語言學名著選讀》，胡明揚主編，北京：中國人民大學出版社 1999 年，第 28 頁。

〔註 40〕〔南唐〕靜、筠二禪師編撰《祖堂集》卷一，孫昌武等點校，北京：中華書局 2007 年，第 26～27 頁。

從「未若生一日」到「不如生一日」，前者強調一生修證不如一時頓悟，暗含著頓悟必須以漸修爲前提的意旨；後者則只是試圖投機契合，有違頓悟本意。法明與慧海公案中，法明不瞭解佛經中名相概念的文化源頭，故而言下生解，認爲佛祖名「悉達」，意謂一切皆知的全能掌控者，屬於典型的斷章取義，言下生解。其實「悉達」全稱爲「悉達多」，是梵語 Siddhārtha 的音譯，乃佛祖爲淨飯王太子時的名字，意譯爲「一切義成」。法明和尚之所以脫離佛教本源語言文化背景，形成錯誤知見。正是因爲他「未辨華竺之音」，「不知悉達是梵語」。大珠慧海批評他「不唯落空。兼乃錯會名言」，無疑是對執著言語、文字上參證的律師的諷刺。而大珠慧海展現出的豐富知識也可從另一側面證明，禪師並非不具備經典知識，他們之所以否定言語、文字，除去言語、文字在表述眞諦方面的能力，很重要的一個原因就是以言語、文字附帶太多的背景知識、文化成見，將其作爲參悟手段很容易導致先入爲主，從而阻礙對自性的發掘。

「第一義」不能從言語、文字上追究，但眞如「月」可以憑藉「指」的手段予以顯現。因此大珠慧海先是否認言語、文字，認爲是「空設」，既而又說「文字等皆從智慧而生，大用現前，哪得落空」，正是禪宗這一矛盾立場的體現。作爲佛性的顯現手段，言語、文字在「大用現前」的手段範疇之內。「大用現前」是以客觀世界具相描繪的方式，達到對第一義本原現象的鋪陳。從某種意義而言，可以看作空性在現象中的感性展現。法無定向，無法以任何手段對其表述，只能以現象的方式陳列。故而對形上本體的追究，常常只能依靠形而下的現象展演。正如康德所說，我們討論的常常不是哲學，而是哲學行爲。〔註41〕禪不在思維的窠臼裏，而是「徹底的活動本身」。〔註42〕所謂「一機一境，一言一句，且圖有個入處。好肉上剜瘡，大用現前，不存規則。」任何的手段都可以是玄旨之門，卻並非空性自身：

> 後石頭垂語曰：「言語動用沒交涉。」師曰：「非言語動用亦沒交涉。」頭曰：「我這裡針劄不入。」師曰：「我這裡如石上栽華。」〔註43〕

〔註41〕〔美〕萊斯特・恩布里《現象學入門：反思性分析》，靳希平等譯，北京：北京大學出版社 2007 年，第 10 頁。

〔註42〕〔日〕鈴木大拙《通向禪學之路》，葛兆光譯，上海：上海古籍出版社 1990 年，第 12 頁。

〔註43〕〔宋〕普濟《五燈會元》卷五，蘇淵雷點校，北京：中華書局 1984 年，第 257 頁。

言語、文字，非言語的動作、圖象、大喝、棒打、沉默，皆是空性悟入手段，但與「空」這一眞諦皆「沒交涉」，都執著不得。從這個意義而言，一切手段所能達到的只是對與名相、邏輯同構認知系統對應部分的言說，而非「不可說」、不可分析的形而上本原——「空」性的眞實。以「不立文字」、「以心傳心」自我標榜的中國禪尤其是南禪一系，將佛性直接定義爲內在經驗，強調其在論理的範圍之外：

上堂：「西來祖意，教外別傳。非大根器，不能證入。其證入者，不被文字語言所轉，聲色是非所迷。亦無雲門臨濟之殊，趙州德山之異。」〔註44〕

宋僧法雲佛照杲在上堂弘法時所提到的「祖意西來」、「教外別傳」，其實就是中國禪的祖師達摩西來所傳之「心」法，即直觀傳遞的佛法眞諦。這一形而上的本原是超出事實總和的先驗主體，若非具備靈心妙悟，無法達到證悟。此處強調的是一種向內尋求的修證觀，而證悟途徑，杲禪師並沒有直接說出。他只是以否定的方式，將所有的認知途徑堵塞：即不從傳遞佛教經典知識的文字或言語中獲得；不從眼、耳、鼻、舌、身、意六識上獲取或邏輯推理上獲得；不是雲門宗截斷眾流、函蓋乾坤、隨波逐流三句；不是臨濟宗大喝所能表達；不是趙州和尚的「庭前柏樹子」話頭；也不是德山宣鑒的棒打。佛照杲禪師對禪宗禪悟方法做了個基本的總結，否定的既包括言語、文字及邏輯思辨，也包括非言語的行爲，如棒打、大喝等。總而言之，學人形而上的佛性追溯，最終只能是「如人飲水，冷暖自知」的個體內在體驗。

言語、文字是最常規的交流手段，在唐五代禪宗史上受到最直接、最嚴厲的否定批判：「不立文字」、「言語道斷」。人類社會發展了許多年，才產生了語言文字，進而以之作爲世界的思維架構。在前語言時代，人類的思維是一種混沌融合的原始思維，融合了個體的運動體驗與生存場所感知，往往是直接的體驗而非集體表象間的關聯。〔註45〕從這意義上而言，「語言行爲雖不是人的全部生存狀態，卻是人的基本生存狀態。」〔註46〕當人類習慣從言語、文字入手，往往就省略了實證體驗，僅僅停留在名詞概念所架構的認知系統

〔註44〕〔宋〕普濟《五燈會元》卷十七，蘇淵雷點校，北京：中華書局1984年，第1150頁。

〔註45〕〔法〕列維・布留爾《原始思維》，丁由譯，北京：商務印書館1981年，第25頁。

〔註46〕錢冠連《語言：人類最後的家園》，北京：商務印書館2005年，第23頁。

之內，並以之確立存在感。因此海德格爾才會說我們在通向語言的途中，「去期備一種可能性，以便在語言上取得一種經驗。」〔註 47〕但這經驗，卻與形而上的第一性並不能劃等號。

三、禪傳過程中的交際手段

「大用現前」，無論文字、言語、動作、棒喝、圖象乃至大千世界種種，皆可是佛性觀照對象：

> 今能語言動作，貪慈忍，造善惡、受苦樂等，即汝佛性；即此本來是佛，除此無別佛也。〔註 48〕

作爲「道」（佛性）的參悟者，其一切行爲舉止不離自性，正是《壇經》所描述的境界：「去來自由，無滯無礙，應用隨作，應語隨答，普見化身，不離自性。即得自在神通，遊戲三昧，是名見性。」〔註 49〕佛性被顯現的過程，即是禪師在自性驅動下所說的話、寫出的文字、實施的棒喝、畫出的圓形，乃至種種行爲的施行，依照維特根斯坦在《邏輯哲學論》中的觀點，言語、文字只是言說著經驗世界、經驗世界中的事情（der Fall sein）、事況（Sachlage）中的事物（Sache），「人不可能從日常語言中直接獲知語言邏輯。」〔註 50〕而名詞、概念架構的命題的表面的邏輯形式未必是它眞實的邏輯形式，這與禪宗「言說不能現諸相」的意旨一致。在維氏看來，能夠摹畫世界、符合眞正的邏輯形式、具有眞値的是事實語言或表象語言（representational language）。〔註 51〕表象語言通過摹畫世界的邏輯空間中的事實來表象現實世界，之所以能夠如此，是因爲表象語言與世界具有相同的邏輯結構，因而能夠客觀地表象世界。禪師在禪法應對過程中所使用的非言語動作，正是要求學人放棄形而上的追溯願望，以呈現當下事實、與客觀世界同構的方式來認知「第一義」眞如。「一旦不在去尋求背後的存在，顯象就是一種肯定性，本質就是這樣一種顯現，不在於存在對立，反

〔註 47〕〔德〕海德格爾《在通向語言的途中》，孫周興譯，北京：商務印書館 1997 年，第 155 頁。

〔註 48〕〔唐〕宗密《禪源諸詮集都序》卷一，《大正藏》第 48 卷，第 402 頁中。

〔註 49〕《六祖大師法寶壇經》卷一《頓漸》，《大正藏》第 48 卷，第 358 頁下。

〔註 50〕〔英〕路得維希·維特根斯坦《邏輯哲學論》，郭英譯，北京：商務印書館 1962 年，第 38 頁。

〔註 51〕〔英〕路得維希·維特根斯坦《邏輯哲學論》，郭英譯，北京：商務印書館 1962 年，第 40 頁。

而直接成爲存在的尺度。」〔註 52〕禪師非言語行爲施行的過程，可視作「空」性在現象中的存在描述，包含著參證個體的獨特參修體驗和主體性評價。

首先，佛性通過禪師的種種手段施爲呈現於當下，這一過程包含著自心過往的佛法參修體驗。每個獨立個體的參證機緣不一樣，形成的內在體驗也不盡相同，具有獨特性。雖然都是朝向眞如之「月」，但朝向眞如的「指」卻千變萬化。如龐居士是從馬祖道一和尚「待汝一口吸盡西江水。即向汝道」的言語之下「頓領玄旨」；百丈懷海是在馬祖道一和尚「振威一喝」下「三日耳聾」，自此「雷音將震」：水潦和尚是在被馬祖道一和尚「當胸蹋倒」之後「大悟」；夾山和尚是在船子德誠和尚的棒打之下「豁然大悟」；俱胝和尚是在天龍和尚「一指頭」下「當時大悟」。這就是宏旨正覺所謂的「歷歷不昧，處處現成」〔註 53〕，雖然禪悟手段「影像千差」，但自性清淨則「神通萬應」。〔註 54〕這促使中國禪的參證突破傳統禪學一味禪坐的藩籬，走入生活，成爲一種生存的方式。對此當代臺灣法鼓山聖嚴法師就說，「禪本身不是宗教，也不是哲學，而是一種生活理念、方式、內涵。」〔註 55〕

其次，佛性通過禪師的種種手段施爲呈現於當下，這一過程也包含著個體潛在的自我評估，即對佛性實存的不疑之心。對於一個未曾參悟的修證者，於佛法始終存有種種疑情，故而惶惶，四處求證。一旦參悟自性，則任運自然。無論何種手段，皆信其爲佛性之呈現，保持著決然態度。有時公案裏可見禪師呵佛罵祖，但這僅僅只是方便之門，破除的是學人種種妄見謬知，引導其走向通向眞如法性的道路，其對佛性卻始終是不疑的。對於佛性在禪師種種手段之呈現，其流程可以簡析爲：

手段施爲者自心 ⟹ 個體修證經驗呈現 ｛ 言語形式（自我經歷與評估）／非言語形式（自我經歷與評估）

〔註 52〕〔法〕讓保爾·薩特《自我的超越性——一種現象學描述初探》，杜小眞譯，北京：商務印書館 2001 年，第 59 頁。

〔註 53〕《宏智禪師廣錄》卷六，《大正藏》第 48 卷，第 74 頁上。

〔註 54〕〔宋〕普濟《五燈會元》卷二，蘇淵雷點校，北京：中華書局 1984 年，第 109 頁。

〔註 55〕聖嚴《禪與悟》，上海：上海三聯書店 2006，第 57 頁。

第二節　禪宗非言語行爲的語言意義

一、禪宗非言語行爲：宗門「第一義」特殊化的、直觀的、浪漫的呈現

佛性認知是參證者的內在體驗，無論是言語或非言語的方式，皆是佛性所顯但並非佛性自身。一般學人習慣從文字、言說上進行邏輯推證，代替對眞性世界的體察，從而言下生解，誤入歧途。湯用彤曾這樣認爲，「禪宗在弘忍之後，轉崇《金剛般若》，亦因受其南方風氣之影響也。再者達摩原以《楞伽經》能顯示無相之虛宗，故以授學者。其後此宗禪師亦皆依此典說法。然世人能得意者少，滯文者多。是以此宗後裔每失無相之本義，而復於心上著相。」〔註 56〕中唐以來，禪師反對言語、文字的觀點越來越尖銳，與之相對而出的，則是機鋒應對中使用棒打、大喝、圖象、身勢動作等非言語行爲越來越盛行。這些非言語的禪悟方法，突破概念指稱表述，是一種實存、直觀的表達。首先，與言語、文字相比，非言語的方式能傳達「不立文字，以心傳心」的宗門要義，阻斷常規邏輯思路；其次，非言語行爲突破名詞概念的中介，傳達感知經驗，杜絕藉助他方經驗的可能。康德曾主張人不能學習哲學（philosophie），而只能學習哲學活動（philosophieren）。〔註 57〕禪宗非言語行爲正是以一種超離邏輯思辨的方式，在實踐活動中呈現了宗門第一義，「禪宗動作可以看做空性在現象中的感性展現」〔註 58〕。綜而論之，其意義如下：

1、第一義諦的特殊化實存

中國禪所追求的第一義，名之爲「道」、「心」、「佛性」、「眞如」，任何關於「佛性」的斷言，是一個關於本質的形而上斷言。要以其爲眞，只有當一個斷言是眞的，當且僅當被指稱的本質事件就是斷言所言說的。但第一義的「佛性」無法以言語、文字等描述，隱於現象之後且只能通過現象實存呈現。文字和言語連接的只是符號（圖象與聲音）與事物的屬性概念，所能引導的只是思維層面的延展，並非指向世界的特殊化實存本身。禪師提出「若論佛

〔註 56〕湯用彤《漢魏兩晉南北朝佛教史》下冊，北京：北京大學出版社 1997 年，第 569～570 頁。

〔註 57〕〔美〕萊斯特・恩布里《現象學入門：反思性分析》，靳希平等譯，北京：北京大學出版社 2007 年，第 10 頁。

〔註 58〕龔雋《禪史鈎沈——以問題爲中心的思想史論述》，北京：三聯書店 2006 年，第 9 頁。

法，一切見成」，正是反對離事求理，要求在現象實存中觀照佛性。〔註59〕對此禪宗有一非常形象的譬喻：「千江映月」。觀照佛性，必須從特殊化的具相入手，卻又不執著於具相本身。

這裡，就邏輯推論與特殊化的佛性具相考察而言，前者使後者可以理解，後者使前者更加清楚。人無法去把握形而上的自體，但是可以考察其攜帶的現象。每一個具相，都是本源佛性的特殊化實存。因此，禪教活動中的非言語行為是形而上的佛性之特殊化事實：每一個非言語動作的使用，都是一個特殊的現象，存在其後的是普遍本質。例如，禪宗機鋒應對中學人請教老師「以何法示人」時，禪師常舉起手中的拂子：

> 上堂，舉拂子曰：「三世諸佛，六代祖師，總在這裡。還見麼？見汝不相當。」〔註60〕

之所以「三世諸佛，六代祖師」，都在這拂子上，意謂諸佛與禪宗的祖師所參證之佛性眞如，都可從拂子這一具相上得以觀照。南禪慧忠一系有無情亦能說法的觀點，「青青翠竹，皆是法身。郁郁黃花，無非般若。」〔註61〕正是因為佛性是隱藏在具相背後的普遍性，是非實存的形而上本原。儘管無法予以描述，卻可從具相之上進行實存觀照。但具相本身並不能與眞如本體形成對應關係，故而不能執著於具相，要懂得向上追溯。對此禪師也有深刻論述：

> 乃舉拂子曰：「看，看，山河大地，日月星辰，若凡若聖，是人是物，盡在拂子頭上一毛端裏出入遊戲。諸人還見麼？設或便向這裡見得倜儻分明，更須知有向上一路。」〔註62〕

大千世界，盡在這拂子上「出入遊戲」，令人聯想到佛教「芥子納須彌，須彌納芥子」的意境。拂子作為佛性的具相，由其觀照佛性，可以凝神一心、摒棄言路，通向證悟。但在禪師機鋒應對的實踐中，不同宗門所示非言語動作，即便是同一動作，儘管都指向眞如第一義，其內在理路也不盡相同：

> 上堂舉拂子曰：「看，看，祇這個。在臨濟則照用齊行，在雲門

〔註59〕杜繼文、魏道儒《中國禪宗通史》，南京：江蘇人民出版社 2007 年，第 381 頁。

〔註60〕〔宋〕普濟《五燈會元》卷十六，蘇淵雷點校，北京：中華書局 1984 年，第 1061 頁。

〔註61〕〔宋〕普濟《五燈會元》卷三，蘇淵雷點校，北京：中華書局 1984 年，第 157 頁。

〔註62〕〔宋〕普濟《五燈會元》卷十八，蘇淵雷點校，北京：中華書局 1984 年，第 1206 頁。

則理事俱備，在曹洞則偏正叶通，在潙山則暗機圓合，在法眼則何止唯心？」〔註63〕

臨濟宗拂子可以確立主賓、「隨處作主」。「應物現形」，人執、法執皆破；雲門宗拂子可以涵蓋乾坤，形容具足，從而理事無差，「擒縱舒卷」；曹洞宗拂子可以理應眾緣，眾緣應理，從而達到理事兼帶；潙仰宗拂子可以與圓相等同，周遍圓融；法眼宗拂子可以表述「若論佛法，一切見成」的唯心緣起與不離別相而存實理。事實上，「舉拂子「的動作一旦被義解，將失去其作爲佛性觀照對象的純粹性，成爲表意動作。

2、第一義的直觀傳達

禪悟主體在參證過程中並非外在地而是內在地超越，獲取的經驗具備獨特性。就公案之中禪師使用言語、文字傳遞修證經驗的實例來看，言語、文字反映的只是施教者的邏輯思維習慣和存在的體驗。受教對象若不能從自心出發、獨立思考，獲取的將只是對方假設的邏輯推論模式與言語架構體系，屬於間接體悟、他方經驗，不符合佛法親證的要求。其過程可描述爲：

從言語形式上參悟：預架構的概念名相 ⇨ 間接經驗

學人從老師言論或佛教經典上參悟，從而「言下生解」，參證的起點已非自性，亦無從實現自證自悟，這與禪宗提倡向內修證的方法背道而馳。「禪宗比任何哲學學派都更看重直觀和直覺，更具有現象學的傾向。」〔註 64〕與言說、文字相比，非言語行爲更多呈現的是一種直觀經驗。它杜絕在邏輯層面以言語、文字的明確表述第一義，而是以現象實存啓發學人，要求參證者結合個體體驗，架構自己的參證之路。其過程可描述爲：

從非言語形式上悟：自架構的概念名相 ⇨ 直接經驗

在禪師非言語的交際過程中，形而上的本原佛性不在具相本身而是隱於其後。從非言語行爲上參證，施教者用佛性的直觀呈現代替邏輯層面的體驗傳授。受教者自己架構言語邏輯和思維的去處，獲得的是一種直接經驗，算得上是自證自悟。所謂「親證」，正是此意。這是一種直觀的體證方式，正如胡塞爾所說，「只有通過向直觀的原本源泉以及在此源泉中汲取的本質洞察的回覆，哲學的偉大傳統才能根據概念和問題而得到運用，只有通過這一途徑，

〔註63〕〔宋〕普濟《五燈會元》卷十八，蘇淵雷點校，北京：中華書局 1984 年，第 1177 頁。

〔註64〕張節末《禪宗美學》，北京：北京大學出版社 2006 年，第 179 頁。

概念才能得到直觀的澄清，問題才能在直觀的基礎上得到新的提出，爾後也才能得到原則上的解決。」〔註65〕禪師亦有「覿面相呈」的論述：

上堂:「三界無法,何處求心？四大本空,佛依何住？璿璣不動,寂爾無言。覿面相呈，更無餘事。珍重。」〔註66〕

地水火風，「此四者廣大，造作生出一切之色法」〔註67〕，但眞如佛性（心）不在這「一切之色法」（即熟悉認知系統）內。形而上的佛性（心），於大千具相之間，恒然不移。若要知其所在，除卻「覿面相呈」即對佛性挾帶之現象作直觀考察，別無他法。佛性就在當下變化的具相之中，而非意義之內。不見具相而意圖在意義上求取佛性眞諦，自是迷惘：

問：「古人道，覿面相呈時如何？」師曰：「是。」曰：「如何是覿面相呈？」師曰：「蒼天，蒼天。」〔註68〕

有學僧問雪峰義存禪師，當面對具相世界時，該如何由表及裏，參證恒然不動的眞如佛性。雪峰義存答到，「這就是了」。所謂的「覿面相呈時如何」，不就是當下的空間，當下的你與我麼？一切皆是佛性本體的呈現，所以潙山靈祐才會說「萬行門中，不捨一法。若也單刀直入，則凡聖情盡。」〔註69〕但此則公案中學僧見相而思相，追問「如何是覿面相呈」，正是佛法在眼前而不識，因此義存才會大喊「蒼天」。修證時只是「一切時中，視聽尋常，更無委曲，亦不閉眼塞耳，但情不附物即得」〔註70〕。如果只是從具相上推究佛法，已經「猶添脂粉」。正確的態度應是見具相卻不執著於相，學人亦應如此：

我有明珠一顆，切忌當頭蹉過。雖然覿面相呈，也須一錘打破。〔註71〕

景元禪師一錘打破的不只是佛性當下所呈之具相，也有學人的執著分別心。

〔註65〕〔德〕胡塞爾《哲學與現象學研究年鑒》創刊號前言，倪梁康主編《面對事實本身——現象學經典文獻》，東方出版社2000年，第7頁。

〔註66〕〔宋〕普濟《五燈會元》卷三，蘇淵雷點校，北京：中華書局1984年，第150頁。

〔註67〕丁福保《佛學大辭典》「四大」條，北京：文物出版社1984年，第376頁。

〔註68〕〔宋〕普濟《五燈會元》卷七，蘇淵雷點校，北京：中華書局1984年，第381頁。

〔註69〕〔宋〕普濟《五燈會元》卷九，蘇淵雷點校，北京：中華書局1984年，第522頁。

〔註70〕〔宋〕普濟《五燈會元》卷九，蘇淵雷點校，北京：中華書局1984年，第521頁。

〔註71〕〔宋〕普濟《五燈會元》卷十九，蘇淵雷點校，北京：中華書局1984年，第1233頁。

3、第一義的浪漫表述

禪宗機鋒應對過程中的非言語行爲，反對依賴言語、文字進行邏輯推論，體證第一義，這與「現象學運動所反對的是對文獻的過分依賴、反對將傳授的知識等同於現有的眞理」的精神保持一致。同時，「現象學和禪學都在總體趨向上要求擺脫各種形式的中介而去直接訴諸實事本身。」〔註 72〕這種直觀傳達發生在主體實踐交流活動之中，其作用的主觀機制只能是心理暗示。心理學家巴甫洛夫認爲：暗示是人類最簡單、最典型的條件反射。〔註 73〕從心理機制上講，它是主觀意願接受的假設，進而造成心理自覺的趨近。在機鋒應對過程中，當禪師施行非言語行爲，如身體動作、副語言、棒打或者畫圓相等時，對受教者而言，這在主觀上都可理解爲一種宗門之內的理念。有時動作施爲者使用的是一種有較明顯象徵意味的動作，如「圓相」就容易聯繫到「圓融不二」，「一指頭」容易聯想「萬法歸一」。但進入交際領域的非言語行爲成爲表意的動作語、圖象語，反而離眞諦的距離更遠了。對於參悟者而言，禪宗的非言語禪悟方法其意義不可落實、不可分析，否則就與言語、文字上的擬議沒有差別。

禪宗機鋒應對過程中的非言語行爲，呈現出一種不藉助思維，拒絕邏輯分析的渾融之美與形而上訴求，李澤厚先生將之歸爲「超越的形而上追求」。在《華夏美學》一書中他說到，「佛學禪宗的化出，加強了中國文化的形上性格」。〔註 74〕張節末在《禪宗美學》引論中認爲，禪宗「面向空觀的視角轉換，刷新了中國人偏於求實的審美心理，導致了審美經驗中主客體關係的再度調整，也導致了審美價値的重新定位。於是就掀起了第二次美學突破的第二波浪潮。」〔註 75〕而作爲空觀的直覺親證，禪宗非言語行爲屬於「內化了的意象」〔註 76〕，可作爲宗門形而上訴求的文化考據點。禪宗機鋒應對中施教者的非言語行爲，促使受教者放棄向外借鑒他方經驗的可能性，回歸自性，回歸世界的眞實。其手段多樣，審美意趣也面貌不一。既有緘默無言的典雅深沉，也有棒喝拳打的峻烈剛性；有女人拜的柔美，也有繞匝的禮儀嚴整、呵

〔註 72〕〔法〕讓保爾·薩特《自我的超越性——一種現象學描述初探》,杜小眞譯，北京：商務印書館 2001 年，第 19 頁。

〔註 73〕孟昭蘭《普通心理學》，北京：北京大學出版社 1994 年，第頁。

〔註 74〕李澤厚《華夏美學》，天津：天津社會科學院出版社 2002 年，第 178 頁。

〔註 75〕張節末《禪宗美學》，北京：北京大學出版社 2006 年，第 13 頁。

〔註 76〕張節末《禪宗美學》，北京：北京大學出版社 2006 年，第 19 頁。

佛罵祖的潑辣、打筋斗的戲謔。這與傳統佛教的莊嚴肅穆面貌並不一致，呈現出無常之美。〔註 77〕禪宗的觀照不是來自邏輯思辨，而是一剎那的現前具足之美。這種無常並非是命運無常的不可把握，從而生發的寂滅之感。而是通過這變化無常的非言語行爲直觀，照見佛性空諦的不朽智慧。揮灑自如，無所阻礙，就好像維特根斯坦所謂的遊戲，〔註 78〕自在自由地實施著佛性的展演。

其次，非言語的行爲種種，是參悟者的個人生命展演。比如俱胝和尚一生見人只舉指頭，慧藏和尚一生只架弓放箭，德山和尚見人即棒打、臨濟和尚不問緣由便喝，更有道吾和尚，自巫者樂神參悟法機，「凡上堂，戴蓮華笠，披襴執簡，擊鼓吹笛。」〔註 79〕種種行爲，皆由其參證機緣而來。這不是印度佛學的「以知滅知的理性主義」，而是「佛學直覺主義」的表現。〔註 80〕歸根結底，禪修的不是法，而是一種眞實生存的模式，作爲智者在人世間的生命展演。最眞實的狀態，才能貼近宇宙眞相。所以中國禪的禪師，大多不是廟堂之內的說教者，而是行爲家，這直接促進了主體對自然之美與生活之美的發掘。

二、禪宗非言語交際過程中的認知維度——以「吹布毛」公案爲中心的討論

中國禪師徒間的教化活動，有「迷時師度，悟時自度」的說法。其實無論是「師度」還是「自度」，總歸要回到自性之上，不能黏滯於物，向外尋求。在禪宗非言語行爲的禪悟活動中，基本呈現爲施教者、受教者、交互活動三個認知維度：

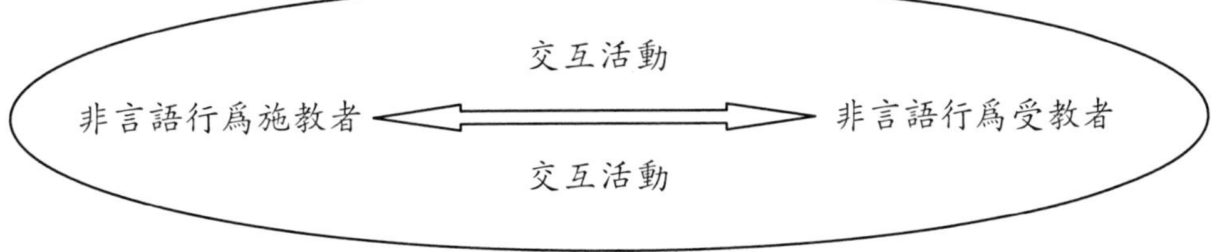

〔註 77〕劉墨《禪學與藝境》，石家莊：河北教育出版社 2002 年，第 1 頁。

〔註 78〕〔英〕路得維希・維特根斯坦《哲學研究》，陳嘉映譯，上海：上海人民出版社 2001 年，第 7 頁。

〔註 79〕〔宋〕普濟《五燈會元》卷四，蘇淵雷點校，北京：中華書局 1984 年，第 248 頁。

〔註 80〕劉小楓《逍遙與拯救》，上海：上海三聯書店 2001 年，第 14 頁。

形上之本原佛性需藉助先驗直觀，不通過任何中介方可達到。在語言命題所構建的事實總和之中對其予以說明或理性探究，終究只是執著。茲以道林禪師「布毛」公案解之：

> 有侍者會通，忽一日欲辭去。師問曰：「汝今何往？」對曰：「會通爲法出家，和尚不垂慈誨，今往諸方學佛法去。」師曰：「若是佛法，吾此間亦有少許。」曰：「如何是和尚佛法？」師於身上拈起布毛吹之，通遂領悟玄旨。〔註 81〕

這則公案發生在道林禪師與弟子會通之間。道林和尚於牛頭宗徑山國一禪師門下開悟，後居松樹之上，與雀爲伴，人稱「鳥窠禪師」。侍者會通，久居門下不聞其師說法，遂生離去意。道林禪師知其因緣，「於身上拈起布毛吹之」，答其「如何是和尚佛法」一問。道林禪師早年亦「學華嚴經、起信論禮示以眞妄頌，俾修禪那」〔註 82〕，若論言語、文字功夫，亦是非凡。但他偏偏不選擇言說，而是以直觀動作回答「何爲佛法「這一形而上的追溯。而會通在這一動作下「領悟玄旨」，可見二人之間有宗門之內的不言默契。非言語行爲何以促使交流機制發生，進而促使自心參悟，可從以下三個認知流來考察：

1、非言語行為施教者

（1）個體內心參證體驗

道林和尚以「布毛」呈現當下佛法的行爲，首先有可能源自華嚴經典的觀點。《大方廣佛華嚴經》中說：「虛空境界無邊際，悉布毛端使充滿，如是毛端諸國土，菩薩一念皆能說。」〔註 83〕道林和尚早年修行華嚴經典，有可能據此爲論；其次，道林乃牛頭宗門下弟子，牛頭宗持佛性遍在、眾生平等、無情亦有佛性的觀點，「布毛」自然也可說法；再次，道林拈布毛爲會通說法事也體現出玄素門下「不壞方便應用，及興慈運悲」〔註 84〕、處世仍弘法傳教的宗門立場。牛頭宗被《祖堂集》列爲空宗，但道林的思想已然表現出「心

〔註 81〕〔宋〕普濟《五燈會元》卷二，蘇淵雷點校，北京：中華書局 1984 年，第 71 頁。

〔註 82〕〔宋〕普濟《五燈會元》卷二，蘇淵雷點校，北京：中華書局 1984 年，第 71 頁。

〔註 83〕〔唐〕實叉難陀譯《大方廣佛華嚴經》卷四五，《大正藏》第 10 卷，第 239 頁上。

〔註 84〕〔宋〕普濟《五燈會元》卷二，蘇淵雷點校，北京：中華書局 1984 年，第 70 頁。

性本覺」與般若空觀的結合，有別於傳統空觀。如果按照認知過程來說，這屬於準備階段，也就是禪宗的「漸修」。

（2）佛法第一義的當下呈現

在此則公案表述的機鋒應對過程中，道林禪師拈起「布毛」。從體用關係來說，這「布毛」正是佛性的全體之用，是佛法在當下的直觀呈現。後代禪師對此有所舉唱：

> 豈不見，趙州初參南泉悟平常心是道後，來有問西來意，便對曰：「庭前柏樹子。」以至鎭州出大蘿蔔頭，我在青州作一領布衫重七斤。非唯趙州，德山得此時節入門便打，臨濟得此時節入門便喝，睦州得此時節便道現成公案放爾三十棒，俱胝一指頭上用此時節，鳥窠吹布毛處見此時節。以要言之，古來宗師無不皆用此個時節。〔註85〕

此處所言「時節」，即是佛性的觀照入門之處。中國禪的禪師盡量規避言語、文字，皆從種種實境入眼，非言語的棒、喝、一指、布毛，皆是佛性的直觀呈現。一旦破除了觀念上的分別、邏輯上考察，形而上的佛性恒然不移，現於大千具相。在佛性參證過程中，這是「頓現」。而會通「平日裏誦經坐禪，一心想掌握偉大的佛法，爲人生指一條光明的路，完全忘記了佛法就在日用事物中。」〔註86〕

（3）言語行為的不可重複性

相對於佛性恒定不移，其呈現的具相皆是無常流轉、稍縱即逝的。非言語行爲之不可再現性體現在兩個方面：一是動作施爲本身，就在當下一刻。當學人試圖從其上參悟時，動作已經消失，學人無形可執；二是非言語動作反覆再現，如俱胝和尚一生奉行的「一指禪」。每一次因爲交流對象的差異，因緣生起的差異而絕不雷同，非言語行爲是典型的情景型交際手段。對此禪師表述爲：

> 師問嶺中順維那：「古人豎起拂子，放下拂子，意旨如何？」順曰：「拂前見，拂後見。」師曰：「如是，如是。」〔註87〕

〔註85〕《圓悟佛果禪師語錄》卷八，《大正藏》第47卷，第749下。

〔註86〕周裕鍇《百僧一案》，上海：上海古籍出版社2007年，第73頁。

〔註87〕〔宋〕普濟《五燈會元》卷十五，蘇淵雷點校，北京：中華書局1984年，第930頁。

雲門文偃禪師問門下順禪師，非言語的「拂子」豎起、又放下，其意旨爲何？順禪師非常聰慧地表述到，意旨在豎起拂子這一行爲發生之前已經具有，在放下拂子這一行爲消解之後仍然具有，但就不在拂子本身。禪宗公案中，禪師常豎起拂子、放下拂子表達佛性在當下，但卻不在具相之上。這正是因爲豎起拂子作爲特殊化現象不具備可再現性，因而無可執著。此則公案中道林執「布毛「然後吹之，正是要求學人莫執具相，一定要「去黏」。

概而論之，禪法機鋒應對中以非言語行爲施教的流程如下：

非言語行爲施教者之自心 ⇨ 非言語行爲描述 ⇨ 非言語行爲消逝

2、非言語行為受教者

（1）自預期性關注

禪師機鋒應對過程中，佛法眞諦對於尚未參悟的受教者而言，是一種帶有假設的」型象的（eidetic）描述」〔註 88〕，但其指向與參悟者一致——即形而上的佛性。受教者對其所探究的問題，總有一種預期性的關注（protentive）〔註 89〕。至於施教者對佛性眞諦的呈現，或言語、或文字、或動作、或圖案，總是與受教者預期相符或不符。會通和尚長期修行，積累經典知識，修證佛法。在道林禪師久久未能滿足他對佛性呈現的預期值時，他要求離去。

（2）非言語行為的意向性

禪師機鋒應對過程中非言語行爲的施爲，是眞諦當下的呈現。由於動作比言語、文字更直觀、更籠統，因而在暗示形而上第一義時更具效用。受教者需要以自我的預期性關注爲基礎，觀察施教者動作傳遞的意向性（intend to）〔註 90〕概念。此則公案裏，會通從道林「拈布毛「的動作上，可體察的意向爲：佛法與「布毛」存在著必然聯繫；「吹布毛」之後，布毛消失不見，也暗示著一種不執著於手段的立場。

〔註 88〕〔美〕萊斯特・恩布里《現象學入門：反思性分析》，靳希平等譯，北京：北京大學出版社 2007 年，第 53 頁。

〔註 89〕〔美〕萊斯特・恩布里《現象學入門：反思性分析》，靳希平等譯，北京：北京大學出版社 2007 年，第 143 頁。

〔註 90〕〔美〕萊斯特・恩布里《現象學入門：反思性分析》，靳希平等譯，北京：北京大學出版社 2007 年，第 40 頁。

（3）自我認知系統被求證

意向性的（intend to）認知並不是整個佛法參證過程的終點與重點，而是需要結合受教者內心的自體驗予以求證。依然存在兩種可能性：一種是符合受教者的自我預期（self-protentive）和意向性的（intend to）方向，從而與之相契合，達到融會貫通；另一種則是與受教者的預期性關注（protentive）不符合，受教者之前盲目無意義的臆想，直接被眼前的直觀經驗代替，從而造成意識上的「落空」。只有心懷澄明，一無所礙的眞人狀態，才是更符合佛性參證的心理條件。而「落空」沒有預設的觀念界入，正是佛法的參證契機。從這個意義上而言，正是那些奇怪的行爲、或慘烈的痛打、或超出人認知範疇的言語，例如佛是「乾屎橛」等驚世駭俗言論，才足以促使學人斷除臆想，眞正做到內向型的自省。

概而論之，禪法機鋒應對中學人從非言語行爲上受教的流程如下：

受教者自預期性關注 ⇨ 動作意向性 ⇨ 自認知系統被求證

3、認知系統的交互

（1）各自的認知系統不可介入、各自運行

嚴格意義上的禪宗教化活動，施教者與受教者之間的認知系統，是獨立的兩個內封閉系統。認知的起點是自心，認知的終點也是自心。如上公案，道林禪師從自我體驗出發，又予以獨特性的表達，而「舉布毛吹之」這一動作轉瞬即逝，即便再現，已經不再是當時的語境與禪教對象；對於會通和尚，道林禪師舉起的「布毛」符合其佛性即在當下大用的預期性觀念。而「吹」這一行爲，符合其內心去執的潛在要求，因此一點即透。道林未曾發一言、示一字，因此並未在邏輯推理的層面，介入會通的認知系統。其動作只是一種暗示性的意向，如何參證，能否參證，參證是否正確，就是會通自己的事了。這也是禪師常說的佛法修行只是「汝自家事」：

> 汝諸人變現千般，總是汝自生見解。擔帶將來，自作自受。我這裡無可與汝，也無表無裏。〔註91〕

無論以何種手段，呈現內在的自性，都是修行者自己的事，這充分顯示了禪宗自主自立的精神氣度與無所依傍的創見意識。

〔註91〕〔宋〕普濟《五燈會元》卷五，蘇淵雷點校，北京：中華書局1984年，第297頁。

（2）彼此產生交互的可能性前提：共同的信仰

道林與會通的認知系統，是各自的獨立運行狀態，但之所以會通能得到暗示，從而激發自我認知，進而獲得參證體驗。這得益於二人交流的前提性條件，即二人皆是佛教徒，有共同的經典知識背景，共同的宗教信仰以及在交流過程中的預期性判斷。會通在道林門下已經有一段時間，當道林和尚說「若是佛法，吾此間亦有少許」，其隨後的動作即與「佛法」這一形上概念達成聯繫。這一聯繫並非是言語、文字在「能指」（符號）與「所指」（屬性）之間架構聯繫，〔註 92〕而是形上本質與現象實存的直接聯繫，是形而上的當下實存呈現。

（3）使用非言語行為進行交流

禪宗禪師使用的非言語行爲，在自性悟的前提下，包括動作呈現、動作接受、動作的記錄與再現，但凡舉止皆是佛性之用。「悟道見性，始終不疑不慮。一任橫行，一切人不奈汝何。」〔註 93〕道林和尚在自性參悟的前提下示布毛、再吹布毛，皆是其內在佛性顯現，與禪宗「不立文字」，強調實相考察的立場一致；會通和尚在道林和尚示布毛、再吹布毛的行爲下參悟佛法，其參證起點與終點是自心，符合禪宗自修自證的要求。當這次機鋒應對結束，動作即不可再現。即便以後被人傚仿，也已經脫離原來的語境，意蘊不同；而此則公案被言語和文字記錄下來，若要考察其內蘊，第一是從禪宗的經典知識入手，第二是從道林禪師宗門風範入手。但機鋒應對之中雙方的眞實意旨，對於後學將永遠是無限趨近卻無法到達的彼岸。

禪師的非言語行爲要符合佛法呈現意旨，其「自性悟」的前提必不可少。如果沒有眞實參證體驗，見人即使用棒喝等非言語行爲，只是心性自迷。所以俱胝和尚雖然一生以「豎一指」接機學人，卻斬斷門下童子妄舉的指頭，正是反對學人在沒有參悟自性情況下，貿然使用非言語的禪悟手段。

三、禪宗非言語行爲的類型

禪宗機鋒應對中的非言語行爲，可分爲自性呈現與交際表述兩大類。

〔註 92〕〔瑞士〕費爾迪南·德·索緒爾《普通語言學教程》，高名凱譯，北京：商務印書館 1980 年，第 102 頁～第 103 頁。

〔註 93〕〔宋〕普濟《五燈會元》卷十五，蘇淵雷點校，北京：中華書局 1984 年，第 939 頁。

1、自性呈現

在禪機應對之中，如果施教者的非言語行爲呈現佛性悟入之處，未能與受教者的固有認知系統發生聯繫，從而造成不可分析、不可理解的狀態。那麼，這一次的非言語禪發教化活動中，動作施教者的認知系統未對受教者的認知系統直接介入。這種交際語境下的非言語行爲，屬於施爲者內在佛性的當下呈現，不具備交際功能，不進入交際領域：

> 帝又問：「如何是十身調御？」師乃起立曰：「會麼？」帝曰：「不會。」師曰：「與老僧過淨瓶來。」〔註 94〕

唐肅宗問南陽慧忠國師「如何是十身調御」。所謂「十身」即佛身（Buddhakāya），證得無上正覺之佛陀身體也。有法身、化身等之別。依《大方廣佛華嚴經》卷二十六爲，「菩提身，願身，化身，住持身，相好莊嚴身，勢力身，如意身，福德身，智身，法身。」〔註 95〕肅宗問佛有這麼多身，該如何協調彼此，適時現身，運行無礙。慧忠國師當即站立示法，問：「會麼？」肅宗所謂佛身，無論是客觀意義上的佛身，還是主觀意義上的法身，都存在一個如何統一存在的問題。因爲區分十身的標準不一，在肅宗看來，很難理解其並存狀態。南陽慧忠宣揚超越，在他看來，這客觀與主觀的佛身都是屬於超越的對象。而色心統一的狀態，就是當下這個有血有肉的「色身」，擺脫了羈絆，保持著個人的獨立性，充分展現了慧忠作爲禪宗自由派的本色。〔註 96〕但慧忠這次示法並未與肅宗之間形成交際認知，整個動作成爲慧忠自具有佛性的當下顯露。故而慧忠要人拿來淨瓶，爲肅宗洗滌被言語、文字所羈絆的塵心，助其發現清淨本心。後來舒州投子山大同禪師應對學人同樣的問題，以同樣的動作作答：

> 問。如何是十身調御。師下禪床立。〔註 97〕

這則公案中大同禪師面對的問題與用作回答的非言語手段，與慧忠法師無

〔註 94〕〔宋〕普濟《五燈會元》卷二，蘇淵雷點校，北京：中華書局 1984 年，第 101 頁。

〔註 95〕此經中還有二說。卷三十七曰：正覺佛，願佛，業報佛，住持佛，化佛，法界佛，心佛，三昧佛，性佛，如意佛。卷四十二曰：無著佛，願佛，業報佛，持佛，涅槃佛，法界佛，心佛，三昧佛，性佛如意佛。〔東晉〕佛馱跋陀羅譯《大方廣佛華嚴經》，大正藏第 9 卷。

〔註 96〕楊曾文《唐五代禪宗史》，北京：中國社會科學出版社 1999 年，第 239 頁。

〔註 97〕〔宋〕普濟《五燈會元》卷五，蘇淵雷點校，北京：中華書局 1984 年，第 298 頁。

別，但其內裏又帶有其宗門獨特色彩。據《祖堂集》記載，丹霞天然下出京兆翠微無學，再傳即舒州投子大同。丹霞禪師的思想「更傾向於徑山和洪州」〔註 98〕，強調即心即佛。因此大同禪師以「下禪床立」答「十身調御」，有「即心即佛」的意旨。隨後有學人問「凡聖相去幾何」，大同禪師也「下禪床立」，〔註 99〕或表當下即到、凡聖無別意。可見同樣的動作，不同的禪師在不同的語境之下施爲，其意旨各不相同。至於學人能否參究，那就看個人的參悟能力與佛法認知水平了。

2、交際表述：意指、阻斷、情緒表達

動作施爲者的非言語行爲一旦進入受教對象的理解範疇，即形成認知關聯。非言語的行爲因而具備了交際功能，成爲有所指向的「動作語」〔註 100〕。按照在交際過程中的實際用途，可分爲三類：

（1）意指

所謂意指，即非言語的行爲，在認知系統之中有比較具體的、約定俗稱的意指，從而進入交際領域，形成認知關聯：

> 唐貞元初謁石頭，乃問：「不與萬法爲侶者是甚麼人？」頭以手掩其口，豁然有省。〔註 101〕

> 有人問：「如何是眞佛？」師曰：「眞佛無相。」問：「如何是法眼？」師曰：「法眼無瑕。」道吾聞此對答掩耳。〔註 102〕

上述公案中的「掩口」與「掩耳」，均屬於有所意指的動作。按照埃克曼和弗里森對體態語的區分，這兩個動作屬於「象徵性動作」（emblems），意謂其有較清晰明確的含義，正如同表示勝利的「V」手勢。〔註 103〕龐居士問希遷禪師，如何是「不與萬法爲侶者」，即什麼是形而上第一義。同一問題他之前已向馬祖道一禪師請教過，馬祖道一的回答是，「待汝一口吸盡西江水，即爲汝道」，即以超越思維合理推斷的不可實現之絕境，顛覆龐蘊在名相概念之上對

〔註 98〕杜繼文、魏道儒《中國禪宗通史》，南京：江蘇人民出版社 2007 年，第 300 頁。

〔註 99〕〔宋〕普濟《五燈會元》卷五，蘇淵雷點校，北京：中華書局 1984 年，第 299 頁。

〔註 100〕于谷《禪宗語言和文獻》，南昌：江西人民出版社 1995 年，第 39 頁。

〔註 101〕〔宋〕普濟《五燈會元》卷三，蘇淵雷點校，北京：中華書局 1984 年，第 186 頁。

〔註 102〕〔南唐〕靜、筠二禪師編撰《祖堂集》卷五，孫昌武等點校，北京：中華書局 2007 年，第 258 頁。

〔註 103〕畢繼萬《跨文化非語言交際》，北京：外語教學與研究出版社 1999 年，第 15 頁。

形而上本體——「佛性」所作的合理推論。龐蘊再向石頭希遷請教同樣問題，希遷則直接以手「掩其口」，讓龐蘊豁然有省。這裡石頭和尚「掩其口」的動作，在熟悉認知系統中有相對固定的意指——不許說話。這與禪宗「不立文字」，杜絕從言語、文字上追溯第一義諦的立場一致，故而能直接引發受教者在動作與認知之間架構關聯。認知活動中，動作給予人的是直觀體驗，比言說或文字表述更加直接。

第二則公案裏，京口和尚非常擅長說法，因此在學人問「如何是眞佛」時直接答「無相」；「如何是法眼」時直接答「無瑕」。就宗門義理而言，京口和尚的回答並無錯誤。眞佛即眞諦，本是超越眾生相，《大乘義章》卷二曰：「言無相者。釋有兩義：一就理彰名，理絕眾相，故名無相。二就涅槃法相釋，涅槃之法離十相，故曰無相。」〔註 104〕法眼本淨，方能見無上眞諦。《長阿含經》卷一曰：「遠塵離垢，得法眼淨」，〔註 105〕故而無瑕。京口和尚對佛教經典知識非常熟悉，因此善對如流。不過道吾和尚對其所言卻「掩耳」以示反對。佛教的向上第一義，「是聖智內自證境，非語言分別智境，言語分別不能顯示。」〔註 106〕因此禪師常常要求學人「心行滅處」、「言語道斷」。「掩耳」這個動作在熟悉認知系統中有相對固定意指——不聽，道吾的動作直觀地傳達了不願從言語、文字經典知識上接受他方經驗的立場，表現了自性自悟的宗門態度。而道吾和尚在此以「掩耳」的動作直接表達了斷絕言教的意思，有較爲清晰的意指。

禪宗還有一類非言語的行爲，比較容易與宗教的經典知識產生關聯，譬如禪師畫圓相。《大方廣佛華嚴經疏》卷二曰：「圓以不偏爲義」〔註 107〕，故而佛教中的「圓」，常常有特殊意蘊。更有一般參悟法門，自華嚴經、涅槃經處立意，以一念之開悟，頓疾極足佛果，謂爲圓頓。《止觀輔行傳弘決》卷一曰：「圓頓者，圓名圓融圓滿，頓名頓極頓足。又圓者全也。」〔註 108〕法華所說之觀法，爲圓頓止觀，天台大師宣說之，章安大師編集之，亦名「摩訶止觀」。南禪倡導頓教，故而公案中常以畫圓的方式，示範圓頓意旨。畫圓這一

〔註 104〕〔隋〕慧遠《大乘義章》卷二，《大藏經》第 44 卷，第 488 頁下。

〔註 105〕〔後秦〕佛陀耶舍、竺佛念譯《長阿含經》卷一，《大藏經》第 1 卷，第 9 頁下。

〔註 106〕〔唐〕實叉難陀譯《大乘入楞伽經》卷三，《大正藏》第 16 卷，第 600 頁中。

〔註 107〕〔唐〕澄觀《大方廣佛華嚴經疏》卷二，《大正藏》第 35 卷，第 509 頁中。

〔註 108〕〔唐〕湛然《止觀輔行傳弘決》卷一，《大正藏》第 46 卷，第 150 頁上。

行爲，具備極高的固定象徵性，容易與經典知識發生直接聯繫，指向性也比較明確。再如南泉普願「斬貓」公案，趙州從諗得知普願斬貓後，便「脫履安頭上而出」。這個動作的指向性非常明確，本應腳穿的鞋子，被放置在頭上，以此表達他認爲「南泉斬貓」行爲是「本末倒置」的觀點。

在禪師機鋒應對中，有時會出現比較純粹的非言語行爲交流場景，如：

> 百丈海和尚在溈潭山牽車次。師曰：「車在這裡，牛在甚麼處？」丈斫額，師乃拭目。〔註 109〕

形身以心性爲導向，所謂車在而牛何處，正是以「遮詮」的方式問自性所在。百丈「斫額」，乃俗稱的敲頭，正是人思量時的常規動作。這是提點學人自行參證，向內求取。耽源應眞則「拭目」，表示已經領會。這些動作的指向性易與熟悉認知系統發生直接關聯，屬於典型的交際型動作語。而動作直接作用於視覺，比依賴思維推論所獲取的意象完整且眞實。我們思維所意識到的「現成世界只不過是知覺中那些最典型的過程得以施展的現場」，而視覺能將「此刻看到的各種事物都在這個構架中佔據自己的特定的位置」，〔註 110〕從而符合自性在現象中展現的宗門要求。

（2）阻斷

禪師機鋒應對過程中，有一類非言語動作，如棒、喝、沉默等，所起的作用卻是阻斷交際的過程。之所以要阻斷交際過程，目的正是斷絕學人常規思維的理路，阻止其向外求取的意圖，從而返觀自心。六祖惠能就曾「打神會三下」，以實存的感受代替言論上的邏輯推究。〔註 111〕而禪宗語錄中禪師以棒打阻斷學人錯誤知見的公案很多，如：

> 師又時云：「問則有過，不問則又乖。」僧便禮拜，師乃打之。僧問：「某甲始禮，爲什麼卻打？」師云：「待你開口，堪作什麼？」〔註 112〕

〔註 109〕〔宋〕普濟《五燈會元》卷二，蘇淵雷點校，北京：中華書局 1984 年，第 104 頁。

〔註 110〕〔美〕魯道夫·阿恩海姆《視覺思維——審美直覺心理學》，滕守堯譯，北京：光明日報出版社 1987 年，第 57～58 頁。

〔註 111〕《南宗頓教最上大乘摩訶般若波羅蜜經六祖惠能大師於韶州大梵寺施法壇經》卷一，《大藏經》第 48 卷，第 342 頁上。

〔註 112〕〔南唐〕靜、筠二禪師編撰《祖堂集》卷五，孫昌武等點校，北京：中華書局 2007 年，第 275 頁。

上述公案中，「師」即德山宣鑒禪師，他早年「精究律藏。於性相諸經。貫通旨趣。常講金剛般若。時謂之周金剛」。〔註 113〕後在龍潭門下，明白就內心方可尋求眞諦，甚至幹出過焚燒經疏鈔本之事。結合其修證經驗，應該是反對學人向言語、文字上尋求向上第一義。德山宣鑒平素最喜用棒打的方式接機學人，他宣稱「道得也三十棒，道不得也三十棒」，〔註 114〕所以有「德山棒」的美譽。但是宗門總是不免教化之事，因此德山宣鑒說，「問」有觸文字言語、擬議思維的過錯，「不問」卻又惺惺作態，不符合圓融不二的宗門意旨。既然如此，學人該如何參究佛法？一位學僧出來禮拜，正擬質問時卻被德山棒打而回。學人遂質疑，我還一言未發，只是禮拜，爲何就被打？德山和尚解釋到，你禮拜即是想開口，已生發向外尋求之心，不堪教化。德山宣鑒的棒打，直接將學人擬問的思路截斷，阻止其以邏輯推論的方式追溯，促使其向內修證。禪宗公案裏常說「言語道斷」，正是此意。這種方式無疑是有效的，水潦和尚就曾問馬祖道一「如何是西來的的意」，被當胸一踏後即大悟玄旨。〔註 115〕在禪教活動中，能起到同樣阻斷交際作用的還有大喝、沉默等，如：

問曰：「從上宗乘如何指示？」丈良久。〔註 116〕

交際過程中的停頓，「它的作用如同白紙對於紙上印著的東西一樣。但是，停頓的作用更具戲劇性。我們雖然不加注意地接受了書頁上空白部分，但不管多長多短的靜默都會吸引我們的注意力。」〔註 117〕此則公案中，百丈懷海以沉默「良久」應對黃檗希運對宗門形而上的提問，既表達第一義不可言語、文字傳達的意旨，也阻斷了黃檗希運繼續在言語層面探討佛性的可能性。但凡在禪教過程中起到阻斷作用的動作，皆是以一種打破熟悉認知系統、常規交際原則的方式，阻止對方按照預設定的思路追溯形而上眞性的可能。而禪宗所探討的佛性，正是在這非尋常的超言絕相的理路之中方可參悟。

〔註 113〕〔宋〕普濟《五燈會元》卷七，蘇淵雷點校，北京：中華書局 1984 年，第 371 頁。

〔註 114〕〔宋〕普濟《五燈會元》卷七，蘇淵雷點校，北京：中華書局 1984 年，第 373 頁。

〔註 115〕「初參馬祖，問曰：『如何是西來的的意？』祖曰：『禮拜著。』師才禮拜，祖乃當胸蹋倒。師大悟。〔宋〕普濟《五燈會元》卷三，蘇淵雷點校，北京：中華書局 1984 年，第 184 頁。

〔註 116〕〔宋〕普濟《五燈會元》卷四，蘇淵雷點校，北京：中華書局 1984 年，第 188 頁。

〔註 117〕〔美〕洛雷塔・A・馬蘭德羅、拉里・巴克《非言語交流》，孟小平等譯，北京：北京語言學院出版社 1991 年，第 279 頁。

（3）情緒表達

禪宗機鋒應對中的非言語行爲，在禪教過程中也有效地傳達了交流雙方的情緒與立場。禪宗公案裏，禪師之間嬉笑怒罵、棒打大喝，無所不爲。許多非言語行爲帶有明顯的情緒：

> 忽一日，石頭告眾曰：「來日剗佛殿前草。」至來日，大眾諸童行各備鍬钁剗草，獨師以盆盛水，沐頭於石頭前，胡跪。頭見而笑之，便與剃髮。又爲說戒，師乃掩耳而出。〔註 118〕

丹霞天然在石頭希遷門下參學，忽一日希遷告知眾人明日割佛殿前草，其實暗指將爲眾人剃度。諸位學人皆從言詮，唯有丹霞知曉其遮詮之意，故而洗頭等待希遷爲其剃度。希遷見此唯「笑之」，表達了對丹霞天然的贊許之意。這類表達感情和情緒的動作被埃克曼和弗里森的體態語研究劃歸到「情緒表露動作」（Affect Display），對言語行爲起著重複、誇張或否定的作用。〔註 119〕禪宗非言語的行爲傳達情緒，在很大程度上有利於還原公案應對的情景，彰顯禪法應對時的活潑潑面貌。

第三節　禪宗非言語行爲的語用分析

禪宗禪師機鋒應對中使用的種種非言語行爲，在交流實踐中的出現時機、認知關聯，都有其獨特之處。

一、禪宗非言語交際的出現時機

禪宗非言語行爲出現在交際過程中，很好地傳達了「不立文字」的宗門意旨。但相對於言語、文字的主體作用，在整個交際流程之中始終是以次要身份出現，其在交流過程之中出現的時機有如下類型：

1、非言語行為互對

禪宗公案中，有一類機鋒應對皆是以動作往來。言語、文字與非言語動作在交流過程中有起點與終點，〔註 120〕相對於言語、文字符號之外的遮詮意

〔註 118〕〔宋〕普濟《五燈會元》卷五，蘇淵雷點校，北京：中華書局 1984 年，第 261 頁。

〔註 119〕畢繼萬《跨文化非語言交際》，北京：外語教學與研究出版社 1998 年，第 15 頁。

〔註 120〕〔美〕洛雷塔・A・馬蘭德羅、拉里・巴克《非言語交流》，孟小平等譯，北京：北京語言學院出版社 1991 年，第 9 頁。

旨，非言語行爲藉助當下環境，在行爲之後繼續傳達無聲意旨，含蘊更加深刻：

> 師一日在法堂上坐，見一僧從外來，便問訊了，向東邊叉手立，以目視師。師乃垂下左足，僧卻過西邊叉手立。師垂下右足，僧向中間叉手立。師收雙足，僧禮拜。師曰：「老僧自住此，未曾打著一人。」拈拄杖便打，僧便騰空而去。〔註121〕

此則公案中，仰山慧寂禪師與學僧之間一言未發，只藉助動作交流。總歸其類，其使用的非言語動作包括：東、西、中間叉手立，垂左足、右足、收雙足，棒打。這些動作手段在之前禪師教化過程中也有被使用過，因而已進入認知系統，具備一定的含義，也是仰山慧寂與學僧之間以非言語動作進行交流的可能性前提。這些非言語動作，「叉手」是問訊意，即向禪師請教，垂示大法；東立、西立，而後來中間立，是取佛性無南北東西的世俗之分，但亦不在中間的「不二」思想；垂左足、垂右足，最後收足，是取足伸縮自如意旨，契合佛法應用變化。與不執著東、西、中間一一相應。以非言語行爲進行禪法互對的過程中，禪師不假思索，「如明珠在手，胡來胡現，漢來漢現」〔註122〕。若思考太久，難免迨誤參證時機。如「雲岩來參，師作挽弓勢」，而「岩良久，作拔劍勢」，即被批評「來太遲生」，不契合宗門直觀即悟、不假思考的要求。〔註123〕

2、言語、非言語互對

禪宗機鋒應對過程中，更多是非言語動作與言語交替施爲：或以言語提問，非言語行爲作答；或以非言語行爲提問，言語作答；或者就是應用隨機，交替施爲。

（1）言語提問，非言語作答

有時禪師面對問題，不發一言，直接以動作作答：

> 僧達書了，便問萸：「如何是寬廓非外？」萸曰：「問一答百也無妨。」曰：「如何是寂寥非內？」萸曰：「覩對聲色。不是好手。」

〔註121〕〔宋〕普濟《五燈會元》卷九，蘇淵雷點校，北京：中華書局 1984 年，第534頁。

〔註122〕〔宋〕普濟《五燈會元》卷四，蘇淵雷點校，北京：中華書局 1984 年，第199頁。

〔註123〕〔宋〕普濟《五燈會元》卷三，蘇淵雷點校，北京：中華書局 1984 年，第145頁。

僧又問長沙。沙瞪目視之。僧又進後語，沙乃閉目示之。僧又問趙州，州作吃飯勢。僧又進後語，州以手作拭口勢。〔註 124〕

上述公案，學僧問趙州從諗「如何是寬廓非外」，趙州以「吃飯勢」作答；問「如何是寂寥非內」，趙州又以「拭口勢」作答。其實在向趙州請教前，這位僧人就同一問題分別請教過茱萸和尙與長沙和尙。問題起源於該僧爲南泉普願禪師送給茱萸禪師的一封信。信中寫道：「理隨事變。寬廓非外。事得理融。寂寥非內。」理爲眞諦，事爲俗諦，理事關係是禪宗常討論的體用關係。所謂理隨事變，正是眞諦隨世界具相而顯現，出現分別相，所以「寬廓非外」，大千世界無不是佛性之所在；所謂事得理融，則一一融通，事事無礙法界，所以「寂寥非內」，不必刻意執著修證事。茱萸禪師爲學僧所作解答，正是在這二個層面展開：第一個問題，茱萸禪師答爲「問一答百也無妨」。禪宗有「不立文字」、「言語道斷」之說，但對於徹悟者，作任何事、說任何話，都是佛性的呈現；第二個問題，茱萸禪師答爲「覩對聲色。不是好手」。既然理事圓融，就不能執著於聲色表象對佛性參證的阻礙。

學僧就同一問題請教長沙和尙，長沙和尙對第一個問題，「瞠目視之」，即不懼觀具相而迷失本心；對第二個問題「閉目視之」，則理事圓融，大千色相，終歸自心一同。當問到趙州從諗時，他一言不發，對第一個問題直接以吃飯姿勢作答，這正是馬祖「行住坐臥，無非是道」、「平常心是道」思想的行爲表述；對第二個問題，他做了個擦嘴的姿勢，既然能做到平常心是道，那麼事事圓融，無礙法界，無論何等作爲，皆是佛性之顯現。茱萸、長沙、趙州雖手段不一，但其內在理路一致，而長沙與趙州更是不言而教。三位高僧所爲，皆是內在佛性的當下顯現，因此南泉普願聽聞學僧回報，發出「此三人，不謬爲吾弟子」的贊可之語。

（2）非言語提問，言語在後解釋

有時是禪師到一處，不發一言，直接以非言語的行爲提問，期待獲取契證。

初住庵時，有尼名實際來，戴笠子執錫遶師三匝。曰：「道得即下笠子。」如是三問，師皆無對，尼便去。〔註 125〕

〔註 124〕〔宋〕普濟《五燈會元》卷三，蘇淵雷點校，北京：中華書局 1984 年，第 137 頁。

〔註 125〕〔宋〕普濟《五燈會元》卷四，蘇淵雷點校，北京：中華書局 1984 年，第 250 頁。

> 才到石頭，即繞禪床一匝，振錫一聲。問：「是何宗旨？」石頭曰：「蒼天，蒼天。」峰無語。〔註 126〕

實際女尼到俱胝和尚處，不除行具，不發一言，直接繞師三匝，然後卓錫前立。她要求俱胝和尚說出其行爲的意旨，否則不肯歇下。就實際女尼的意旨，大意是以繞匝之「圓」象徵一法界，三匝即三法界。她問俱胝和尚，如何以三界之內身求三界之外心。俱胝和尚對此不能回答，一方面可能是未將實際女尼繞匝卓錫的意旨，與個人積累的經典知識形成認知關聯；另一種可能是形成了認知關聯，卻無法解答其兩難意旨。這次機鋒相對，以實際女尼揚長而去，俱胝大敗爲結束。

同樣是「繞匝」，馬祖道一門下鄧隱峰禪師拜見石頭希遷時也有施爲。初到石頭，鄧隱峰本擬應機而變，「逢場作戲」。他繞石頭希遷一周，再振錫一聲，問其意旨。這裡的「繞一匝」，乃以圓形象徵自性圓融具足之態，卓錫杖爲問訊意。希遷喊「蒼天」，哀歎隱峰和尚此番行爲乃畫蛇添足。鄧隱峰和尚來自馬祖道一門下，「即心即佛」是馬祖門下的基本意旨，這也是希遷與隱峰機鋒應對的預設前提，不容擬議。被希遷否定後，鄧隱峰和尚無言以對，可見其事先計劃的非言語動作，有做作刻意之嫌，不如當下隨機而發。隨後隱峰和尚再度到來，本擬按照馬祖授意，要「噓」石頭，意謂向上的本原自我具足，可在動作中顯現但並不在動作本身，更那堪言語否認。不料石頭先噓兩聲，表達了自己「言語道斷」的立場，處處占得先機。在禪宗非言語禪法教化活動中，非言語的行爲與言語常常摻雜間互，這正是非言語行爲在交際過程中，事實上的補充地位決定的。

二、禪宗非言語交際的認知關聯

晚唐時期的臨濟宗義玄有所謂的「四賓主」，對交流雙方的意旨達成與否有很形象的描述。不過他判斷的標準是徹悟佛性與否。如果雙方都是徹悟者，被稱作「主看主」。如果一方悟另外一方未悟，被稱作「主看賓」與「賓看主」。如果雙方未悟，被稱作「賓看賓」。這三種對應關係以徹悟爲前提，但禪師機鋒應對的實踐中，徹悟與否只是預設前提，彼此交流成功是以達成認知關聯爲判定標準：

〔註 126〕〔宋〕普濟《五燈會元》卷三，蘇淵雷點校，北京：中華書局 1984 年，第 129 頁。

1、示者有心，受者有意

在非言語交際過程中，雙方皆有比較強烈的交際願望，故而產生認知交互。就禪宗公案交際的雙方而言，施教者有主觀意圖，而受教者有接受的意圖，從而在各自的認知系統上達成了互動。如：

> 耽源上堂。師出眾，作此○相以手拓呈了，卻叉手立。源以兩手相交，作拳示之。師進前三步，作女人拜。源點頭，師便禮拜。〔註127〕

耽源應眞禪師上堂，仰山慧寂畫圓相後，叉手待師教化。仰山慧寂基本理論與潙山和尚一樣，「源自華嚴宗的理事圓融」，除了理論的生動運用，他「有表達這種理論的特殊形式，即畫圓相（○，滿月相）。」〔註128〕據《五燈會元》記載，慧寂曾從耽源應眞禪師處學的九十七個圓相的豐富表意系統，他認爲圓相的使用應該「知其意，但用得不可執本也」，故而焚燒了圓相圖集。〔註129〕圓相之相可以作爲其內在參證之「體」的外在呈現之「用」。此處慧寂和尚所畫○，其弟子海東樸順之解釋爲「所依涅槃相，亦名理佛性相。」〔註130〕就慧寂在耽源門下參悟的契機而言，○相更多表達的是自性圓融，體用無別的理路。耽源對此兩手交叉作拳，表述首肯意。禪師有時叉手，有時作拳。叉手是宗門禮範，作拳則僧俗皆可。慧寂遂以男兒身作女人拜，表達自性之事不在三界名相範疇之內。耽源對此點頭認可，慧寂禮拜，結束了此次非言語的機鋒應對活動。

2、示者有心，受者無意

有時禪師運大慈悲心、「老婆心切」，有意教導學人，但並未喚起學人的自認知關聯，故而造成學人的懵懂狀態：

> 師因入菜園，見一僧，師乃將瓦子打之。其僧回顧，師乃翹足，僧無語。〔註131〕

〔註127〕〔宋〕普濟《五燈會元》卷九，蘇淵雷點校，北京：中華書局 1984 年，第 527 頁。

〔註128〕杜繼文、魏道儒《中國禪宗通史》，南京：江蘇人民出版社 2007 年，第 350 頁。

〔註129〕〔宋〕普濟《五燈會元》卷九，蘇淵雷點校，北京：中華書局 1984 年，第 527 頁。

〔註130〕〔南唐〕靜、筠二禪師編撰《祖堂集》卷二十，孫昌武等點校，北京：中華書局 2007 年，第 875 頁。

〔註131〕〔宋〕普濟《五燈會元》卷三，蘇淵雷點校，北京：中華書局 1984 年，第 139 頁。

南泉普願隨機施教，眞正做到「觸境皆如」，故而在普請時「翹足」啓迪學人。佛教經典中有釋迦見佛光明，翹足七日誦偈的典故。但此處普願翹足，更多是其「平常心是道」的妙用，鼓勵生活踐行的意旨。南泉普願是馬祖道一門下農禪思想的提倡者，自力更生的「普請」活動在其禪修中佔據相當大的比例。作爲「會道」者，他能「遍行三昧，普現色身」。即不依思量，不行言教，生活踐行就是「道」的現實顯現。這類崇尚率性而爲，依靠本能的會通，符合禪宗「不落唇吻」的意旨，「擬向即乖」。〔註 132〕學僧不能會得此意，辜負了南泉普願的苦心。機鋒應對時，也有禪師持物示人，如靈泉院曉純禪師就「以木刻作一獸。師子頭，牛足馬身。」〔註 133〕每上堂時，就持出咨問學人。這一異獸，既不是獅子也不是馬，更不是牛。正如形而上的眞諦一樣，超出了我們在言語、文字概念上的構造的認知世界，在文字和言語描述的能力之外。只有超出了這樣的思維定勢和名相障礙，才有可能頓悟眞知灼見。再如，彥端禪師上堂就「從座起作舞」，玄旨難測。正如其隨後所釋，「不捨道法而現凡夫事」，世界萬千皆佛性所化。〔註 134〕

3、示者無心，受者有意

由於禪宗高揚「心性」思想，因此悟入之門無處不在、悟入之機無時不現。在禪法應對之中，常會出現主觀預期過甚，將無意的動作理解爲有意：

> 普請钁地次。忽有一僧聞鼓鳴，舉起钁頭，大笑便歸。師曰：「俊哉！此是觀音入理之門。」師歸院，乃喚其僧問：「適來見甚麼道理，便恁麼？」曰：「適來肚饑，聞鼓聲，歸吃飯。」師乃笑。〔註 135〕

南泉普願在田地間勞作，一僧人聞飯鼓便收拾作具大笑而歸。按照洪州禪在生活中「觸境皆如」、「隨處任眞」的開展，六識皆可作爲悟入之門。普願本以爲這位僧人由音聲悟入眞諦，但僧人直言只是肚餓時聽聞飯鼓而喜，是一種本性純眞的自然流露，並非佛法悟入。這雖與禪宗強調的內在佛性的混沌

〔註 132〕〔南唐〕靜、筠二禪師編撰《祖堂集》卷六，孫昌武等點校，北京：中華書局 2007 年，第 289 頁。

〔註 133〕〔宋〕普濟《五燈會元》卷十七，蘇淵雷點校，北京：中華書局 1984 年，第 1135 頁。

〔註 134〕〔宋〕普濟《五燈會元》卷八，蘇淵雷點校，北京：中華書局 1984 年，第 489 頁。

〔註 135〕〔宋〕普濟《五燈會元》卷三，蘇淵雷點校，北京：中華書局 1984 年，第 133 頁。

狀態相吻合，但卻屬於未曾參悟的自然狀態。由於禪宗的非言語行爲具備隨機性，有時禪師的一個無意識動作，都會因爲學人的過高預期而成爲他們眼中別有意味的舉止：

新到參，師揭簾以手作除帽勢。僧擬欲近前，師曰：「賺殺人！」〔註 136〕

有學僧初到義昭禪師處，義昭禪師迎接時爲其掀開簾子，而且欲協助學僧摘下帽子。這本是義昭禪師禮節行爲，但在學僧看來，宗門內有非言語教化的先例，故而義昭禪師這一行爲有可能也是在示範禪機，因此欲近前傾聽教誨，結果受到義昭禪師的批評。

4、示者無心，受者無意

禪宗機鋒應對活動中，有很多的動作，逐漸發展成爲禪法應對過程中的固定環節，比如禪師上堂即舉拄杖，講法過程中豎拂子，下堂時敲拄杖等。由於成爲固定程序的一部分，這些動作的佛法顯證意義被削弱。因此常出現以非言語行爲施教的人無意識施爲，受教者也不另作他想。如：

上堂：「解猛虎頷下金鈴，驚群動眾。取蒼龍穴裏明珠，光天照地。山僧今日到此，讚歎不及。汝等諸人，合作麼生。」豎起拂子曰：「眨上眉毛。速須薦取。」擲拂子，下座。〔註 137〕

禪師在講法的過程中，舉起拂子與放下拂子，只是作爲其講法的開始與結束行爲，重點在於其講述的言語內容。再比如，禪師上堂就「拈拄杖」，隨後再「卓拄杖」：

上堂，橫按拄杖曰：「牙如刀劍面如鐵，眼放電光光不歇。手把蒺藜一萬斤，等閒敲落天邊月。」卓一下。〔註 138〕

這樣的行爲已經成爲上堂說法固定程序的一部分，其獨特性的示範意義被消解，純粹成爲動作流程，其施教的內容主要在言語表達。

〔註 136〕〔宋〕普濟《五燈會元》卷八，蘇淵雷點校，北京：中華書局 1984 年，第 444 頁。

〔註 137〕〔宋〕普濟《五燈會元》卷二十，蘇淵雷點校，北京：中華書局 1984 年，第 1321 頁。

〔註 138〕〔宋〕普濟《五燈會元》卷十九，蘇淵雷點校，北京：中華書局 1984 年，第 1247 頁。

三、禪宗非言語行爲的語用特徵

1、境緣性

禪宗非言語行爲的當下佛法實證，確定了非言語行爲的情景性。許多機鋒應對中的參悟契機，就是來自於當時的交際情境：

> 丈一日問師：「甚麼處去來？」曰：「大雄山下採菌子來。」丈曰：「還見大蟲麼？」師便作虎聲，丈拈斧作斫勢。師即打丈一摑，丈吟吟而笑，便歸。〔註 139〕

上述公案百丈懷海與黃檗希運之間機鋒應對，其言語、動作，完全依當時交際情景，順勢而行。問來處，即答山中採菌。百丈懷海即刻引申，山中採菌類似眾智於大千中尋找眞知，於是他問黃檗希運可曾遇見老虎。老虎是山中之王，就好比佛性（心）是身之主宰。黃檗希運即順勢學虎叫，表達佛性在自身，「即心即佛」的觀點。但「即心即佛」這一觀點不可執著，馬祖道一在講「即心即佛」更提出「非心非佛」。百丈懷海以斧頭砍伐，意欲破執。黃檗希運打了老師百丈懷海一耳光，正是運心無礙、不受拘束的境界。百丈懷海對此「吟吟而笑」，表示贊許。禪宗自六祖惠能以來，倡導一種直覺的體悟方法。主要表現爲，「有些禪師偏於從理的方面來體悟事的本質，主張『觸目是道』、『觸類是道』；有些禪師則較多地偏於從事的方面來體悟眞理，宣揚『即事而眞』、『觸事而眞』。〔註 140〕無論是「觸目」或「觸類」，「即事」或「觸事」，前者是由內在自性到外在觸目之境，後者是外在觸事到內在自性，都體現了禪宗參證契機的情境性，尤其以非言語行爲的參證爲顯：

> 師侍馬祖行次，見一群野鴨飛過。祖曰：「是甚麼？」師曰：「野鴨子。」祖曰：「甚處去也？」師曰：「飛過去也。」祖遂把師鼻扭，負痛失聲。祖曰：「又道飛過去也。」師於言下有省。〔註 141〕

所謂「觸目是道」，也稱「觸目菩提」、「觸目皆如」，「目光所及，即是悟道，即是眞如，即是眞理，即是佛道，也就是說修持者主觀視線所及，無不是覺悟、眞理、佛道之所在。」〔註 142〕其理路建立在眾生佛性本有的思想基礎之

〔註 139〕〔宋〕普濟《五燈會元》卷四，蘇淵雷點校，北京：中華書局 1984 年，第 188 頁～第 199 頁。

〔註 140〕方立天《中國佛教哲學要義》，北京：中國人民大學出版社 2002 年，第 1065 頁。

〔註 141〕〔宋〕普濟《五燈會元》卷三，蘇淵雷點校，北京：中華書局 1984 年，第 131 頁。

〔註 142〕方立天《中國佛教哲學要義》，北京：中國人民大學出版社 2002 年，第 1065 頁。

上，與馬祖道一宣揚的「即心即佛」，人人皆有佛性理路一致。此則公案中，百丈懷海與馬祖道一看見一群野鴨子飛過，如果百丈懷海已經認知到自我佛性，肯定能達到觸目是菩提的思想境界，「觸目皆如，無非見性也」。但百丈懷海答所見到的只是「野鴨子」，則是未能契會馬祖道一意旨。但對參證者而言，在自性明瞭的層面依然會見色即色，故而馬祖道一再度勘驗，問「甚處去也」。因爲人人自具有的佛性恒然不移，不會離去。但懷海答「飛過去也」，令馬祖道一確定他未明玄旨，因此扭住懷海鼻子造成痛覺，令其從尋常的思路中超離出來。

交際場景中的現實事相、境界也可成爲學人悟入之處，「即從眼前的事象切入，參禪悟道。」〔註 143〕如趙州從諗「庭前柏樹子」公案：

> 問：「如何是祖師西來意？」師曰：「庭前柏樹子。」曰：「和尚莫將境示人。」師曰：「我不將境示人。」曰：「如何是祖師西來意？」師曰：「庭前柏樹子。」〔註 144〕

學人問「祖師西來意」，即問禪宗形而上的追溯爲何。趙州從諗的回答是「庭前柏樹子」。直覺事象中的事物，皆是佛性的顯現。如果明白這一要點，「庭前柏樹子」就不是學人質疑的「境」，而是佛性悟入之處。在學人自心層面，圓融事理。

2、多樣性

「觸景皆如」、「即事而眞」，理事圓融無二。再向前回溯，還是可以從「三界唯心，萬法唯識」上去認知。佛教大乘經論中常見「無相」這一概念，《金剛經》中以「世尊說偈」的方式表述爲：

> 若以色見我，以音聲求我，是人行邪道，不能見如來。〔註 145〕

以「色見」、以「音聲求」，則是有相。必須「離一切諸相，則名諸佛」。但這裡之所以不能即色明心是因爲「住於相」，一旦心能知見一切，無論身所經歷爲何，都無礙於心的超然狀態。〔註 146〕《壇經》中惠能向學人傳授「無相」戒，以般若爲內裏，「繼承從達摩以來的禪法，也把『心』看作是世界萬有的

〔註 143〕方立天《中國佛教哲學要義》，北京：中國人民大學出版社 2002 年，第 1066 頁。

〔註 144〕〔宋〕普濟《五燈會元》卷四，蘇淵雷點校，北京：中華書局 1984 年，第 202 頁。

〔註 145〕〔姚秦〕鳩摩羅什譯《金剛般若波羅蜜經》卷一，《大正藏》第 8 卷，第 752 頁上。

〔註 146〕杜繼文、魏道儒《中國禪宗通史》，南京：江蘇人民出版社 2007 年，第 172 頁。

本體和本源。」〔註 147〕因此惠能說：

> 心量廣大，猶如虛空……虛空能含日月星辰、大地山河、一切草木、惡人善人、惡法善法、天堂地獄，盡在空中。世人性空，亦復如是。〔註 148〕

故而對於自性已達到「空」境的禪師，觀相而不執著捨相或取相，因而可以「即色明心，附物顯理」。在這一原則之下，禪宗公案中禪師時常隨機作勢，不滯於物，從而導致非言語禪悟方法的多樣性。清涼文益的弟子玄覺禪師曾對非言語禪悟手段的多樣性作如下表述：

> 所以道，方即現方，圓即現圓。何以故？爾法無偏正，隨相應現，喚作對現色身。〔註 149〕

所謂「方即現方，圓即現圓」，正是說明在禪法應對時，交際雙方應該依據交際情景隨機使用禪悟方法。因此，即便對同一問題，禪師應對的方法也不盡相同。如對「西來意」的回答：

> 問：「如何是祖師西來意？」師曰：「汝問不當。」曰：「如何得當？」師曰：「待吾滅後，即向汝說。」〔註 150〕
>
> 問：「如何是西來意？」師便打曰：「我若不打汝，諸方笑我也。」〔註 151〕
>
> 禪月問：「如何是祖師西來意？」師呈起數珠。〔註 152〕
>
> 問：「如何是西來意？」師下禪床立。〔註 153〕
>
> 僧問：「如何是西來意？」師舉拄杖。〔註 154〕

〔註 147〕楊曾文《唐五代禪宗史》，北京：中國社會科學出版社 1999 年，第 164 頁。

〔註 148〕《六祖大師法寶壇經》卷一《般若》，《大正藏》第 48 卷，第 350 頁上。

〔註 149〕〔宋〕普濟《五燈會元》卷十，蘇淵雷點校，北京：中華書局 1984 年，第 584 頁。

〔註 150〕〔宋〕普濟《五燈會元》卷二，蘇淵雷點校，北京：中華書局 1984 年，第 69 頁。

〔註 151〕〔宋〕普濟《五燈會元》卷三，蘇淵雷點校，北京：中華書局 1984 年，第 129 頁。

〔註 152〕〔宋〕普濟《五燈會元》卷三，蘇淵雷點校，北京：中華書局 1984 年，第 172 頁。

〔註 153〕〔宋〕普濟《五燈會元》卷四，蘇淵雷點校，北京：中華書局 1984 年，第 204 頁。

〔註 154〕〔宋〕普濟《五燈會元》卷四，蘇淵雷點校，北京：中華書局 1984 年，第 218 頁。

問：「如何是祖師西來意？」師乃齩齒示之。〔註 155〕

問：「如何是祖師西來意？」泉拈起一莖皂角曰：「會麼？」〔註 156〕

問：「如何是西來意？」師以手入懷作拳，展開與之。僧乃跪膝，以兩手作受勢。〔註 157〕

總結其類，無論是言語還是動作，都強調「西來意」即宗門傳遞的第一義不可言傳（「汝問不當」、「打」），但可當下即見（「數珠」、「下禪床立」、「拄杖」）；不可黏著第一義諦的名相（「齩齒」、「拈起一莖皂角」），但亦可以名相應對學人的形而上追求（「作拳」）。眞性恒眞不移，無偏正之分，宇宙萬物無非是眞性（佛性、自性、道）的顯現，因此相即不二。在這一理論基礎之上，「萬物爲己」、「物我不異」。〔註 158〕因此石頭希遷指著一塊柴問馬祖處來僧，「馬祖何似這個？」〔註 159〕而凡手邊之物，如布毛、拂子、拄杖、坐具、茶碗等，禪師皆可舉而示之。如：

秀才曰：「佛當何處選？」其僧提起茶垸曰：「會摩？」秀才曰：「未測高旨」……禮拜已，馬大師曰：「這漢來作什摩？」秀才汰上襆頭。馬祖便察機。〔註 160〕

此則公案中的秀才即是尚未出家的丹霞天然，他本與龐居士一起去京城趕考，路遇一行腳僧，勸他選官不如選佛。當秀才問何處選佛時，行腳僧提起了茶垸，表示在參悟者看來，處處是佛性所化。丹霞當時爲悟，被僧人指引去馬祖道一處參證。馬大師問其來由，丹霞「汰上襆頭」，也以「襆頭」顯自具有之眞性。馬祖門下倡「即心即佛」，「平常心是道」，但對佛性的論述基本在眾生而不是眾物。而石頭禪系恰好有「理」遍在的理路，眞性不僅在眾生而且在眾物。因此馬祖道一指引丹霞天然去參訪石頭希遷，正是因爲石頭禪法有契合丹霞的參證理路。早馬祖道一即其弟子看來，物相不能成爲悟入對象：

〔註 155〕〔宋〕普濟《五燈會元》卷五，蘇淵雷點校，北京：中華書局 1984 年，第 287 頁。

〔註 156〕〔宋〕普濟《五燈會元》卷八，蘇淵雷點校，北京：中華書局 1984 年，第 437 頁。

〔註 157〕〔宋〕普濟《五燈會元》卷九，蘇淵雷點校，北京：中華書局 1984 年，第 538 頁。

〔註 158〕楊曾文《唐五代禪宗史》，北京：中國社會科學出版社 1999 年，第 563 頁。

〔註 159〕〔南唐〕靜、筠二禪師編撰《祖堂集》卷四，孫昌武等點校，北京：中華書局 2007 年，第 200 頁。

〔註 160〕〔南唐〕靜、筠二禪師編撰《祖堂集》卷四，孫昌武等點校，北京：中華書局 2007 年，第 209 頁。

> 師有時拈起帽子，問：「會摩？」對曰：「不會。」師曰：「莫怪老僧頭風不下帽子。」〔註 161〕

歸宗智常禪師「尙嗣馬大師」，從他「自在如師子，不與物依怙」的偈子來看，他是反對即色明心的。智常認爲，眞如佛性不可擬議，無從會得，甚至「有向則乖」。〔註 162〕因此他故意對學人拈起帽子，問學人是否領會意旨。隨後又告知學人自己不除下帽子是因爲頭疼，別無深意。其所爲正是爲了破除學人對色相的執著。從理路來說，無論是即色明心，或是不執色相，都是爲了保證心性的獨立省淨。「人在隨順自然時的揮手舉足揚眉瞬目之間便顯示了生活的眞諦，在心識流轉意馬心猿中也可以有心靈的自由，人生的頓悟不再是「知」的追蹤尋繹而只是「心」的自然流露」。〔註 163〕此外，禪宗公案裏禪師隨機以物示機，出現許多其時代生活所用之物。考察禪宗公案，還可以窺見其時代的生活風貌。

3、模糊性

禪宗公案的意旨常常不明確，表現在言語，是繞路說禪；表現在非言語行爲，則存在多義性解讀。這與禪法應對雙方的認知系統皆以自性爲出發點有極大關涉：

> 師與歸宗、麻谷同去參禮南陽國師。師於路上畫一圓相曰：「道得即去。」宗便於圓相中坐，谷作女人拜。師曰：「恁麼則不去也。」宗曰：「是甚麼心行？」師乃相喚便回，更不去禮國師。〔註 164〕

在非言語行爲禪法應對過程中，嚴格說來，交際雙方的認知系統各自運行，不介入對方認知系統。一切以自性的領悟作爲起點，也以自性的歸納作爲終點。南泉普願與歸宗智常、麻谷寶徹一同去參訪南陽慧忠，途中普願畫一圓相，勘驗二人。智常圓相中坐，寶徹作女人拜。除卻其中個人的獨特意旨，皆是以當下之境，示向上眞諦非言語可到之意，「三個老漢，殊途而同歸一揆」

〔註 161〕〔南唐〕靜、筠二禪師編撰《祖堂集》卷十五，孫昌武等點校，北京：中華書局 2007 年，第 685 頁。

〔註 162〕〔南唐〕靜、筠二禪師編撰《祖堂集》卷十五，孫昌武等點校，北京：中華書局 2007 年，第 685 頁。

〔註 163〕葛兆光《中國禪思想史——從 6 世紀到 9 世紀》，北京：北京大學出版社 1998 年，第 328 頁。

〔註 164〕〔宋〕普濟《五燈會元》卷三，蘇淵雷點校，北京：中華書局 1984 年，第 139 頁～140 頁。

〔註 165〕。至於他們的所爲，皆是隨機而爲，不可執著，「作女人拜，他終不作女人拜會。雖畫圓相，他終不作圓相會。」〔註 166〕普願「恁麼則不去」的說法，可理解爲同行二人的非言語行爲契合普願內心的對第一義不可言語達、需要自心參悟的預設，故而不必參訪慧忠；或者是認爲歸宗以人立圓相中，表自性圓融；麻谷作女人拜，表第一義不在世俗認知，皆屬刻意，「擬心即差」。因此未能契合圓融之理，屬於「道不得」，因此不去。

對此公案的多義性，即便宗門之內的僧人也無法理解。玄覺和尚就說，「只如南泉恁麼道，是肯語是不肯語」。〔註 167〕禪宗非言語動作本身具備強烈的暗示性，無法在邏輯層面確證，比如對禪宗史上很有名的俱胝和尚「一指禪」的討論。俱胝和尚一生只舉指頭，以「一機一境」示禪。後人有對他這一行爲是「悟」還是「不悟」，展開討論。玄覺和尚說，「且道俱胝還悟也無？若悟，爲甚麼道承當處鹵莽。若不悟，又道用一指頭禪不盡。」〔註 168〕不僅公案本身存在多義性的解讀，對公案的評價也存在著多義性的角度。玄沙評價到俱胝和尚一指禪說，「我當時若見拗折指頭」。〔註 169〕雲居錫和尚對此評論到，「祇如玄沙恁麼道，肯伊不肯伊？若肯，何言拗折指頭？若不肯，俱胝過在甚麼處？」〔註 170〕可見，由於非言語動作本身的模糊性意旨，從而造成後代對公案中禪師非言語禪悟方法的多義解讀。「實際上任何符號都有其不確定性，可以作出種種解釋，不利於用來準確表達思想，溝通人們之間的心靈信息。」〔註 171〕這也是後代學者濫用非言語動作，「往往失旨，揚眉動目，敲木指境，遞相效學，近於戲笑。」〔註 172〕

〔註 165〕〔宋〕重顯頌古 克勤評唱《碧巖錄》卷七，《大正藏》第 48 卷，第 199 頁上。
〔註 166〕〔宋〕重顯頌古 克勤評唱《碧巖錄》卷七，《大正藏》第 48 卷，第 199 頁上。
〔註 167〕〔宋〕普濟《五燈會元》卷三，蘇淵雷點校，北京：中華書局 1984 年，第 140 頁。
〔註 168〕〔宋〕普濟《五燈會元》卷四，蘇淵雷點校，北京：中華書局 1984 年，第 251 頁。
〔註 169〕〔宋〕普濟《五燈會元》卷四，蘇淵雷點校，北京：中華書局 1984 年，第 251 頁。
〔註 170〕〔宋〕普濟《五燈會元》卷四，蘇淵雷點校，北京：中華書局 1984 年，第 251 頁。
〔註 171〕楊曾文《唐五代禪宗史》，北京：中國社會科學出版社 1999 年，第 491 頁。
〔註 172〕〔唐〕陸希聲《仰山通智大師塔銘》，《全唐文》第 813 卷，北京：中華書局 1983 年，第 8554 頁。

4、傳承性

禪宗機鋒應對中的很多動作，在同時或隨後，被其它的禪師所傚仿，比如女人拜，除了前面提及的麻谷禪師，隨後的涅槃和尙以「女人拜」應對雪峰「丈夫拜」，宋代楊歧方會也使用過「女人拜」。〔註 173〕但由於其施爲者不同、情境不同、對象不同，即便同一行爲意旨也不同。如：

> 次日再來，至門前見首座，舉前話問意旨如何，座扣齒三下。及見師，理前問，師亦扣齒三下。公曰：「元來佛法無兩般。」師曰：「是何道理？」公曰：「適來問首座亦如是。」師乃召首座：「是汝如此對否。」座曰：「是。」師便打趁出院。〔註 174〕

叢林中最被廣泛地模仿且使用的是棒喝、豎拂子、示拄杖等，甚至到後來，不管是悟還是不悟，老師或者學人，都可以棒喝。上堂豎拂子、示拄杖，甚至發展成爲一種示法程序。但缺乏自性參悟的前提，所有的動作施爲不過是另一種執著癡迷。而被賦予相對固定意旨的非言語行爲，其境緣性、隨機性、模糊性被消解，從而進入熟悉認知系統，成爲名相世界中的一部分。

第四節　禪宗非言語交際中的核心命題

唐五代時期，禪師之間機鋒應對時所使用的非言語行爲，通常呈現了自六祖惠能以來禪宗的基本命題，最核心的集中在如下三個方面：

一、觸境皆如，即事而眞

作爲中國化的佛教，禪宗融攝空有的特點非常明顯。惠能棄《楞伽經》而依《金剛經》作爲宗門心印，依般若而立空宗。《壇經》中惠能常勸人誦持

〔註 173〕「師問：『近離何處？』盤曰：『辟支岩。』師曰：『岩中還有主麼？』盤以竹策敲師轎，師乃出轎相見。盤曰：『曾郎萬福。』師遽展丈夫拜，盤作女人拜。」〔宋〕普濟《五燈會元》卷七，蘇淵雷點校，北京：中華書局 1984 年，第 384 頁；「慈明忌辰設齋。眾才集，師於眞前，以兩手揑拳安頭上，以坐具畫一畫，打一圓相。便燒香，退身三步，作女人拜。首座曰：『休揑怪。』師曰：『首座作麼生？』座曰：『和尚休揑怪。』師曰：『兔子吃牛奶。』第二座近前，打一圓相。便燒香，亦退身二步，作女人拜。師近前作聽勢，座擬議。師打一掌曰：『這漆桶也亂做。』〔宋〕普濟《五燈會元》卷十九，蘇淵雷點校，北京：中華書局 1984 年，第 1231 頁。

〔註 174〕〔宋〕普濟《五燈會元》卷五，蘇淵雷點校，北京：中華書局 1984 年，第 265 頁。

《金剛經》,「若上乘人,若最上乘人,聞說金剛經,心開悟解。故知本性自有,般若之智,自用智慧常觀照……內外不住,去來自由,除執心,通達無礙,能修此行,與般若經本無差別。」〔註 175〕日本學者孤峰智璨在《中印禪宗史》中指出,「是故六祖,常以金剛經深義垂誡後學。依此觀之,六祖之禪風,爲般若之頓悟主義無疑。」〔註 176〕惠能的般若頓悟主義,認爲眾生之所以能夠頓然證入佛境,就在於般若觀照具有獨特的佛教智慧直覺的作用。他將「般若空觀轉移、安置到眾生本性上來,也就是在「三無」基礎上以眾生本性爲般若直覺的直接對象」〔註 177〕,注重體悟而不拘言象。這在惠能之後的禪師們觀點中表述爲兩個方向:一是由內及外,「觸目是道」;一是由外入內,「即事而眞」。般若空觀的理論基石,是否定名言概念有把握客觀眞理的能力,這導致禪師在修禪過程中,不願以言語闡釋直觀,卻傾向於以非言語的行爲契合當下教理,從而「現觀」或「現證」。如:

> 且作麼生是第一義?若這裡參得多少省要,如今別更說個甚麼即得。然承恩旨,不可杜默去也。夫禪宗示要,法爾常規,圓明顯露,亙古亙今。至於達磨西來,也祇與諸人證明,亦無法可得與人。祇道直下是,便教立地構取。〔註 178〕

第一義諦無法表述,這在達摩西來之時就不可達成。所謂「立地構取」,即禪師隨機使用方便手段,呈現佛性。凡所觸及的世間種種具相,皆是佛性眞如的顯現。道事不離、凡聖無差,觸事即是得道,即當下顯現眞理。道欽禪師宣稱「道遠乎哉,觸事而眞」,「窮理在事,了事即理」,〔註 179〕均強調了從直覺出發,體察事象,即是參證眞理。禪法教化過程中,禪師常常隨機示物,教導弟子從眼前的事象切入,參禪悟道。就其所使用的非言語行爲,主要有示物、示境、應機作勢三大類。

1、示物

參悟者在領會般若智慧之後,但凡動心起念、揚眉瞬目、一語一默、舉

〔註 175〕《六祖大師法寶壇經》卷一《般若》,大正藏第 48 卷,第 350 頁下。

〔註 176〕〔日〕孤峰智璨《中印禪宗史》,臺北:海潮音社 1972 年,第 138 頁。

〔註 177〕方立天《中國佛教哲學要義》,北京:中國人民大學出版社 2002 年,第 1064 頁。

〔註 178〕〔宋〕普濟《五燈會元》卷十,蘇淵雷點校,北京:中華書局 1984 年,第 586 頁。

〔註 179〕〔宋〕道原《景德傳燈錄》卷五《永嘉玄覺》,《大正藏》第 51 卷,第 241 頁下。

指豎拂，無不是佛性的實相呈現。這就是觸目菩提、觸目會道、觸目皆如、觸目遇緣，宗密將之概括爲「觸類是道」。對於參悟者，從其內在出發，在機鋒應對中直接以所示之物向學人表達「觸目是道」的觀點：

> 六祖見僧，豎起拂子，云：還見麼。對云：見。祖師拋向背後，云：見麼？對云：見。師云：身前見，身後見？對云：見時不說前後。師云：如是，如是！此是妙空三昧。〔註 180〕

惠能見學人來即豎起拂子，這是以色授人，即事即眞；隨後又扔掉拂子，這是要去除學人心中的「執」，令其「無住」、「無念」、「無思」。學人只要保持自性的恒定不移，無論是未見還是見，或者見後再不見，都無礙自性的圓滿，因此學人的回答獲得惠能的首肯。對於惠能以「豎起拂子」的方式進行教化，後人有評述：

> 有人拈問長慶：曹溪豎起拂子，意旨如何？慶云：忽有人迴杓柄到，汝作麼生？〔註 181〕

長慶和尚的意思是說，惠能豎起拂子是爲學人呈現佛法的當下，即色以明心。這好像把勺柄擺在學人面前，任由其自行揀取。後人玄沙師備對此評述到，「曹溪豎拂子還如指月」，〔註 182〕這只是通向眞諦的手段。而惠能終究拋棄了拂子，以示對「無住」之印證。禪法應對之中，除了豎起拂子，禪師幾乎將生活之中隨身之物一一拈用，用以證明佛性就在當下，強調實證。在禪師看來，眞理與事象絕非對立存在。藉助直覺，從感性出發，「觀聽直入」，參悟日用而了知萬法具於一心。

2、示境

禪師在機鋒應對之中，亦常以「境」示人。禪宗依據心性論，強調「三界唯心」、「唯識所變」，認爲境是心的表相，而對心的參悟也可以從境上獲取。這「境」包含事「物」與事「境」，「外界事物成爲禪家參禪修持的又一依託，觸境也成爲禪宗開悟的又一重要法門」。〔註 183〕禪師有專門以「境」啓迪學人：

〔註 180〕〔南唐〕靜、筠二禪師編撰《祖堂集》卷二，孫昌武等點校，北京：中華書局 2007 年，第 129 頁。

〔註 181〕〔南唐〕靜、筠二禪師編撰《祖堂集》卷二，孫昌武等點校，北京：中華書局 2007 年，第 129 頁。

〔註 182〕〔宋〕普濟《五燈會元》卷七，蘇淵雷點校，北京：中華書局 1984 年，第 397 頁。

〔註 183〕方立天《中國佛教哲學要義》，北京：中國人民大學出版社 2002 年，第 1129 頁。

上堂：「我有一言，絕慮忘緣，巧說不得，祇要心傳。更有一語，無過直舉。且作麼生是直舉一句？」良久，以拄杖畫一畫，喝一喝。〔註 184〕

楚圓慈明禪師以「畫一畫」之境，直接示範絕思慮、不立言的第一義諦。這表現了宗門破除言教說法，要求禪修主體直接從事相上或者實在的參證體驗。同樣的還有趙州「庭前柏樹子」與馬祖示百丈的「野鴨子」之境，皆是引導學人從事相上獲取直接感觸，觸景是道。馬祖道一及其後的「曹洞、雲門、法眼諸宗也都強調從境上開悟」，〔註 185〕成爲宗門「不立文字，以心傳心」的禪修方式。此處拈出青原惟信的公案爲例：

上堂：「老僧三十年前未參禪時，見山是山，見水是水。及至後來，親見知識，有個入處。見山不是山，見水不是水。而今得個休歇處，依前見山祇是山，見水祇是水。大眾，這三般見解，是同是別？有人緇素得出，許汝親見老僧。」〔註 186〕

未參禪時，自性未明，見山是山，見水是水。受滯於色相的束縛，自性被蒙蔽；當開始修行，具備知識，懂得破除色相對自性蒙蔽，不以色相爲世間眞相，故而山不是山，水不是水；當自性參悟，則運心無礙，大千世界無不是心性所化，無不是佛性的實存。故而山還是山，水還是水。對於禪師在事「物」與事「境」中參悟，後人概述到：

若會得，自然見聞覺知路絕，一切諸法現前。何故如此？爲法身無相，觸目皆形。般若無知，對緣而照，一時徹底會取好。〔註 187〕

見聞覺知並非悟入之處，皆因自性具足，因爲能隨緣而參證，不妨礙自性的清淨圓融。

3、應機作勢

禪師在公案之中，不僅從事「物」與事「境」上參修，而且隨機作勢，以動作行爲示範運心無礙之境：

〔註 184〕〔宋〕普濟《五燈會元》卷十二，蘇淵雷點校，北京：中華書局 1984 年，第 703 頁。

〔註 185〕方立天《中國佛教哲學要義》，北京：中國人民大學出版社 2002 年，第 1129 頁。

〔註 186〕〔宋〕普濟《五燈會元》卷十七，蘇淵雷點校，北京：中華書局 1984 年，第 1135 頁。

〔註 187〕〔宋〕普濟《五燈會元》卷十，蘇淵雷點校，北京：中華書局 1984 年，第 571 頁。

> 後參道吾。問:「如何是觸目菩提?」吾喚沙彌,彌應諾。吾曰:「添淨瓶水著。」良久卻問師:「汝適來問甚麼?」師擬舉,吾便起去。師於此有省。〔註 188〕

慶諸禪師參訪道吾禪師,問如何理解「觸目菩提」。所謂「觸目菩提」即是「觸境皆如」、「觸目是道」,在自心參悟的前提下,所見聞覺知皆是佛性所化,而又不被見聞覺知蒙蔽心智。道吾未正面回答這一問題,而是叫小沙彌來淨瓶添水。對於參悟自性的人而言,搬柴運水,無非是「道」,皆是學人修證之處。道吾讓小沙彌當著慶諸禪師的面倒水,這一行爲就已經是「道」的呈現,正是「觸目菩提」。這一非言語行爲之後,道吾禪師刻意「良久」,即在交際過程中設置語頓,以供慶諸思考。然後再度勘驗慶諸,但慶諸依然打算追問,故而未悟。有時禪師隨機而行,所爲不避險惡,峻烈異常。如:

> 師在庫前立。有僧問:「如何是觸目菩提?」師踢狗子,作聲走,僧無對。師曰:「小狗子不消一踢。」〔註 189〕

雪峰義存門下弟子太原孚上座,未參悟前擅長講涅槃經,是個義學僧,後被禪者「不道座主說不是,祇是說得法身量邊事,實未識法身在」〔註 190〕的批評驚醒,參悟自性。在隨後接機過程中,時常以非言語的動作啓悟學人,從一位有言無自性的義學僧變成無言有自性的禪師。從其遊歷雪峰門下的參證經歷來看,他踢小狗爲學人答「觸目菩提」,正是他「善惡諸緣,一時放卻」〔註 191〕的不執自性之顯現。慶諸踢小狗的行爲與普願斬貓一樣,是向惡邊行,卻無惡邊心,正是「觸境皆如」的自在呈現。

二、中觀不二,不執兩邊

禪師機鋒應對核心表述命題還有「不二」的思想。在《壇經》中惠能處就有表述:

> 惠能於印宗處曰:「不論禪定解脫。」宗曰:「何不論禪定解脫?」

〔註 188〕〔宋〕普濟《五燈會元》卷五,蘇淵雷點校,北京:中華書局 1984 年,第 286 頁。

〔註 189〕〔宋〕普濟《五燈會元》卷七,蘇淵雷點校,北京:中華書局 1984 年,第 434 頁。

〔註 190〕〔宋〕普濟《五燈會元》卷七,蘇淵雷點校,北京:中華書局 1984 年,第 432 頁～第 433 頁。

〔註 191〕〔明〕瞿汝稷集《指月錄》卷十九,《大正藏》第 83 卷,第 615 頁下。

惠能曰：「爲是二法，不是佛法，佛法是不二之法。」〔註 192〕

之所以論「不二」，乃是因爲惠能的頓悟成佛觀。眾生與佛的區別只在自性的迷與悟。心是根本，自性包含萬法，本然圓足，眾生每一心念皆可頓悟自性。因此，禪者修行時必須消除分別觀，對此惠能表述爲：

動用三十六對，出沒即離兩邊，說一切法，莫離自性。忽有人問汝法，出語盡雙，皆取對法，來去相因，究竟二法盡除更無去處。〔註 193〕

惠能認爲「無二之性，即是佛性」，這與三論宗大師吉藏和尚的「以中道爲佛性」和僧肇的「入空不二法門」的般若空觀思想皆有一脈相承之處，但惠能與兩位前賢有不同之處，僧肇主要熱衷於闡發般若性空，吉藏則執著於以「理」爲佛性。惠能則是一個禪學大師，他所關注的不是「理」而是活生生的現實的人；他所關注的不是「境」而是人們現實的當下之心。因此惠能並沒有停留在以「不二」解釋佛性，而是把「不二之理」與現實的人及人心結合在一起，以「無相、無念、無住」的本覺之心把眾生與「圓融無礙」地融攝爲一體，從而突顯出了人們的當下解脫，並賦予「即心即佛」、「見性成佛」以新的含義，使這些命題主要地不再是從「理」立言而是就「行」立論，由「果」爾說。〔註 194〕惠能列出三十六對法，並提出破除三十六對法，將禪宗的根本法門歸結爲破除「二分」：即破除「二分」的對立，又不執著於破除「二分」，已經是「言語道斷、心行處滅」。在禪宗公案禪師機鋒應對之間，除卻言論，許多非言語的行爲也體現了這樣一種「中道不二」的思想：

師有時戴冠子，謂眾曰：「若道是俗，且身披袈裟。若道是僧，又頭戴冠子。」眾無對。〔註 195〕

連州寶華和尚平時身披袈裟、頭帶冠子，以不僧不俗的樣子示範禪機。無論說是「僧」還是「俗」，都難免落於一邊。就佛性而言，本來「無相」，若以分別心觀之，則已經是執著。又見「斬蚯蚓」公案：

勝光因在子湖钁地次。勝光钁斷一條蚯蚓，問云：「某甲今日钁斷一條蚯蚓，兩頭俱動。未審性命在那頭？」師提起钁頭向蚯蚓，

〔註 192〕《六祖大師法寶壇經》卷一《行由》，《大正藏》第 48 卷，第 349 頁下。

〔註 193〕《六祖大師法寶壇經》卷一《付囑》，《大正藏》第 48 卷，第 360 頁上。

〔註 194〕洪修平《中國禪學思想史》，北京：人民大學出版社 2007 年，第 185 頁。

〔註 195〕〔宋〕普濟《五燈會元》卷十五，蘇淵雷點校，北京：中華書局 1984 年，第 967 頁。

左頭打一下，右頭打一下，中心空處打一下，擲卻钁頭便歸。〔註 196〕

禪師「普請」勞作時，常會在鋤地時傷害微小生命。一次勝光禪師鋤斷一條蚯蚓，就應機問子湖神力禪師，性命（自性）在哪一頭，「這是有執著於一端的『邊見』存在」〔註 197〕。子湖神力左邊打一下、右邊打一下、中間也打一下，以動作示範「中觀不二」思想。佛性既不在左也不在右，更不在中間。對於自性「空」而言，本來就不著色相，沒有分別。故而最後子湖神力禪師將鋤頭都扔掉，正是強調要通過回歸內心來超越世俗對立的分別觀，破除一切內外束縛，體悟自性是佛。禪師在機鋒應對的教化活動中，但凡相對的概念、行爲，皆可作爲中觀不二的實證。因此拳掌互換、垂足收足、東西邊立、前進與後退、示物與棄物等行爲，都是在「不二」禪法思想下進行的自性展演。於不言之間，傳遞宗門核心理念。

三、言語道斷，擬議即乖

禪宗自稱「不立文字」，教人悟入的手段也是「直指人心」。禪悟是一種純粹的主觀直覺體驗，無法以思維或邏輯推論。所以六祖惠能說，「迷人漸修，悟人頓契。自識本心，自見本性，即無差別。」〔註 198〕鈴木大拙在《禪與生活》一書中提到：「悟可以解釋爲對事物本性的一種直覺的察照，與分析或邏輯的瞭解完全相反。實際上它是指我們習於二元思想的迷妄心一直曾感覺到的一種新世界的展開。」〔註 199〕而對六祖惠能這一悟入方法的認識，神會和尚在《答崇遠法師問》中說，「我六代大師，一一皆言單刀直入，直了見性。」〔註 200〕這樣一種直覺的經驗感知，不落思維、不可假借思維、邏輯架構的名相世界予以命名。惠能自己描述爲，「故有本性自有般若之智，自用智慧。常觀照故，不假文字。」〔註 201〕故而「不立文字」，破除學人從文字、語言上追溯第一義，眞正做到運心無礙，這正是禪師接機學人的基本態度。在直接悟入的前提下，言語、文字雖然可以成爲通向眞諦的「指」，惠能自己就曾在弘

〔註 196〕〔宋〕賾藏《古尊宿語錄》卷十二，蕭萐父等點校，北京：中華書局 1994 年，第 206 頁。

〔註 197〕周裕鍇《百僧一案》，上海：上海古籍出版社 2007 年，第 93 頁。

〔註 198〕《六祖大師法寶壇經》卷一，《大正藏》第 48 卷，第 352 頁下。

〔註 199〕〔日〕鈴木大拙《禪與生活》，劉大悲譯，北京：光明日報出版社 1988 年，第 51 頁。

〔註 200〕《神會和尚禪語錄》，楊曾文校釋，北京：中華書局 1996 年，第 30 頁。

〔註 201〕《六祖大師法寶壇經》卷一《般若》，《大正藏》第 48 卷，第 350 頁中。

忍和尚處「一聞言下大悟」，但始終容易讓人陷入名相經驗的泥淖，故而禪師常常以非言語的行爲動作，來表達宗門向上第一義諦，不可從言語、文字上求溯的立場：

> 初參石頭，頭問：「那個是汝心？」師曰：「見言語者是。」頭便喝出。〔註202〕

大顚寶通禪師去石頭希遷處參訪，石頭希遷問如何見「自心」，寶通答「見言語者是」即從言語上可參證，於是被石頭希遷「大喝」一聲而趕出。石頭希遷和尚在這裡的「大喝」，阻斷了寶通和尚從言語上繼續邏輯推論第一義，傳達了宗門不立言語、文字的立場。對此禪師有時會直接以動作表明立場：

> 又一日問士：「某甲有個借問，居士莫惜言語。」士曰：「便請舉來。」師曰：「元來惜言語。」士曰：「這個問訊，不覺落他便宜。」師乃掩耳。士曰：「作家，作家。」〔註203〕

在龐居士與石林和尚機鋒應對的公案中，二人都在試圖讓對方觸機犯禁，因此都盡量迴避關於「第一義」的描述。直到龐居士以「落他便宜」而露出分別觀，石林和尚立即「掩耳」作不聽勢，表達自性省淨，不涉言路、不藉助他方經驗的堅決立場。反對從言語、文字上追溯「第一義」，歸根結底是反對以理性分析、邏輯推證的方式求證形而上的本體。所以，禪師會認爲「擬心即差」，這在禪師的非言語行爲中也可見出：

> 初參馬祖，問曰：「如何是西來的的意？」祖曰：「禮拜著。」師才禮拜，祖乃當胸蹋倒。師大悟。〔註204〕

水潦和尚向馬祖道一請教「西來的的意」即宗門向上的第一義諦，馬祖道一故意設機，令其禮拜。一旦水潦和尚禮拜，即生發向他人求取經驗之心，依然觸機，故而被馬祖和尚一腳踏倒否定。

〔註202〕〔宋〕普濟《五燈會元》卷五，蘇淵雷點校，北京：中華書局 1984 年，第 264 頁。

〔註203〕〔宋〕普濟《五燈會元》卷三，蘇淵雷點校，北京：中華書局 1984 年，第 176 頁。

〔註204〕〔宋〕普濟《五燈會元》卷三，蘇淵雷點校，北京：中華書局 1984 年，第 184 頁。

第二章　禪宗副語言

第一節　禪宗副語言的類型

禪宗自詡「教外別傳」，重要的觀點之一就是反對言教。因此，六祖門人慧忠禪師才會說「言多去道遠矣」，而表現語言的文字也被否定，甚至有「若也形於紙墨。何有吾宗」的極端說法。言教曾在原始佛教的傳承過程裏發揮了巨大作用，佛陀本人就曾用多種語言在各國施教，是位語言的大師〔註 1〕。禪宗否定語言、文字對形上本體——「道」、或稱「佛性」、「向上一旨」的陳述能力，卻也有其學理上的合理性。禪宗強調自證自悟，要求從自心出發，超越語言、文字架構的可分析的事實世界，達到對形上本體的領悟。由於形上本體並不存在於事實世界，因此不具備可分析性、可說性，不得不「對不可說的東西我們必須保持沉默」。〔註 2〕如若在禪悟的過程裏過於執著語言、文字從而言下生解，那只會沉淪於概念、名相的泥淖，將永遠無法心性自明，達到對本體眞如的認知。但禪宗作爲宗教，教義需要傳承。其否定語言、文字作爲教義傳承基本手段存在合理性的觀念，卻將自身陷入說與不說的困境之中，正所謂「佛祖之道，壁立千仞」，竟是無路可出。禪師在接機學人時，若眞是「壁立千仞，三世諸佛，措足無門」，雖則無可異議，但也「太殺不近人情」。因此，禪宗傳法倡導「壁立千仞處通一線道」，爲宗門教理與傳法實踐的矛盾，找到合理的化解之法。這一線道，既可以是言語的繞路說禪，也

〔註 1〕季羡林《原始佛教的語言問題》，北京：中國社會科學出版社 1985 年，第 7 頁。
〔註 2〕陳嘉映《語言哲學》，北京：北京大學出版社 2003 年，第 136～134 頁。

可以是棒喝等非言語的當下見性，副語言正是非言語手段之一種。

所謂的副語言（paralanguage），「通常被定義爲有聲而沒有固定語義的語言」〔註3〕，指的多是口語中帶有暗示性、情緒性的發音而非言辭。就生理性而言，語言是後天習得的技巧，而副語言更多的是一種先天本能。用其表達認知，更具有眞實性，直覺性。副語言早期的研究者 Trager 曾將副語言分爲音型、音質和發音，〔註4〕由於音型涉及交流者的生理特徵，無法借助文獻還原，所以不在本文討論範疇。而沉默在副語言裏可看作音量爲零的發音，有著特殊的作用，因此本文討論的禪宗副語言包括禪師接機學人過程中的音質、發音、音頓三個方面。在實際的禪教過程中，副語言只是語言的補充，語言始終是主要的交流手段。但禪師使用的副語言，不但在學理上更接近禪宗主張的「以心傳心」的宗門心法，標明宗門特行之處，還能表達傳法過程中的情緒、態度和心理等豐富意蘊。其作用特殊，常有不言而喻，無聲驚雷的妙用，

一、音質（voice qualities）

所謂音質，是「可從講話人實際信息中分離出來的可分辨的講話特徵，包括音高範圍、聲音的唇控制、聲門控制、聲調控制、清晰度控制、節奏的控制、共鳴和速度等變量」〔註5〕。這類副語言現象伴隨著常規語言發生，附加著大量常規語言所不能傳達的語義、情緒和心理。就記載禪師語錄的文本而言，雖不可能對禪師接機學人，印可正法的過程實現影音還原，但仍能從語錄中的一些特殊語氣，判斷出音質之中音量和音調這兩大要素。

1、喝曰

意謂帶著責備的口吻說話，是一種音量頗大、音調頗高的聲音特徵，《晉書．劉毅傳》中「裕厲聲喝之」就是這樣的一種語氣。〔註6〕禪師在禪機互接的過程之中，常常會以「喝曰」的語氣，對禪者自性迷茫、禪機不悟提出嚴厲的批評。如下所示：

〔註3〕李傑群《非言語交際概論》，北京：北京大學出版社2002年，第255頁。

〔註4〕〔美〕洛雷塔．A．馬蘭德羅、拉里．巴克《非言語交流》，孟小平等譯，北京：北京語言學院出版社1991年，第262頁。

〔註5〕〔美〕洛雷塔．A．馬蘭德羅、拉里．巴克《非言語交流》，孟小平等譯，北京：北京語言學院出版社1991年，第262頁。

〔註6〕〔唐〕房玄齡等撰《晉書》，北京：中華書局1974年，第2211頁。

頭喝曰：「你不聞道，從門入者不是家珍。」〔註7〕

化又趯倒飯床。師曰：「得即得，太粗生。」化喝曰：「瞎漢！佛法說甚麼粗細？」師乃吐舌。〔註8〕

禪師在對方觸發機鋒之時，皆以「喝曰」的語氣，表達了強烈責難之情。一則有警醒之意，二則可見禪師在追求眞理的途中，其嚴肅認眞的態度和維護眞理的熱切之情。禪宗公案裏，還有在「喝曰」的基礎之上，刻意強調音量大的語詞：

（1）震聲喝曰

上堂：「馬祖一喝，百丈蹉過。臨濟小廝兒，向糞掃堆頭拾得一隻破草鞋，胡喝亂喝。」師震聲喝曰：「喚作胡喝亂喝，得麼？」〔註9〕

（2）震威喝曰

慧問：「吃粥了也，洗缽盂了也。去卻藥忌，道將一句來。」師曰：「裂破。」慧震威喝曰：「你又說禪也。」師即大悟。〔註10〕

此處需要強調的是，「喝曰」與隨後要談到的「喝」是不一樣的。雖然二者都有責備之意，但前者是伴隨語言的語調音高，後者是單獨的功能性發聲。如果是後者，禪宗公案裏多單獨用「喝」字或「喝一喝曰」，以示區別。與「喝曰」用法相似，音質特性接近的還有「咄曰」、「叱曰」、「呵曰」。都指的是語帶責備，意圖以此指點錯謬，提請學人返歸自心。如：

2、咄曰

仰山作沙彌時，念經聲高。師咄曰：「這沙彌念經恰似哭。」〔註11〕

〔註7〕〔宋〕普濟《五燈會元》卷七，蘇淵雷點校，北京：中華書局1984年，第380頁。

〔註8〕〔宋〕普濟《五燈會元》卷十一，蘇淵雷點校，北京：中華書局1984年，第649頁。

〔註9〕〔宋〕普濟《五燈會元》卷十八，蘇淵雷點校，北京：中華書局1984年，第1203頁。

〔註10〕〔宋〕普濟《五燈會元》卷二十，蘇淵雷點校，北京：中華書局1984年，第1329頁。

〔註11〕〔宋〕普濟《五燈會元》卷三，蘇淵雷點校，北京：中華書局1984年，第180頁。

3、叱曰

麻谷到參，繞禪床三匝，振錫而立。師曰：「汝既如是，吾亦如是。」谷又振錫，師叱曰：「這野狐精出去。」〔註 12〕

4、呵曰

師忿然作色，舉拳呵曰：「今日打這師僧去也。」〔註 13〕

在禪教過程之中，音量忽然提高，常常有振聾發聵之功用。以上公案，總括其類，禪師皆是以忽然提高音量，語帶褒貶的方式，指點錯謬，從而促成對方返歸自心，效果奇佳。在交流的過程中突然加大音量說的話，往往是特別強調的內容。而「喝曰」、「咄曰」、「叱曰」、「呵曰」都有明顯的感情色彩，表達了禪師自身的鮮明立場。以此之法，既有生活化的鮮活之趣，又有眞理不可冒犯之莊嚴肅穆。

禪宗接機過程中，除了責難的口吻，也有直接表達強烈質疑的口吻。

5、抗聲曰

師曰：「此經是阿誰說？」僧抗聲曰：「禪師相弄，豈不知是佛說邪？」〔註 14〕

曰：「己事未明，以何爲驗？」師抗聲曰：「似未聞那。」〔註 15〕

接機過程之中，難免意見不一。學人自可否認老師，老師自可否定學人。上述第一則公案中，慧海禪師故意問學人《金剛經》是誰所說，以此示機不循文字的宗門意旨。在學人眼裏，宗門祖師的經典智識已然不可侵犯，更何況不知其所處，因此，表達出強烈的憤慨。於此「抗聲曰」，可見學人對眞理的執著追求和強烈的自證之心。但其執迷不悟之處，也因此顯露。第二則裏興聖國師強烈否定了學人外求他物，不以自身爲驗的理路。言辭之外，透露出強烈的自信和堅決的勇氣。

有時，禪師接機學人只是加大音量，不附加特定的感情色彩。如：

〔註 12〕〔宋〕普濟《五燈會元》卷二，蘇淵雷點校，北京：中華書局 1984 年，第 99 頁。

〔註 13〕〔宋〕普濟《五燈會元》卷七，蘇淵雷點校，北京：中華書局 1984 年，第 421 頁。

〔註 14〕〔宋〕普濟《五燈會元》卷三，蘇淵雷點校，北京：中華書局 1984 年，第 155 頁。

〔註 15〕〔宋〕普濟《五燈會元》卷七，蘇淵雷點校，北京：中華書局 1984 年，第 409 頁。

6、叫曰

師於言下大悟，便作禮起，連聲叫曰：「師兄，今日始是鰲山成道！」〔註 16〕

7、震聲曰

嘗以經王請益四明尊者。者震聲曰：「汝名本如。」師即領悟。〔註 17〕

8、高聲唱曰

師拈起拄杖，高聲唱曰：「釋迦老子來也。」〔註 18〕

以上三類，雖然只是簡單地提高了音量，卻有正法堂堂之意。所謂即心即佛，即身即佛。理勝辭壯，即是此意。公案裏類似用法的還有「高聲曰」、「厲聲曰」。對於禪宗禪教過程的認知，從音質角度入手，千載之下的人物依然面貌昂張，言語生動，不可謂不是副語言之妙處。

二、發音（vocalizations）

所謂發音，其實包含三個類別，分別是特徵音、定質音、隔斷音，〔註 19〕例如笑聲、哭聲、大叫、噓聲、擬聲等。其特徵是在文字裏都有相應符號，但卻沒有固定語義。這不僅是一種單獨的特殊聲音，更是傳遞語義信息的一種方式。禪師在接引學人的的過程中，經常性地使用這樣的方式，傳達對問題的認知和解答，往往有著語言不能達到的言外之妙。

1、哭

尋常交流過程之中的哭聲，是傳達情緒和意旨的輔助性手段。公案裏禪師的哭泣之聲，也有其豐富旨意。禪師在接機過程裏的哭聲可以表達大法未證，自性迷茫的痛苦：

一日，有僧從山下哭上，師閉卻門。僧於門上畫一圓相，門外

〔註 16〕〔宋〕普濟《五燈會元》卷七，蘇淵雷點校，北京：中華書局 1984 年，第 380 頁。

〔註 17〕〔宋〕普濟《五燈會元》卷六，蘇淵雷點校，北京：中華書局 1984 年，第 360 頁。

〔註 18〕〔宋〕普濟《五燈會元》卷十五，蘇淵雷點校，北京：中華書局 1984 年，第 932 頁。

〔註 19〕〔美〕洛雷塔·A·馬蘭德羅、拉里·巴克《非言語交流》，孟小平等譯，北京：北京語言學院出版社 1991 年，第 262 頁。

立地。〔註20〕

或表達對迷人自不知迷的感慨：

凌行婆來禮拜，師與坐吃茶。婆乃問：「盡力道不得底句分付阿誰？」師曰：「浮杯無剩語。」婆曰：「未到浮杯，不妨疑著。」師曰：「別有長處，不妨拈出。」婆斂手哭曰：「蒼天中更添冤苦。」師無語。〔註21〕

此則公案裏，凌行婆於浮杯和尚處示機。其所謂「盡力道不得底句」，即是不可用語言、文字等經驗常識分析而得的形上本體。而浮杯和尚的「別有長處」已有常識中長短二分之意，懵然觸機。凌行婆大哭之機最後還是在趙州處得以堪破，而凌行婆的「哭聲師已曉」，其哭聲傳達的意旨已被趙州理解。

亦或禪教過程中機鋒不對的無奈之情：

又到德山，才展坐具，山曰：「莫展炊巾，這裡無殘羹餿飯。」師曰：「縱有也無著處。」山便打。師接住棒，推向禪床上。山大笑，師哭蒼天，便下參堂。〔註22〕

或表達悟機後的喜極而泣之情：

師侍馬祖行次，見一群野鴨飛過。祖曰：「是甚麼？」師曰：「野鴨子。」祖曰：「甚處去也？」祖遂把師鼻扭，負痛失聲。祖曰：「又道飛過去也。」師於言下有省，卻歸侍者僚，哀哀大哭。〔註23〕

或大法得證，門庭自立的感慨：

師初開堂，溈山令僧送書並拄杖至，師接得便哭：「蒼天，蒼天。」僧曰：「和尚爲甚麼如此？」師曰：「祇爲春行秋令。」〔註24〕

雖然只是哭聲，但其意旨卻因境而異，正是禪宗「應機接物」之法。這與隨後論及的笑聲，成爲禪宗接機過程裏純真性情最好的展露。

〔註20〕〔宋〕普濟《五燈會元》卷十一，蘇淵雷點校，北京：中華書局1984年，第661頁。

〔註21〕〔宋〕普濟《五燈會元》卷三，蘇淵雷點校，北京：中華書局1984年，第184頁。

〔註22〕〔宋〕普濟《五燈會元》卷十一，蘇淵雷點校，北京：中華書局1984年，第653頁。

〔註23〕〔宋〕普濟《五燈會元》卷三，蘇淵雷點校，北京：中華書局1984年，第131頁。

〔註24〕〔宋〕普濟《五燈會元》卷九，蘇淵雷點校，北京：中華書局1984年，第537頁。

2、笑

禪宗杜撰其所傳之「正法眼藏」，正是在靈山師尊拈花，迦葉破顏微笑那一瞬間就完成了傳承。可見笑及笑聲，作爲禪法傳承手段，能恰好表達禪者以心會心的要略。在禪門實際的接機過程之中，笑聲更可作爲禪師不發一言，接機學人的常態，如馬祖門下洪州水潦和尚：

> 問：「如何是佛法大意？」師乃拊掌呵呵大笑。凡接機，大約如此。〔註25〕

接機過程之中，笑聲可以表達對學人的認可，讚揚其懂得舉一反三，是個佛門伶俐兒：

> 潙又曰：「莫輕這一粒，百千粒盡從這一粒生。」師曰：「百千粒從這一粒生，未審這一粒從甚麼處生？」潙呵呵大笑。〔註26〕

或表達學人機鋒得證的喜悅之情：

> 師擬進語，潭遂喝。師豁然領悟，乃大笑。潭下繩床，執師手曰：「汝會佛法耶？」師便喝，復拓開，潭大笑。於是名聞四馳。〔註27〕

或是學人機鋒得勝的自得之意：

> 元曰：「這座主，今日見老僧氣衝牛斗。」師曰：「再犯不容。」元拊掌大笑。〔註28〕

又或機鋒互證的默契淺笑：

> 丈一日問師：「甚麼處去來？」曰：「大雄山下採菌子來。」丈曰：「還見大蟲麼？」師便作虎聲，丈拈斧作斫勢，師即打丈一摑。丈吟吟而笑，便歸。〔註29〕

但笑傳達的意旨並非都是肯定的、正面的意旨，也有否定之意。如太原孚上座言佛性、法身，被禪者以笑聲否定一事：

〔註25〕〔宋〕普濟《五燈會元》卷三，蘇淵雷點校，北京：中華書局1984年，第184頁。

〔註26〕〔宋〕普濟《五燈會元》卷五，蘇淵雷點校，北京：中華書局1984年，第286頁。

〔註27〕〔宋〕普濟《五燈會元》卷十八，蘇淵雷點校，北京：中華書局1984年，第1192頁。

〔註28〕〔宋〕普濟《五燈會元》卷十八，蘇淵雷點校，北京：中華書局1984年，第1168頁。

〔註29〕〔宋〕普濟《五燈會元》卷四，蘇淵雷點校，北京：中華書局1984年，第188頁。

初在揚州光孝寺講涅槃經。有禪者阻雪，因往聽講。至三因佛性，三德法身，廣談法身妙理，禪者失笑。〔註30〕

而學人不解禪是心，心是禪的宗門之法，不識從範禪師之機鋒，爲其所笑：

上座，僧回首。師曰：「滿肚是禪。」曰：「和尚是甚麼心行？」師大笑而已。〔註31〕

有時學人自性迷茫還不知其迷亂所在，禪師只能對執著的迷茫之人抱以無奈的笑。如宗靖禪師接引學人公案：

問：「如何是和尚家風？」師曰：「早朝粥，齋時飯。」曰：「更請和尚道。」師曰：「老僧困。」曰：「畢竟作麼生？」師大笑而已。〔註32〕

綜其所述，笑聲能表達正反兩方面的意見，並附加情感色彩。禪師樂而用之，也不足爲怪。

3、喝

作爲禪宗副語言，「喝」最具有代表性的。它不僅效果奇特，使用比例高，而且有臨濟宗「臨濟四喝」這樣典型的群體性的踐行。因此，它與棒打以「棒喝」合稱，成爲禪宗獨特的宗門設施。如前所述，這種功能性發音帶有責備意味，音促且響，有振聾發聵的效果，在公案裏成爲禪師們常用的接機手段。因緣不同，其具體的意旨也有區別。在通向眞如法性的途中，學人最易使用分析現象世界的方法，從語言、文字入手，因而誤入歧途。禪師大「喝」一聲，意義正是懸置學人常規思維，截斷眾流：

初參石頭，頭問：「那個是汝心？」師曰：「見言語者是。」頭便喝出。〔註33〕

禪門宗旨是不涉言路，但接機的實際過程之中，言語仍舊是主要的手段，學人極易言下生解，此則公案，寶通禪師以語言爲悟入心性途徑，石頭將之直

〔註30〕〔宋〕普濟《五燈會元》卷七，蘇淵雷點校，北京：中華書局1984年，第432頁。

〔註31〕〔宋〕普濟《五燈會元》卷七，蘇淵雷點校，北京：中華書局1984年，第390頁。

〔註32〕〔宋〕普濟《五燈會元》卷七，蘇淵雷點校，北京：中華書局1984年，第426頁。

〔註33〕〔宋〕普濟《五燈會元》卷五，蘇淵雷點校，北京：中華書局1984年，第264頁。

接喝出，正是指出其錯謬之處。即便禪師不用言語而採用非言語的手段接機學人，迴避語言的泥淖。但其種種手段也容易被學人盲目仿傚從而誤入迷途，因此禪師也將之喝出，例如馬祖禪師大喝百丈懷海豎起拂子一事：

師取拂子豎起，祖曰：「即此用，離此用。」師掛拂子於舊處，祖振威一喝，師值得三日耳聾。〔註 34〕

馬祖明確要求百丈懷海不執迷於豎拂子這個動作本身，而是要明白其只是悟入的一種手段。而懷海不知所謂，自然被馬祖當面大喝。懷海事後回憶道，「老僧昔被馬大師一喝。值得三日耳聾」，〔註 35〕這大喝的一聲對學人的心理震撼作用可想而知。禪師接機中畫圓相以示眞如法性圓融之特性，也被學人傚仿作爲悟入手段，因此被師大聲喝出：

僧參，於左邊作一圓相，又於右邊作一圓相，又於中心作一圓相。欲成未成，被師以手一撥。僧無語，師便喝。〔註 36〕

禪宗的公案裏，「喝」不僅用於截斷常規思維，也頻繁地被用作試探機鋒的手段。因此，有時見面不問機緣即喝：

師聞一老宿難親近，躬往相訪。才入方丈，宿便喝。〔註 37〕

常常在這樣的機鋒互探過程裏，學人沒有根底，只知胡喝亂叫，如：

問僧：「近離甚處？」僧便喝，師曰：「老僧被你一喝。」僧又喝，師曰：「三喝四喝後作麼生？」僧無語。〔註 38〕

如果接機成功，師生互喝，也算是互相印可的一種禮贊。

問：「僧近離甚處？」僧便喝，師亦喝。僧又喝，師又喝。僧曰：「行棒即瞎，」便喝。師拈棒，僧乃轉身作受棒勢。〔註 39〕

當「喝」成爲一種接機的常態手段，進而成爲門庭設施，如「臨濟四喝」，就

〔註 34〕〔宋〕普濟《五燈會元》卷三，蘇淵雷點校，北京：中華書局 1984 年，第 131 頁。

〔註 35〕〔宋〕普濟《五燈會元》卷三，蘇淵雷點校，北京：中華書局 1984 年，第 131 頁。

〔註 36〕〔宋〕普濟《五燈會元》卷七，蘇淵雷點校，北京：中華書局 1984 年，第 378 頁。

〔註 37〕〔宋〕普濟《五燈會元》卷四，蘇淵雷點校，北京：中華書局 1984 年，第 232 頁。

〔註 38〕〔宋〕普濟《五燈會元》卷四，蘇淵雷點校，北京：中華書局 1984 年，第 231 頁。

〔註 39〕〔宋〕普濟《五燈會元》卷十一，蘇淵雷點校，北京：中華書局 1984 年，第 654 頁。

有其豐富意旨：

> 師謂僧曰：「有時一喝如金剛王寶劍，有時一喝如踞地師子，有時一喝如探竿影草，有時一喝不作一喝用。汝作麼生會？」僧擬議，師便喝。〔註 40〕

能喝不能喝，其實也就是宗門「應物現形」的手段罷了。倘若「善知識不辯是境。便上他境上作模作樣」，〔註 41〕若不肯放下執著，難免病入膏肓，不可醫治。臨濟義玄以「喝」的手段接機學人，其門庭施教，多見此方。其弟子興化存獎禪師更是堅定擁護者。後人對此評說傚仿甚多，甚至到了無所不喝，濫用成疾，直到宋代才慢慢地消停下來。

4、嘯

中國士人的隱士情懷常常表現爲吟嘯自若，阮籍去拜訪山裏隱士，二人即以嘯聲互酬心志。〔註 42〕與其說禪師以這樣的方式傳達著自性的清靜，更不如認爲是一種類如士人的人格風範：

> 師一夜登山經行，忽雲開見月，大嘯一聲。應澧陽東九十里許，居民盡謂東家。明晨迭相推問，直至藥山。徒眾曰：「昨夜和尚山頂大嘯。」李贈詩曰：「選得幽居愜野情，終年無送亦無迎。有時直上孤峰頂，月下披雲嘯一聲。」〔註 43〕

藥山惟儼禪師大嘯一聲，應源於自性與明月青山相映的同契感。其行爲受到門人追捧，著名詩人李翺也曾作詩讚歎。至於眞際德止禪師「每嘯歌自若，眾莫測之」，則又是宗門之惑了。

5、噓

公案裏禪師用到的副語言，意謂緘口語默。宗門形而上的眞如本體，不允擬議：

> 迺後人或問佛、問法、問道、問禪者，師皆作噓聲。〔註 44〕

岩頭全奯禪師到老年，但凡接機，皆作噓噓聲。其一生宣化，到老已不再願

〔註 40〕〔宋〕普濟《五燈會元》卷十一，蘇淵雷點校，北京：中華書局 1984 年，第 645 頁。

〔註 41〕〔宋〕普濟《五燈會元》卷十一，蘇淵雷點校，北京：中華書局 1984 年，第 645 頁。

〔註 42〕徐震堮《世說新語校箋》，北京：中華書局 1984 年，第 355 頁。

〔註 43〕〔宋〕普濟《五燈會元》卷五，蘇淵雷點校，北京：中華書局 1984 年，第 261 頁。

〔註 44〕〔宋〕普濟《五燈會元》卷七，蘇淵雷點校，北京：中華書局 1984 年，第 379 頁。

言語葛藤。也提請學人，杜口息念，返照自心。其後楚圓慈明禪師，在接機時也喜歡用噓聲，意旨不出岩頭全豁。

6、咄

禪師接機時，「咄」通常作爲話頭的開始，吸引人的注意，有質疑之意。如破竈墮和尚質疑偶像崇拜事：

> 師一日領侍僧入廟，以杖敲竈三下曰：「咄！此竈只是泥瓦合成，聖從何來？靈從何起？恁麼烹宰物命。」〔註45〕

其後，「咄」成爲禪師上座示機的慣例，有時是上座即「咄」數聲：

> 上堂：「咄、咄、咄！海底魚龍盡枯竭，三腳蝦蟇飛上天，脫殼烏龜火中活。」〔註46〕

有時是示機結束下座前必「咄」一聲：

> 上堂：「我宗無語句，徒勞尋路布。現成公案已多端，那堪更涉他門戶？覿面當機直下提，何用波吒受辛苦？咄！」〔註47〕

有時在一次上座示機過程裏以咄開頭以咄結尾：

> 上堂：「咄、咄、咄！井底啾啾是何物？直饒三千大千，也秖是個鬼窟。咄！」〔註48〕

或在一句話裏作爲句間節奏語氣詞：

> 如何是踞地師子？咄！如何是金剛王寶劍？咄！如何是探竿影草？咄！如何是一喝不作一喝用？咄！若也未會，拄杖子與焦山吐露看。卓一下曰：「笑裏有刀。」〔註49〕

公案裏與「咄」用法類似的還有「咦」等。

7、口頭語

禪宗公案裏還有大量的口頭語出現在禪師接機過程之中，如：嗄、唧、蘇

〔註45〕〔宋〕普濟《五燈會元》卷二，蘇淵雷點校，北京：中華書局1984年，第76頁。

〔註46〕〔宋〕普濟《五燈會元》卷十二，蘇淵雷點校，北京：中華書局1984年，第753頁。

〔註47〕〔宋〕普濟《五燈會元》卷十二，蘇淵雷點校，北京：中華書局1984年，第759頁。

〔註48〕〔宋〕普濟《五燈會元》卷十六，蘇淵雷點校，北京：中華書局1984年，第1052頁。

〔註49〕〔宋〕普濟《五燈會元》卷二十，蘇淵雷點校，北京：中華書局1984年，第1363頁。

嚕，阿呵呵、哩哩囉、囉哩囉等。禪師上堂時多以之作答：

> 師曰:「橫身當宇宙,誰是出頭人？」僧便作引頸勢,師曰:「嗄。」僧曰：「喏，便歸眾。」〔註50〕

> 問:「文殊騎師子,普賢騎象王,未審釋迦騎甚麼？」師舉手云：「哪！哪！」〔註51〕

> 問：「水陸不涉者，師還接否？」師曰：「蘇嚕蘇嚕。」〔註52〕

蘇嚕蘇嚕後來爲人傚仿,甚至有禪師接機無所不用「蘇嚕」,被稱爲「才蘇嚕」。此外，還有「阿呵呵」，用法類似「咄」，但在語間無固定位置：

> 上堂：「阿呵呵，是甚麼？開口是，合口過。」〔註53〕

> 「德山不會說禪，贏得村歌社舞。阿呵呵，邏囉哩。」遂作舞，下座。〔註54〕

其中「蘇嚕」、「哩哩囉」、「囉哩囉」等，爲梵語助詞的譯音，在密宗爲神秘咒語。〔註55〕總括其類，在公案之中，已經多是一些無甚所指的口頭髮音助詞。其意旨仍舊是向上宗旨無法言說，不擬應對意。比較特別的是「吽」，這本來是密宗「六字眞意」之中的一個，有閉地獄之神力。但在禪師的口頭，卻無事不吽，其本來固定的語意被消解，成爲口語禪的一個。如：

> 問：「如何是聲前一句？」師曰：「吽！」〔註56〕

> 僧問：「如何是宗門中事？」師乃側掌：「吽！吽！」〔註57〕

8、情景型發聲

禪師接機時還有一些情景型發聲，其不涉言路、壁立千仞的困境表現得

〔註50〕〔宋〕普濟《五燈會元》卷十一，蘇淵雷點校，北京：中華書局1984年，第652頁。

〔註51〕〔宋〕普濟《五燈會元》卷九，蘇淵雷點校，北京：中華書局1984年，第554頁。

〔註52〕〔宋〕普濟《五燈會元》卷十五，蘇淵雷點校，北京：中華書局1984年，第956頁。

〔註53〕〔宋〕普濟《五燈會元》卷十二，蘇淵雷點校，北京：中華書局1984年，第706頁。

〔註54〕〔宋〕普濟《五燈會元》卷十八，蘇淵雷點校，北京：中華書局1984年，第1216頁。

〔註55〕徐時儀《「嘍囉」考》,《語言科學》2005年1月，第62頁～第69頁。

〔註56〕〔宋〕普濟《五燈會元》卷七，蘇淵雷點校，北京：中華書局1984年，第388頁。

〔註57〕〔宋〕普濟《五燈會元》卷七，蘇淵雷點校，北京：中華書局1984年，第410頁。

十分明顯的。如：

> 每見僧來，拍口作和和聲。仰山謝戒，師亦拍口作和和聲。仰從西過東，師又拍口作和和聲。仰從東過西，師又拍口作和和聲。仰當中而立，然後謝戒。〔註 58〕

禪師有時不需一言，即可表達自己的意見。如下公案，禪師以嘔吐聲表反對之意：

> 嚴上堂，僧問：「不求諸聖、不重己靈時如何？」嚴曰：「萬機休罷，千聖不攜。」師在眾作嘔聲。〔註 59〕

9、擬聲

禪師接機過程中，還用到一些擬聲詞，如虎聲、驢鳴、牛吼等：

> 丈一日問師：「甚麼處去來？」曰：「大雄山下採菌子來。」丈曰：「還見大蟲麼？」師便作虎聲。〔註 60〕
>
> 遠造石霜，陞於丈室。慈明一見曰：「好好著槽廠。」師遂作驢鳴。〔註 61〕
>
> 師曰：「不穿鼻孔底牛，有甚御處？」僧便作牛吼。〔註 62〕
>
> 師遊山見蟬蛻，侍者問曰：「殼在這裡，蟬向甚麼處去也？」師拈殼就耳畔搖三五下，作蟬聲。侍者於是開悟。〔註 63〕
>
> 師便作鷓鴣聲。僧曰：「好個鷓鴣。」師便打。〔註 64〕

總括其類，皆是避免涉入言語架構的邏輯體系，用最直觀的方法，表達對自身當下即是的認知。正如有學人問「如何是梵音相」，首山省念禪師答曰「驢鳴狗吠」一樣，法性無所不在，般若即是自身。

〔註 58〕〔宋〕普濟《五燈會元》卷三，蘇淵雷點校，北京：中華書局 1984 年，第 162 頁。
〔註 59〕〔宋〕普濟《五燈會元》卷十三，蘇淵雷點校，北京：中華書局 1984 年，第 799 頁。
〔註 60〕〔宋〕普濟《五燈會元》卷四，蘇淵雷點校，北京：中華書局 1984 年，第 188 頁。
〔註 61〕〔宋〕普濟《五燈會元》卷十二，蘇淵雷點校，北京：中華書局 1984 年，第 730 頁。
〔註 62〕〔宋〕普濟《五燈會元》卷六，蘇淵雷點校，北京：中華書局 1984 年，第 319 頁。
〔註 63〕〔宋〕普濟《五燈會元》卷六，蘇淵雷點校，北京：中華書局 1984 年，第 327 頁。
〔註 64〕〔宋〕普濟《五燈會元》卷十一，蘇淵雷點校，北京：中華書局 1984 年，第 660 頁。

三、語頓（silence in the course of communication）

語頓指的是在交流過程中出現的簡短停頓或較長時間的沉默，這不但能在交流過程中引發關注，還能成爲傳遞信息的有效媒介。〔註 65〕釋迦牟尼被稱爲釋迦族的沉默聖人（Sakyamuni），如來，即是眞理贏得者，徹底啓悟的人。〔註 66〕禪師在接機學人的過程裏，也有意識地使用語頓，並成爲宗門常例。如：

> 一日，師問：「祇如古德，豈不是以心傳心？」峰曰：「兼不立文字語句。」師曰：「祇如不立文字語句，師如何傳？」峰良久，師禮謝。〔註 67〕

順德禪師求學雪峰禪師「以心傳心」之意旨，雪峰禪師告知還應「不立文字語句」。順德禪師隨即疑問該如何傳承大法，雪峰「良久」。順德遂懂得一言不發，向內自證之意。在禪宗接機過程之中，禪師有意識地使用沉默，或表達嚴肅的思考，或表述向上眞諦不可言傳的特性。既傳達了宗門意旨，又提供了思考的空間。公案之中，如若機鋒不當，無言以對，則多用「無言」、「無語」、「不對」描述。而「良久」一詞則是語句間停頓的專門詞彙，屬有意爲之，其類如下：

1、學人思考「良久」

如二祖慧可乞達摩祖師安心事：

> 可曰：「我心未寧，乞師與安。」祖曰：「將心來，與汝安。」可良久曰：「覓心了不可得。」祖曰：「我與汝安心竟。」〔註 68〕

但學人思考太久，則貽誤機鋒，無法在直覺之下頓悟大法：

> 雲岩來參，師作挽弓勢。岩良久，作拔劍勢。師曰：「來太遲生。」〔註 69〕

〔註 65〕〔美〕洛雷塔・A・馬蘭德羅、拉里・巴克《非言語交流》，孟小平等譯，北京：北京語言學院出版社 1991 年，第 279 頁。

〔註 66〕〔美〕休斯頓・史密斯《人的宗教》，劉安雲譯，海南出版社 2006 年，第 101 頁。

〔註 67〕〔宋〕普濟《五燈會元》卷七，蘇淵雷點校，北京：中華書局 1984 年，第 413 頁。

〔註 68〕〔宋〕普濟《五燈會元》卷一，蘇淵雷點校，北京：中華書局 1984 年，第 44 頁。

〔註 69〕〔宋〕普濟《五燈會元》卷三，蘇淵雷點校，北京：中華書局 1984 年，第 145 頁。

在接機過程裏，禪師認爲多加思索是不對的，有「掣電之機，徒勞佇思」〔註 70〕的說法。因爲一旦對言談內容思考，違背了直覺的判斷，就容易進入經驗的範疇，不能頓悟。

2、師故作「良久」

一旦遇到學人提問形上本體，禪師常以「良久」示意形而上的眞諦不可言語達的特性。其中被問的最多的是「從上宗乘」：

> 問曰：「從上宗乘如何指示？」丈良久。〔註 71〕
>
> 問：「從上宗乘事如何？」師良久。〔註 72〕
>
> 問：「不涉思量處，從上宗乘，請師直道。」師良久。〔註 73〕

由於形上本體不可以用言語分析，禪師無一例外地選擇了沉默。但沉默卻恰如其分地傳達了宗門言路不涉、心是法門的意旨。學人相似的提問還有「如何是道」、「如何是第一句」、「從上諸聖什麼處去」、「宗門極則爲何」、「一念不生時如何」等。禪師在接機的過程中拒絕對問題擬議，但難免遇到執迷之人。禪師不得不猶豫在不欲言語和不得不言語的矛盾之間，「良久」正是其壁立千仞困境的矛盾心理的眞實寫照。如：

> 問：「己事未明，乞和尚指示。」師良久曰：「吾今爲汝道一句亦不難。秖宜汝於言下便見去，猶較些子。若更入思量，卻成吾罪過。不如且各合口，免相累及。」〔註 74〕

但言語的運用在接機學人的實際過程裏，仍舊是不可避免的。因此，如何在機鋒應答的過程裏，避免學人言下尋解，就是禪師們思考最多的問題。他們常以「良久」，類似留白，促使學人返觀本心。如：

> 僧問：「四大五蘊身中，阿那個是本來佛性？」師乃呼僧名，僧應諾。師良久曰：「汝無佛性。」〔註 75〕

而言語之後，沉默之後又立即否定言語，避免學人循言生解：

> 後參道吾，問：「如何是觸目菩提？」吾喚沙彌，彌應諾。吾曰：

〔註 70〕〔宋〕普濟《五燈會元》卷七，蘇淵雷點校，北京：中華書局 1984 年，第 406 頁。
〔註 71〕〔宋〕普濟《五燈會元》卷四，蘇淵雷點校，北京：中華書局 1984 年，第 188 頁。
〔註 72〕〔宋〕普濟《五燈會元》卷八，蘇淵雷點校，北京：中華書局 1984 年，第 453 頁。
〔註 73〕〔宋〕普濟《五燈會元》卷八，蘇淵雷點校，北京：中華書局 1984 年，第 509 頁。
〔註 74〕〔宋〕普濟《五燈會元》卷五，蘇淵雷點校，北京：中華書局 1984 年，第 260 頁。
〔註 75〕〔宋〕普濟《五燈會元》卷三，蘇淵雷點校，北京：中華書局 1984 年，第 154 頁。

「添淨瓶水著。」良久卻問師：「汝適來問甚麼？」師擬舉，吾便起去。〔註 76〕

有時也是禪師感歎學人難明，眞諦難知的苦惱之情。如：

上堂，以右手拈拄杖，倚放左邊。良久曰：「此事若不是芙蓉師兄，也大難委悉。」便下座。〔註 77〕

3、上堂「良久」

由於禪師在接引學人過程裏常常會使用沉默，「良久」也就慢慢地成爲禪師上堂的慣例。禪師有時上堂升座，一言不發，先沉默一會。如：

上堂，良久曰：「我爲汝得徹困，也還會麼？」〔註 78〕

上堂，良久曰：「莫道今夜較些子。」便下座。〔註 79〕

師遂升座，良久，揮尺一下曰：「如是我聞。」〔註 80〕

或上堂宣講過程之中故意沉默一會，再接著講。如：

上堂：「三十年後，大有人向這裡亡鋒結舌去在。」良久曰：「還會麼？灼然，若不是眞師子兒，爭識得上來之機。」〔註 81〕

上堂：「春景溫和，春雨普潤，萬物生芽。甚麼處不沾恩？且道承恩力一句，作麼生道？」良久曰：「春雨一滴滑如油。」〔註 82〕

上堂：「五千教典，諸佛常談，八萬塵勞，眾生妙用，猶未是金剛眼睛在。如何是金剛眼睛？」良久曰：「瞎。」〔註 83〕

〔註 76〕〔宋〕普濟《五燈會元》卷五，蘇淵雷點校，北京：中華書局 1984 年，第 286 頁。

〔註 77〕〔宋〕普濟《五燈會元》卷六，蘇淵雷點校，北京：中華書局 1984 年，第 354 頁。

〔註 78〕〔宋〕普濟《五燈會元》卷七，蘇淵雷點校，北京：中華書局 1984 年，第 397 頁。

〔註 79〕〔宋〕普濟《五燈會元》卷七，蘇淵雷點校，北京：中華書局 1984 年，第 403 頁。

〔註 80〕〔宋〕普濟《五燈會元》卷七，蘇淵雷點校，北京：中華書局 1984 年，第 433 頁。

〔註 81〕〔宋〕普濟《五燈會元》卷八，蘇淵雷點校，北京：中華書局 1984 年，第 499 頁。

〔註 82〕〔宋〕普濟《五燈會元》卷十一，蘇淵雷點校，北京：中華書局 1984 年，第 693 頁。

〔註 83〕〔宋〕普濟《五燈會元》卷十二，蘇淵雷點校，北京：中華書局 1984 年，第 720 頁。

也有宣講結束之後，以沉默作結。如：

> 上堂才坐，忽有貓兒跳上身，師提起示眾曰：「昔日南泉親斬卻，今朝耶舍示玄徒。而今賣與諸禪客，文契分明要也無。」良久。抛下貓兒，便下座。〔註84〕

總括其類，禪師「良久」，最後成爲上堂宣化的慣例。沉默本來是禪師不願涉言路的無奈之舉，最後竟也成爲宗門設施，其內蘊的眞如不可言的意旨卻逐漸被消解。不過在交流的過程裏，禪師突然沉默，常能夠促使學人反思，形成學術探討的肅穆氣氛。

4、反對「良久」

對於公案裏禪師接機過程中的「良久」，成爲後來學人討論的公案，如果對此深究，亦如「言下生解」的行爲。因此，禪師多不作正面回答。如：

> 問：「古人道，『路逢達道人，不將語默對。』未審將甚麼對？」師曰：「吃茶去。」〔註85〕

> 問：「路逢達道人，不將語默對。未審將何對？」師咄曰：「出去。」〔註86〕

或以拳打腳踢、手勢動作代替言語：

> 問：「路逢達道人，不將語默對。未審將甚麼對？」師曰：「要踢要拳。」〔註87〕

> 僧問：「請師不於語默裏答話。」師以拄杖卓一下。〔註88〕

或許正如道英禪師歸納總結的那樣，「據道而論，語也不得，默也不得。直饒語默兩忘，亦沒交涉。何故？句中無路，意在句中，無意無不意。」〔註89〕

〔註84〕〔宋〕普濟《五燈會元》卷十，蘇淵雷點校，北京：中華書局1984年，第624頁。

〔註85〕〔宋〕普濟《五燈會元》卷七，蘇淵雷點校，北京：中華書局1984年，第381頁。

〔註86〕〔宋〕普濟《五燈會元》卷七，蘇淵雷點校，北京：中華書局1984年，第420頁。

〔註87〕〔宋〕普濟《五燈會元》卷十三，蘇淵雷點校，北京：中華書局1984年，第824頁。

〔註88〕〔宋〕普濟《五燈會元》卷十七，蘇淵雷點校，北京：中華書局1984年，第1128頁。

〔註89〕〔宋〕普濟《五燈會元》卷十八，蘇淵雷點校，北京：中華書局1984年，第1167頁。

使用言語或沉默，都不是關鍵。關鍵在於自性明心，探知萬法根底，才能脫離他人構築的現象世界，超離經驗的藩籬，達到對眞如本體的感悟認知。

公案裏副語言的使用，是禪宗發展過程中非常有特點的現象。禪師使用副語言傳法，有其學理上的嚴肅性，並在一定程度上起到了強調宗門意旨的目的。但禪師頻繁使用副語言的危害性也非常大，禪師驢鳴犬吠、喝笑怒罵，行同瘋癲，消解了宗教應該有的神聖肅穆感。而對語言、文字的否定，也不利於宗門理論體系的完備。因此，宋代文字禪興起後，此種行爲漸趨式微。但從副語言的角度還原文字間的人物風貌，千年之後猶然如生，倒也良多趣味。

第二節　禪宗副語言交際功能

禪宗認爲「言多去道遠矣」，而且更爲直接地提出，「承言者喪，滯句者迷，」甚至要求「釋迦掩室，淨名杜口」，極爲否認語言在對眞諦傳達上的功用。〔註 90〕但實際上，他們卻不得不說。語言作爲交流的工具，傳達信息的能力超越副語言或身勢符號等的作用。而佛教本來就有宣化的傳統，原始佛教也非常重視語言。達摩西來，雖然面壁九年，可宗門之義也是言傳慧可。即便有唐以來，禪宗對語言有一種極端的排斥，在宗旨教義上，竭力降低語言文字的地位，或許與大多數禪師知識水平不高相關，但也不是絕對，更多的是對宗門意旨的理解，需要這樣的一種非言語的方式，證悟宗旨。在交流的過程裏，人不僅會因爲談話者的言語表達的字面意義而受到影響，而且會因爲言語表達的特殊方式而有不同感受。有研究表明：在聽話者從講話者所獲得的信息中，7%來自於言辭，38%來自於述說這些言辭所使用的聲音，55%來自於言語者的體態動作。〔註 91〕由此可見，副語言包含著豐富的信息。因此，在接機過程裏，雖然從義理而言，副語言等非言語的方式佔據理論的高度，但在實際過程裏，語言仍然佔據壓倒性優勢，而副語言等非言語方式始終是其補充。但卻發揮著非常特殊的作用，不全然只是瘋癲之行徑。

〔註 90〕〔宋〕普濟《五燈會元》卷七，蘇淵雷點校，北京：中華書局 1984 年，第 409 頁。

〔註 91〕〔美〕洛雷塔·A·馬蘭德羅、拉里·巴克《非言語交流》，孟小平等譯，北京：北京語言學院出版社 1991 年，第 261 頁。

一、禪宗副語言認知關聯分析

由於副語言語意的不確定性，因此要在交流的雙方形成認知聯繫，否則無法實現交流。其類型大致可分爲以下四種：

1、言者有意聽者有心

有僧到庵前便去。師召闍黎，僧回首便喝，師良久。僧曰：「死卻這老漢。」師便打。〔註 92〕

有學人向桐峰庵主，機鋒一觸即發。學人大喝一聲，否定名謂。桐峰禪師以沉默試探學人喝之眞僞。而學人隨後語言再度觸機，因此被師打出，截斷言路。此則公案裏，雙方使用的副語言手段，都是能被對方理解，並作出相應的回覆。

2、言者無意聽者有心

普請钁地次。忽有一僧聞鼓鳴，舉起钁頭，大笑便歸。師曰：「俊哉！此是觀音入理之門。」師歸院，乃喚其僧問：「適來見甚麼道理？便恁麼。」曰：「適來肚饑。聞鼓聲，歸吃飯。」師乃笑。〔註 93〕

溈山在法堂坐，庫頭擊木魚，火頭擲卻火抄拊掌大笑。溈曰：「眾中也有恁麼人，遂喚來問你作麼生？火頭曰：「某甲不吃粥肚饑，所以歡喜。」溈乃點頭。〔註 94〕

一僧人普請肚餓，聽聞吃飯的訊號，因而大笑。但在百丈懷海聽來，這卻可能是僧人悟入的標誌。因此相詢。由於沒有確定的交流前提，因此副語言也沒有懷海禪師以爲的大賢之意。溈山靈祐聽聞僧人笑聲而讚譽，意旨相似。

3、言者有意聽者無心

僧問：「如何是道？」師良久曰：「會麼？」曰：「學人不會。」〔註 95〕

學人問如何是道，法滿禪師以「良久」對，示機眞諦不可言語傳達的不二法門。但學人並未能理解這其中的禪機，因此只能被拒於眞理之門外。

〔註 92〕〔宋〕普濟《五燈會元》卷十一，蘇淵雷點校，北京：中華書局 1984 年，第 661 頁。

〔註 93〕〔宋〕普濟《五燈會元》卷三，蘇淵雷點校，北京：中華書局 1984 年，第 133 頁。

〔註 94〕〔清〕淨符《宗門拈古彙集》卷十四，《大正藏》第 66 卷，第 84 頁上。

〔註 95〕〔宋〕普濟《五燈會元》卷九，蘇淵雷點校，北京：中華書局 1984 年，第 556 頁。

4、言者無意聽者無意

上堂：「欲識解脱道，雞鳴天已曉。趙州庭前栢，打落青州棗。咄！」〔註96〕

如前所述，這則公案中的「咄」，已經是公案的固定慣例。因此，禪師是慣性的趨勢，無甚特別之意味。學人也不會在這「咄」一聲裏發掘出微言大義。

綜上所述，由於副語言對交流背景有著特定的要求，因此，只有在彼此的關聯性形成之時，才可以傳達宗門旨意。學人悟入之機，往往就是一瞬之間，可見這「一線道」之狹窄。

二、禪宗副語言語用功能分析

一旦語言的關聯性達成，在實際的傳達過程之中，副語言能傳達很多信息，對言語的輔助作用很大。主要體現在強調言語、補充言語、替代言語三個方面。

1、強調言語

在禪師接機學人的過程裏，需要發人深省的句子，提請學人關注。如果僅僅是平鋪直敘，難以給學人形成深刻印象。因此，有必要爲了突出主要觀點，而刻意提高音量，讓學人形成深刻認知，進而返歸自心，達到證悟。

首先，提高音調可以提高交流的質量。講話人應該對聲音的特徵保持足夠的重視，講話聲調單調的人，常被人認爲能力不足，可信度低。因此，適當地調整語速，在最佳時機影響聽眾，達到傳法的目的，對禪師來說也是很重要的。

慧問：「吃粥了也，洗鉢盂了也，去卻藥忌，道將一句來。」師曰：「裂破。」慧震威喝曰：「你又說禪也。」師即大悟。〔註97〕

彌光禪師在大慧禪師處求契，幾番未得。皆因他不肯放下對前賢的執著，不願「某不肯他後頭下個注腳」。言下生解固然不對，但是迷信前人的言說，也是大錯。因此，大慧禪師認爲這正是他幾番未得悟入的病源所在。隨後大慧以「吃粥」、「洗鉢盂」事，平常心是道。要彌光大膽出自心，言解。彌光卻又陷入言下生解的陷阱。因此，大慧大喝一聲，指出了他的謬誤。彌光方才

〔註96〕〔宋〕普濟《五燈會元》卷十五，蘇淵雷點校，北京：中華書局 1984 年，第 991 頁。

〔註97〕〔宋〕普濟《五燈會元》卷二十，蘇淵雷點校，北京：中華書局 1984 年，第 1329 頁。

醒悟，前者的平常行徑方才是大道所在。「喝」很好地起到了強調核心觀點的作用，並且有醍醐灌頂的作用。音量忽然地增高，代表這一種斬釘截鐵的意志態度，代表著一種自信和果斷。

其次，用語頓的方式，「多數時候，簡短的靜默或停頓以及較長的靜默，具有襯托或強調口頭語言的作用。」〔註 98〕在交流過程裏適當地使用留白，並引起關注，能夠有效地強調信息。

> 曰：「未審大師意旨如何？」師良久。帥曰：「不可思議，大師佛法深遠。」〔註 99〕

閩帥夫人崔氏也是好禪之人，遣使送衣服，送信，卻無一言一字。次日相逢，慧棱禪師詢問昨日信函時，崔氏展手相示。卻不太爲禪師首肯。因此，閩帥問其意，慧棱不發一言，卻有限地表達了不二法門，不可言語到，不可行諸的特點。因此，閩帥感歎到「不可思議」，更添加了宗教的神聖感。

特別是在公開宣化時，禪師忽然停頓，常能傳達「不可說的東西提示一種更深的東西」〔註 100〕的心理暗示。這忽然的沉默，能引發學人超越當下言語，達到對形而上本體的模糊感知。而短暫的靜默之後，隨後的言語能引發更多的思索，與學人自身的思索結果相映照，達到禪教啓發性的目的。

> 開堂升座。乃曰：「烈士鋒前，還有俊鷹俊鷂麼？放一個出來看。」良久曰：「所以道，烈士鋒前少人陪，雲雷擊皷劍輪開。誰是大雄師子種？滿身鋒刃但出來。」〔註 101〕

2、補充言語

禪師在接機學人的過程中，有時僅用言語還不足以傳達完整的意思。副語言的使用不僅能傳達接機過程裏的種種情緒，還能補充完整言語的未盡之意。

首先，副語言在言語之外，傳遞著接機過程中種種情緒。如以「喝」對學人謬誤迷亂的斥責：

〔註 98〕〔美〕洛雷塔·A·馬蘭德羅、拉里·巴克《非言語交流》，孟小平等譯，北京：北京語言學院出版社 1991 年，第 279 頁。

〔註 99〕〔宋〕普濟《五燈會元》卷七，蘇淵雷點校，北京：中華書局 1984 年，第 498 頁。

〔註 100〕陳嘉映《語言哲學》，北京：北京大學出版社 2003 年，第 137 頁。

〔註 101〕〔宋〕普濟《五燈會元》卷八，蘇淵雷點校，北京：中華書局 1984 年，第 498 頁。

> 頭喝曰：「你不聞道，『從門入者不是家珍』。」〔註 102〕

雪峰義存禪師每日精務參禪，歷列前賢語錄，冀得證大法。卻被同參的岩頭禪師高聲訓斥，認爲他不知聞道之法。岩頭禪師帶著嚴厲的語氣，表達了對義存禪師冀從言語、文字得悟眞如做法的強烈批評，帶有濃厚的感情色彩。千載之下，猶然如雷。義存此後亦杜絕自口，返照自心，隨後大悟。或者是以「笑」對學人舉一反三的伶俐捷悟表示首肯贊許：

> 溈又曰：「莫輕這一粒，百千粒盡從這一粒生。」師曰：「百千粒從這一粒生，未審這一粒從甚麼處生？」溈呵呵大笑。〔註 103〕

或者是以「笑」表達強烈的否定之意：

> 僧問：「如何是佛？」師呵呵大笑。僧曰：「何哂之有。」師曰：「笑你隨語生解。」〔註 104〕

亦或以「笑」表達禪機得悟的喜悅自足：

> 「大眾，二古聖笑個甚麼？」良久。呵呵大笑曰：「曇華一朵再逢春。」〔註 105〕

或者是以沉默「良久」，表達無法用語言爲學人描述向上眞諦，壁立千仞無路可出的無奈之情：

> 問：「己事未明，乞和尚指示。」師良久曰：「吾今爲汝道一句亦不難。衹宜汝於言下便見去，猶較些子。若更入思量，卻成吾罪過。不如且各合口，免相累及。」〔註 106〕

其次，副語言可以對之前觀點的進行補充：

> 師栽松次。檗曰：「深山裏栽許多松作甚麼？」師曰：「一與山門作境致，二與後人作標牓。」道了，將钁頭㧾地三下。檗曰：「雖然如是，子已吃吾三十棒了也。」師又㧾地三下，噓一噓。檗曰：「吾

〔註 102〕〔宋〕普濟《五燈會元》卷七，蘇淵雷點校，北京：中華書局 1984 年，第 380 頁。

〔註 103〕〔宋〕普濟《五燈會元》卷五，蘇淵雷點校，北京：中華書局 1984 年，第 286 頁。

〔註 104〕〔宋〕普濟《五燈會元》卷十七，蘇淵雷點校，北京：中華書局 1984 年，第 1113 頁。

〔註 105〕〔宋〕普濟《五燈會元》卷十七，蘇淵雷點校，北京：中華書局 1984 年，第 1143 頁。

〔註 106〕〔宋〕普濟《五燈會元》卷五，蘇淵雷點校，北京：中華書局 1984 年，第 260 頁。

宗到汝，大興於世。」〔註 107〕

臨濟義玄在應機接物地回答了黃檗希運關於栽松的問題之後，以钁頭觸地三下，暗示猶在三界。黃檗質疑他此行爲言下生解，強爲說禪，因此，認爲義玄已觸機鋒。義玄再度觸地三下，並「噓一噓」，暗示黃檗淨名杜口，而自己之前的語言和行爲，不過是應機而已。「噓一噓」傳達的是向上一旨無法言語達到的眞相，有效地對之前的言語和行爲進行了補充。

3、替代語言

語言爲我們構築了經驗的世界，但語言之內，就眞是我們世界的眞相麼？因此，當學人問「如何是涅槃」，禪師直接回答「汝未開口時喚作什麼」。〔註 108〕因此，禪師在接機學人時，最極端的莫過於一言不發，所謂「無說無聞，是眞說般若」〔註 109〕，正是此謂。在禪師接機的過程裏，完全放棄了語言，直接用副語言，就可以表達自己的意見。傳達的意旨可以是較爲明確也可以是較爲晦澀，則要看接機的語境了，使用的副語言也各不相同：

> 問：「從上宗乘事如何？」師良久。僧再問，師便喝出。〔註 110〕
>
> 問：「如何是佛法大意？」師乃拊掌呵呵大笑。凡接機，大約如此。〔註 111〕
>
> 邇後人或問佛、問法、問道、問禪者，師皆作噓聲。〔註 112〕
>
> 嘗暮入臨濟院吃生菜。濟曰：「這漢大似一頭驢。」師便作驢鳴。〔註 113〕

〔註 107〕〔宋〕普濟《五燈會元》卷十一，蘇淵雷點校，北京：中華書局 1984 年，第 644 頁。

〔註 108〕〔宋〕普濟《五燈會元》卷五，蘇淵雷點校，北京：中華書局 1984 年，第 258 頁。

〔註 109〕〔宋〕普濟《五燈會元》卷二，蘇淵雷點校，北京：中華書局 1984 年，第 114 頁。

〔註 110〕〔宋〕普濟《五燈會元》卷八，蘇淵雷點校，北京：中華書局 1984 年，第 453 頁。

〔註 111〕〔宋〕普濟《五燈會元》卷三，蘇淵雷點校，北京：中華書局 1984 年，第 184 頁。

〔註 112〕〔宋〕普濟《五燈會元》卷七，蘇淵雷點校，北京：中華書局 1984 年，第 379 頁。

〔註 113〕〔宋〕普濟《五燈會元》卷四，蘇淵雷點校，北京：中華書局 1984 年，第 223 頁。

禪師之所以使用副語言的方式，正是它的意旨模糊，既不會給學人明確的信息，避免言下生解。同時，其暗示性，更加增添了眞理難明的神秘性，表明其可望不可即的彼岸狀態。

這樣的不發一言，不僅僅只是應對，有時在交流過程裏，彼此都使用非言語的方式，從而實現了某種程度上的不涉言路：

> 師升堂。有僧出，師便喝，僧亦喝。便禮拜，師便打。〔註 114〕

學人出列，禪師不待其觸機鋒，先行截斷言語道路。隨後學人再喝，示意不觸機鋒。主賓已分，但僧人再禮拜，則是畫蛇添足。因此只能被喝出。

第三節　禪門「喝」——以「臨濟喝」爲討論中心

禪師機鋒應對、禪法施教中大量出現以「喝」爲手段的啓悟模式，其中尤以臨濟義玄的禪風爲代表。臨濟義玄以「喝」爲鮮明特色，禪史上稱之爲「臨濟喝」，與德山宣鑒的「德山棒」齊名。所謂「德山棒，如雨點；臨濟喝，似雷奔」（《碧巖錄》），在宋代就成爲宗門內公認的評定。

臨濟宗創始人義玄，早期參學經歷較爲複雜，但一般斷定他是馬祖道一法嗣、黃檗希運門徒。義玄早期曾行腳參禪，後於鎮州主持臨河小院，在馬祖法孫普化協助下宣化，在今河北地區影響頗大。義玄善於以種種非言語的行爲示範禪機，《臨濟錄》的《勘辨》與《行錄》中多有記述。對此，三山來禪師在《五家宗旨纂要》中概括爲：

> 臨濟家風，全機大用，棒喝齊施。虎驟龍奔，星馳電掣。負衝天意氣，用格外提持。卷舒縱擒，殺活自在。埽除情見，迥脱廉纖。以無位眞人爲宗，或喝或棒，或豎拂明之。〔註 115〕

在臨濟義玄施行的諸多非言語行爲中，以「棒、喝」行禪化之模式。《祖堂集》記載其「以喝、打爲化門」，可見「棒、喝」已發展成爲宗門風範。雖然禪林中有「德山棒，臨濟喝」的論斷，但禪法教化實踐中臨濟義玄常常是棒喝齊施。作爲教化手段，棒喝在南禪法系得到廣泛應用，不論派別。如「德山棒」的德山宣鑒弘法之地在湖南一帶，與在河北宣化的臨濟義玄南北呼應。他就

〔註 114〕〔宋〕普濟《五燈會元》卷十一，蘇淵雷點校，北京：中華書局 1984 年，第 647 頁。

〔註 115〕〔清〕性統編《五家宗旨纂要》卷一，《卍新纂續藏經》第 65 卷，第 255 頁下。

隸屬石頭希遷弟子藥山惟儼的法系，與臨濟義玄所屬洪州禪系並非同一法系。「棒、喝」之所以能在禪林中獲得廣泛流傳，正是因爲其意旨明瞭、容易傚仿，只需簡單的動作或大吼，就可截斷言路，斷卻交際對象從言路上參證佛的常規思路。傳達意旨類似於「人爲的語言永遠不能揭示世界的眞相，在『能指』與『所指』之間有一條永遠無法跨越的鴻溝」〔註116〕。之所以能將「棒、喝」看作臨濟宗的宗門風範，乃是因爲義玄親自「把這種方式貫穿於一切禪行中，則是臨濟的獨家門風」〔註117〕相比其他禪師在截斷言路的簡單意旨上使用「棒、喝」，義玄賦予其更豐富的表達意義，使其成爲具備相對固定含義的動作語，其中尤以「四喝」最爲禪林所稱道。

一、「臨濟喝」的前證與同時代禪風考察

臨濟義玄嗣法於黃檗希運，黃檗希運嗣法於百丈懷海。懷海當年於馬祖門下被「喝」，耳聾三曰：

> 師再參，侍立次。祖目視繩床角拂子，師曰：「即此用，離此用。」祖曰：「汝向後開兩片皮，將何爲人？」師取拂子豎起，祖曰：「即此用，離此用。」師掛拂子於舊處，祖振威一喝，師值得三日耳聾，自此雷音將震。〔註118〕

百丈懷海在馬祖道一門下參證時，因不知「野鴨子飛過」之禪而被馬祖大師扭鼻子，從而參悟第一義觸境皆如卻又不執於境的禪法。隨後馬祖道一又以禪門常用的「拂子」，啓悟百丈懷海。南禪一系，禪師常以「豎拂子」啓悟學人，六祖惠能就已用「豎拂子」、「拋拂子」的方式表述自己「立無念爲宗，無相爲體，無住爲本」的禪法思想。在「無念」的與眞如之心相契合的精神境界，才能達到「不二」之境，消除分別對立。長慶和尚將六祖惠能豎拂子的行爲比作「迴杓柄到」，意謂已經將佛性機用於學人眼前，就待學人自己拈取。〔註119〕馬祖大師問懷海和尚如何看待「豎拂子」這一方便法門，懷海在

〔註116〕周裕鍇《禪宗語言》，杭州：浙江人民出版社1999年，第60頁。

〔註117〕杜繼文、魏道儒《中國禪宗通史》，南京：江蘇人民出版社2007年，第333頁。

〔註118〕〔宋〕普濟《五燈會元》卷三，蘇淵雷點校，北京：中華書局1984年，第131頁。

〔註119〕「有人拈問長慶：『曹溪豎起拂子，意旨如何？』慶云：『忽有人迴杓柄到，汝作麼生？』學人掩耳云：『和尚！』慶便打之。」〔南唐〕靜、筠二禪師編撰《祖堂集》卷二，孫昌武等點校，北京：中華書局2007年，第129頁。

「無念」從而「不二」的前提下，回答「即此用、離此用」。百丈懷海靈活運用了馬祖道一的理論思想，既要在「觸境皆如」的前提下，懂得任何的境與相，都是心的產物。因此「豎拂子」即是「見色即是見心」，可隨處任眞「即此用」。但學人不可因此認爲色相本身就是眞如，故而要抛棄執著「離此用」。馬祖道一提出「即心即佛」與「非心非佛」這一組貌似對立矛盾實則是事物兩個方面的觀點，正是「不二」之妙用。〔註 120〕隨後馬祖道一問百丈懷海在以後教化時難免言說，該如何保持心性的省淨？百丈懷海「豎拂子」，意謂言語與豎拂子一樣，都是悟入手段。馬祖道一則再度強調不可執著手段，對於語言或者拂子，都該「即此用，離此用」。因而當懷海將拂子掛於舊處，被馬祖和尚大喝一聲，警示懷海不可循規蹈矩，最佳方式則是直接抛下手中拂子。懷海和尚以爲馬祖道一的「振威一喝」而耳聾三日，印象非常深刻，自此後敢於打破常見，倡導做個自由人，甚至提出「佛入苦處，亦同眾生受苦。佛只是去住自由，不同眾生」〔註 121〕的叛逆觀點。對此後人多有舉唱，認爲馬祖道一的「喝」，令百丈懷海超越常識，眞正達到「平常心是道」，不被相所執的境界，正是「悟了遊方卻再還，全機大用久當權。若無喝下忘知解，良馬何曾離得鞭」；〔註 122〕或者認爲馬祖道一幫助百丈懷海發現自性，從而開啓自心領悟法門，「客情步步隨人轉，有大威光不能現。突然一喝雙耳聾，那吒眼開黃蘗面。」〔註 123〕馬祖大師對百丈懷海的振威一喝，令百丈和尚印象深刻，並在以後多次向學人提起這樁往事。他說，「佛法不是小事。老僧昔被馬大師一喝，値得三日耳聾。」對此，「黃檗聞舉，不覺吐舌。」黃檗希運對馬祖道一倡導抛棄傳統的精神有所繼承，在一次禪法教化過程中，他公開表態不願刻板繼承馬祖的禪法觀點，認爲」若嗣馬祖，已後喪我兒孫。」對此百丈懷海非常贊同，他認爲「見與師齊，減師半德；見過於師，方堪傳授。」〔註 124〕奉馬祖道一爲首的洪州禪法，以棒打、足踏、大喝等非言語手段接機學人，

〔註 120〕杜繼文、魏道儒《中國禪宗通史》，南京：江蘇人民出版社 2007 年，第 255 頁。

〔註 121〕〔宋〕賾藏《古尊宿語錄》卷二，蕭萐父等點校，北京：中華書局 1994 年，第 29 頁。

〔註 122〕〔宋〕法應集《禪宗頌古聯珠集》卷十，佛印元文，《卍新纂續藏經》第 65 卷，第 528 頁下。

〔註 123〕〔宋〕法應集《禪宗頌古聯珠集》卷十，眞淨文，《卍新纂續藏經》第 65 卷，第 528 頁下。

〔註 124〕〔宋〕普濟《五燈會元》卷三，蘇淵雷點校，北京：中華書局 1984 年，第 132 頁。

峻烈禪風已開。到臨濟義玄所處晚唐前期，天下禪風峻烈異常。但凡舉問，棒喝齊施，這與晚唐時代，混亂的政治文化局面保持著相同風貌。人們在亂世有一種撥亂反正的迫切願望，希望有一種來自內在的大勇力，釋放人在困頓壓抑下的自我精神。以「棒喝」爲代表的峻烈禪風，正是這樣的一種時代表述，而臨濟義玄是最突出的代表。

義玄早年廣學多方，在《鎭州臨濟慧照禪師語錄》他自述道：

> 山僧佛法的的相承，從麻谷和尚、丹霞和尚、道一和尚、盧山拽石頭和尚。一路行遍天下，無人信得，盡皆起謗。如道一和尚用處，純一無雜。學人三百五百，盡皆不見他意。如盧山和尚，自在眞正順逆用處。學人不測涯際，悉皆忙然。如丹霞和尚，翫珠隱顯，學人來者皆悉被罵。如麻谷用處，苦如黃蘗近皆不得。如石鞏用處，向箭頭上覓人，來者皆懼。〔註 125〕

這其中提到的禪師，皆有使用過激手段表述個人禪法認知的事例。麻谷和尚有作「女人拜」的怪異與「掀翻禪床」的過激行徑，丹霞和尚有燒佛的驚人之舉，慧藏和尚見人來便「駕弓射箭」或者拽人鼻孔，黃檗希運也曾打過師傅的耳光。正如義玄自己描述的，「夫爲法者，不避喪身失命」，〔註 126〕峻烈手段方能考驗學人求證大法的勇氣與決心。綜合義玄交往的僧人，他應該「是在江西系諸大禪師的哺育中成長起來的，代表了此系於唐末五代在北方的另一重要流向。」〔註 127〕與義玄同時代，禪風峻烈者應首推德山宣鑒和尚，他與義玄一南一北，同行峻烈禪悟手段。在當時，但凡「天下言激箭之禪道者，有德山門風焉」，〔註 128〕可見德山在其時代是峻烈禪法的代表人物，甚至贊寧在描述義玄禪法風格時，也比附於德山宣鑒。認爲義玄「罷唱經論之徒皆親堂室示人心要，頗與德山相類。」〔註 129〕德山宣鑒早年沉溺經書疏證，後焚燒經典，以棒打學僧聞名禪林。其實在施教過程中，德山宣鑒也曾用到「喝」

〔註 125〕《鎭州臨濟慧照禪師語錄》卷一，《大正藏》第 47 卷，第 501 頁下。

〔註 126〕〔宋〕普濟《五燈會元》卷十一，蘇淵雷點校，北京：中華書局 1984 年，第 648 頁。

〔註 127〕杜繼文、魏道儒《中國禪宗通史》，南京：江蘇人民出版社 2007 年，第 332 頁。

〔註 128〕〔宋〕贊寧《宋高僧傳》卷十二，范祥雍點校，北京：中華書局 1987 年，第 275 頁。

〔註 129〕〔宋〕贊寧《宋高僧傳》卷十二，范祥雍點校，北京：中華書局 1987 年，第 277 頁。

的手段。例如他曾到溈山門下「提起坐具」以相示問，在溈山靈祐打算規避言語，取拂子以相應相時，又以大喝一聲表述自己反對執相的立場。在禪法教化過程中面對學人「凡聖相去多少」的提問，他也是「大喝」一聲令退，不容擬議。當然，德山宣鑒更多地是使用棒打來斷絕學人的分別心，在「喝」的運用上眞正有特點且形成門派風範的，還是臨濟義玄的「四喝」。

二、臨濟四喝

在《臨濟錄》中，臨濟義玄自述四種「喝」：

> 有時一喝如金剛王寶劍，有時一喝如踞地師子，有時一喝如探竿影草，有時一喝不作一喝用。〔註 130〕

這四種喝，結合其在禪機應對實踐中的實質意義，有其實施的原則和標準。正所謂「具眼爲之勘辨，一呵一喝，要見實詣，如老吏據獄讞罪。底裏悉見，情欵不遺一也。」〔註 131〕

1、喝如金剛王寶劍

所謂「金剛王寶劍」，即金剛王所持寶劍。金剛王是金剛界十六菩薩之一，是金剛中最勝者，《楞嚴經》四曰：「清淨圓滿，體性堅凝。如金剛王，常住不壞。」〔註 132〕金剛王寶劍，以喻至利至堅。對此三山來在《五家宗旨纂要》中說：

> 金剛寶劍者，言其快利難當。若遇學人纏腳縛手，葛藤延蔓，情見不忘，便與當頭截斷，不容黏搭。若稍涉思惟，未免喪身失命也。〔註 133〕

學人常常滯於言語或文字經典，在常規性認識中以邏輯思維推究形而上的佛性。而佛性超驗的狀態，無法以言語、文字予以描述。因此禪師大喝一聲，正好像至堅至利的金剛王寶劍，能斬斷學人的錯誤情知、驅除成見、阻斷思維，從而返觀自心，參究佛法。如下公案：

> 府主王常侍，與諸官請師升座。師上堂云：「山僧今日事不獲已，曲順人情方登此座。若約祖宗門下，稱揚大事，直是開口不得，無

〔註 130〕《鎭州臨濟慧照禪師語錄》卷一，《大正藏》第 47 卷，第 504 頁上。
〔註 131〕〔宋〕重顯頌古 克勤評唱《碧巖錄》卷一，《大正藏》第 48 卷，第 139 頁中。
〔註 132〕〔唐〕 般剌蜜帝譯《楞嚴經》卷四，《大正藏》第 19 卷，第 123 頁下。
〔註 133〕〔清〕性統編《五家宗旨纂要》卷一，《卍新纂續藏經》第 65 卷，第 258 頁上。

爾措足處。山僧此日以常侍堅請，那隱綱宗。還有作家戰將直下展陣開旗麼？對眾證據看。」僧問：「如何是佛法大意？」師便喝，僧禮拜。師云：「這個師僧，卻堪持論。」〔註 134〕

引文中的王常侍，即義玄宣化所在地鎮州的節度使王紹懿。他是義玄的信徒，這正是義玄及其弟子能在鎮州順利發展壯大的原因所在。在一次爲王紹懿與其幕府官僚講法的過程中，義玄先是言語設機。所謂「曲順人情方登此座」與「直是開口不得，無爾措足處」，正凸顯了義玄在宗門「不立文字」、「言語道斷」的前提下，如何宣揚教旨的兩難困境。這場機鋒應對，以義玄邀請學人「直下展開陣旗」爲始。「直下」即直接考察宗門最根本的意旨，因此有僧人出來問「如何是佛法大意」。在一般人的見聞覺知中，對佛法形而上的追溯就是探究根本的意旨。這種追溯在思維中進行，是在名相概念基礎上的邏輯推論。義玄承繼馬祖道一洪州禪法，其一脈相通的重要方面在於，「主張通過取得對世俗世界空寂的認識，離一切相，在心識中斷除所有是非、善惡、有無等的差別觀念，取消各種取捨的意向，以達到與清淨無爲的眞如佛性相契合的精神境界。」〔註 135〕因此當學僧問到「如何是佛法大意」，已經在情識中預設了言語可以表述眞諦的可能。這與義玄之前預設的機鋒討論前提發生了衝突，屬於謬知妄論。義玄大「喝」一聲，斬斷其邏輯推論的思路。其「喝」在交際過程中所起作用，正是「一似作家面前，金剛王寶劍，直下便用。若能打破常流見解，截斷得失是非，方見長慶與他酬唱處」，〔註 136〕有著撥亂反正的效果。義玄關於禪法思想教育，還有比較重要的「四照用」的思想。此公案中的僧人在義玄已示眞諦言語難道的前提下，依然在理性層面追問形而上的佛法，故而屬於法執過多之人。義玄大「喝」一聲，破除其執迷，對此臨濟後學汾陽昭作頌云：「金剛寶劍最威雄，一喝能摧萬刃鋒。遍界乾坤皆失色，須彌倒卓半空中。」〔註 137〕正是從臨濟禪法的峻烈入手，兼具功效。

2、喝如踞地獅子

所謂「踞地獅子」，即端坐不動的獅子。獅子本來是中亞地區的猛獸，在梵語裏名 Simha，又曰僧伽彼，乃獸中之王。佛經中常常以獅子譬喻佛之勇猛，

〔註 134〕《鎮州臨濟慧照禪師語錄》卷一，《大正藏》第 47 卷，第 496 頁中。
〔註 135〕楊曾文《唐五代禪宗史》，北京：中國社會科學出版社 1999 年，第 429 頁。
〔註 136〕〔宋〕重顯頌古　克勤評唱《碧巖錄》卷一，《大正藏》第 48 卷，第 148 頁中。
〔註 137〕〔宋〕晦岩智昭《人天眼目》卷一，《大正藏》第 48 卷，第 302 頁下。

《智度論》曰：「又如師子，四足獸中獨步，無畏能伏一切，佛亦如是。於九十六種外道中一切降伏，故名人師子。」〔註 138〕三山來在《五家宗旨纂要》中對此解讀到：

> 踞地獅子者，不居窟穴，不立窠臼，威雄蹲踞，毫無依倚。一聲哮吼，群獸腦裂。無你挨拶處，無你迴避處。稍犯當頭，便落牙爪。如香象奔波，無有當者。〔註 139〕

佛法無所依傍，亦無可迴避。學人常被邪見左右，稍有不當，便觸犯機鋒。百丈懷海對此說到，佛法是關係身家性命的大事，修證者必須「不避喪身失命」，在眞理面前要無所畏懼。義玄常以自己的參證經歷，作爲佛法不是「小事」、參證者需具備大勇力的示範。義玄在黃檗門下，三度問及佛法大意問題，三度被打，後在大愚禪師的啓悟下，領略「見性成佛，不在言說」〔註 140〕的宗門意旨，於大愚禪師脅下三拳以證法悟，隨後掌摑希運，自此「自承黃檗希運的禪法，經常稱讚大愚」，〔註 141〕因此當學人「問師唱誰家曲，宗風嗣阿誰」的時候，義玄答到「我在黃蘗處，三度發問三度被打」，正是彰顯爲求證大法，需具備大勇氣。而「僧擬議」，卻又犯了義玄曾經犯過的錯誤，故而被義玄喝退。機鋒應對之時，學人若無勇氣，一喝便退：

> 又有僧問：「如何是佛法大意？」師便喝，僧禮拜。師云：「爾道好喝也無？」僧云：「草賊大敗。」師云：「過在什麼處？」僧云：「再犯不容。」師便喝。〔註 142〕

此則公案中，學僧不懂得宗門「以心傳心」、「不立文字」的意旨，以言語追溯形而上的第一義，因而觸犯機鋒。在被義玄大「喝」後，僧人當下領悟禮拜。義玄有意試探他是眞悟或是假悟，隨即問此「喝」好或是不好，僧人不再觸機，只承認「大敗」。而義玄問其錯在何處，學人不作正面回答，只是表示不會再犯。義玄對其言談不觸機鋒的做法表示讚歎，此時的「喝」已經有讚歎意。因此，義玄的「喝」如「踞地獅子」，正是顯示佛法不容擬議，威嚴堂堂。至於佛法參證，「直下便是」，關鍵是看學人是否有勇氣應對。

〔註 138〕〔後秦〕鳩摩羅什譯《大智度論》卷七，《大正藏》第 25 卷，第 111 頁上。
〔註 139〕〔清〕性統編《五家宗旨纂要》卷一，《卍新纂續藏經》第 65 卷，第 258 頁上。
〔註 140〕〔宋〕賾藏《古尊宿語錄》卷二，蕭萐父等點校，北京：中華書局 1994 年，第 15 頁下。
〔註 141〕楊曾文《唐五代禪宗史》，北京：中國社會科學出版社 1999 年，第 436 頁。
〔註 142〕《鎮州臨濟慧照禪師語錄》卷一，《大正藏》第 47 卷，第 496 頁下。

3、喝如探竿影草

所謂「探杆影草」，如《人天眼目》注曰：「探竿，漁者具也。束鵜羽，插竿頭，探水中，聚群魚於一處，然後以網漉之謂也。影草者，刈草浸水中則群魚潛影，然後以網漉之。是皆漁者聚魚之方便也。」〔註 143〕要堪驗參悟的眞假，必須大喝一聲。三山來在《五家宗旨纂要》中對此表述爲：

> 探竿影草者，就一喝之中具有二用。探則勘驗學人見地若何，如以竿探水之深淺，故曰探竿在手。即此一喝，不容窺測，無可摹擬。不待別行一路，已自隱跡迷蹤，欺瞞做賊，故曰影草隨身。〔註 144〕

有時學人有自己的參證體驗，禪師以「喝」判斷其參證體驗是正確還是謬誤，就好比用竿探水深淺。如果學人參悟是假，難免在老師的「喝」下觀點被左右，從而被禪師勘破，好比以影草聚集魚再行打撈之事。如：

> 上堂，有僧出禮拜，師便喝。僧云：「老和尚莫探頭好。」師云：「爾道落在什麼處？」僧便喝。〔註 145〕

義玄上堂，有學僧禮拜欲請教宗門旨意，尚未開口，就被義玄大「喝」而退。義玄以此勘驗學人，示意弟子破除對人、法執著。學僧認爲義玄大「喝」已經屬於「著相」，所以勸其「莫探頭」。因爲「喝」屬於情景性發聲，稍縱即逝，義玄於是反問僧人這所著之相所在何處？學僧也非常具有禪慧，不作擬議，只以「喝」表達不在思維之意。按照臨濟義玄「四照用」的禪法教化之法，這屬於「先用後照」，即機鋒應對，不問緣由，即以言語或動作等示機。而此則公案中的義玄與學僧皆是參悟者，二人之間的機鋒應對屬於「主看主」。

4、一喝不作一喝用者

對於一個眞正的參證者，無論境如何變化，自心不動，亦不被左右。此刻的「喝」，是對其一種任心而眞的狀態表述：

> 一喝不作一喝用者，千變萬化，無有端倪。喚作金剛寶劍亦得，喚作踞地獅子亦得，喚作探竿影草亦得。如神龍出沒，舒卷異常。迎之不見其首，隨之不見其尾。佛祖難窺，鬼神莫覷。意雖在一喝之中，而實出一喝之外。此四喝中之最玄最妙者，須看有時二字。

〔註 143〕丁福保《佛學大辭典》「探竿影草」條，北京：文物出版社 1984 年，第 983 頁。
〔註 144〕〔清〕性統編《五家宗旨纂要》卷一，《卍新纂續藏經》第 65 卷，第 258 頁中。
〔註 145〕《鎭州臨濟慧照禪師語錄》卷一，《大正藏》第 47 卷，第 496 頁下。

> 甚是活潑，非一向如此用也。又看如之一字，不過彷彿如此。非眞有如此名目也，向者裏轉得身來，方見臨濟老人用處。〔註 146〕

「喝」只是一種參悟的方便手段，而非佛性自身。臨濟禪法中，將自心（佛性）人格化爲「無位眞人」、「無依道人」。之所以無依，正是因爲其形而上的本體地位，超越名相世界範疇，「心外無法，內亦不可得，求什麼物。」〔註 147〕因此要無修無證，從「佛法無用功處」體會。「喝」作爲接機學人的手段，也應在這範疇之內開展，其既能斬斷情識、彰顯勇猛佛性、勘驗學人眞假，也要懂得「喝」只是手段方式，不可執著。應做到在不同的情景下應機而化，切忌掛礙於心：

> 師問樂普云：「從上來，一人行棒，一人行喝。阿那個親？」普云：「總不親。」師云：「親處作麼生？」普便喝，師乃打。〔註 148〕

如果棒、喝非親行，也就只是參證手段，無法評價其參證體驗，故而樂普說「總不親」。而隨後與義玄二人互行棒喝之事，正是親自體驗的「唯要你眞正見解」。可見義玄雖然強調世界萬物皆空無自性，不可執著色法，包括自性與感性認知。〔註 149〕但他還是重視眞實體驗，當下實證。故而「全體大用」於當前，棒喝之事頻行。

所謂「臨濟四喝」，在不同情景之中，賦予簡單發聲以意義，從而進入認知範疇，「可看做一種特殊的動作語，具有暗示象徵的功能。」〔註 150〕因而在後人運用之時，出現了附會。臨濟門下，以興化寺的存奬禪師最好行棒喝事。他自云「即於棒下薦得臨濟先師於黃檗處吃棒道理」，〔註 151〕從而在禪機教化活動中以棒喝爲闡化形式，走向了極致，連「賓主句」都放棄了。

〔註 146〕〔清〕性統編《五家宗旨纂要》卷一，《卍新纂續藏經》第 65 卷，第 258 頁中。

〔註 147〕《鎭州臨濟慧照禪師語錄》卷一，《大正藏》第 47 卷，第 499 頁上。

〔註 148〕〔宋〕普濟《五燈會元》卷十一，蘇淵雷點校，北京：中華書局 1984 年，第 646 頁。

〔註 149〕楊曾文《唐五代禪宗史》，北京：中國社會科學出版社 1999 年，第 446 頁。

〔註 150〕周裕鍇《禪宗語言》，杭州：浙江人民出版社 1999 年，第 227 頁。

〔註 151〕〔宋〕普濟《五燈會元》卷十一，蘇淵雷點校，北京：中華書局 1984 年，第 650 頁。

第三章　禪宗身勢語言

第一節　禪宗身勢——兼論禪宗非言語教法的發展趨勢

中唐以來，南禪一系禪師在機鋒應對之間，開始大量使用非言語行為。這其中尤以馬祖道一為首的洪州禪系禪師，創造性地使用許多奇怪的身體動作，好作「勢」接引學人。禪師在交際情景中不使用言語、文字而是以身體姿勢傳遞個人識見，不僅能表達「不立文字」、「言語道斷」的立場，而且將禪宗「全體之用」、「應機而化」的宗門風範表露無遺。其活潑生動的禪悟方法，與傳統的靜寂禪坐相去甚遠。

禪，梵語 Dhyāna 的略稱，意譯為思惟修。屬於戒、定、慧佛教三學之一的定學。所謂「以定發慧」，即以禪坐觀想引發智慧。達摩祖師西來，「面壁而坐，終日默然」，被人稱為「壁觀婆羅」，〔註1〕可見他是以禪坐觀悟眞如實相。四祖道信讓門人「坐禪看心」，要求「努力勤坐，坐為根本」。〔註2〕五祖弘忍教人在空中、心中「看一字」，進而見「清淨法身」。〔註3〕神秀及其門下主張坐禪「觀心」，在禪觀中「除三毒」，「淨六根」。〔註4〕惠能將戒、定、慧融攝到自性之中，反對執著於定之儀軌，認為「領悟義理之時，慧本身就是定；反過來，修定之時，定也就是慧」。〔註5〕因此惠能反對傳統意義上的禪

〔註1〕〔宋〕道原《景德傳燈錄》卷三，《大正藏》第51卷，第219頁中。
〔註2〕〔唐〕杜朏《傳法寶紀》之《道信傳》，《大正藏》第85卷。
〔註3〕〔唐〕淨覺《楞伽師資記》卷一，《大正藏》第85卷，第1289頁中。
〔註4〕〔唐〕神會《觀心論》卷一，《大正藏》第85卷，第1270頁下。
〔註5〕楊曾文《唐五代禪宗史》，北京：中國社會科學出版社1999年，第126頁。

坐，認爲「道由心悟，豈在坐也？」〔註 6〕只要心達到眞如境界的「無念」，修行者就不必按照一定模式坐禪。道信倡導「一行三昧」，即「連續不斷地修持禪定」，〔註 7〕惠能對此提出不同的觀點：

> 一行三昧者，於一切時中行住坐臥，常行直心是。〔註 8〕

此處所謂直心，原出於《維摩經・佛國品》，「直心是菩薩淨土」。〔註 9〕《維摩經・菩薩品》中也說，「直心是道場」。〔註 10〕《楞嚴經》卷一曰：「十方如來同一道故，出離生死，皆以直心。」〔註 11〕僧肇在《維摩經注》中解釋到，「直心者，謂質直無諂，此心乃是萬行之本。」〔註 12〕鳩摩羅什則解釋爲，「直心，誠實心也，發心之始始於誠實。」〔註 13〕但在惠能這裡，他將「直心」解釋爲「一種對任何事物無所愛惡，無所取捨的自然無爲的立場和態度。」〔註 14〕從而在任何時候，任何活動，任何姿勢，都可以是「直心」呈現，都是修行。對於惠能改變傳統禪坐修行，將之融入無爲的日常生活，馬祖道一非常贊同。他說：

> 道不用修，但莫污染。何爲污染？但有生死心造作趣向，皆是污染。若俗直會其道，平常心是道。……只如今行住坐臥，應機接物盡是道。〔註 15〕

在馬祖道一看來，「心」即自性的修行，不必刻意。在體悟自性的前提下放棄取捨意向、自然生活。「若了此心，乃可隨時著衣吃飯，任運過時，更有何事！」而佛性人自具足，「即心即佛，佛是覺義，汝今悉具見聞覺知之性，此性善能揚眉瞬目，去來運用，遍於身中，頭頭知，腳腳知，故名正遍知。離此之外，更無別佛。」〔註 16〕宗密《圓覺經大疏鈔》卷三將馬祖洪州禪歸入「觸類是

〔註 6〕《六祖大師法寶壇經》卷一《宣詔》，《大正藏》第 48 卷，第 359 頁下。
〔註 7〕楊曾文《唐五代禪宗史》，北京：中國社會科學出版社 1999 年，第 173 頁。
〔註 8〕《六祖大師法寶壇經》卷一《宣詔》，《大正藏》第 48 卷，第 352 頁下。
〔註 9〕〔姚秦〕鳩摩羅什譯《維摩詰所說經》卷一《佛國品》，《大正藏》第 14 卷，第 538 頁上。
〔註 10〕〔姚秦〕鳩摩羅什譯《維摩詰所說經》卷一《菩薩品》，《大正藏》第 14 卷，第 542 頁下。
〔註 11〕〔唐〕般剌蜜帝譯《楞嚴經》卷一，《大正藏》第 19 卷，第 106 頁下。
〔註 12〕〔東晉〕僧肇《注維摩詰經》卷一，《大正藏》第 38 卷，第 335 頁中。
〔註 13〕〔東晉〕僧肇《注維摩詰經》卷一，《大正藏》第 38 卷，第 335 頁下。
〔註 14〕楊曾文《唐五代禪宗史》，北京：中國社會科學出版社 1999 年，第 174 頁。
〔註 15〕〔宋〕道原《景德傳燈錄》卷二八，《大正藏》第 51 卷，第 440 頁上。
〔註 16〕〔宋〕大慧宗杲《正法眼藏》卷二，《卍新纂續藏經》第 67 卷，第 592 頁下。

道而任心」，將馬祖禪法概括爲：

起心動念，彈指、謦咳、揚扇，因所作所爲，皆是佛性全體之用。更無第二主宰。〔註17〕

這實際上已經可以作爲論據，佐證馬祖道一及其門下弟子大量使用身勢動作等非言語行爲進行機鋒應對、禪法教化活動的內在理路了。當然，馬祖道一及其門下弟子大量使用非言語行爲進行機鋒應對與禪法教化，還有自六祖惠能以來不涉言路、文字的宗門意旨。曾有學人問馬祖道一爲什麼說「即心即佛」，馬祖答曰「爲止小兒哭」。可見以言路理論，只是權宜之法。而無論是「即心即佛」、「非心非佛」，都只是「言論說諸法，不能現實相」。而眞如法性，「向伊道不是物」。馬祖和尚自己使用多種非言語的行爲接機學人，棒打、大喝、圓相圖示等，無所不爲。本章茲就五燈會元中歸納的禪師機鋒應對、禪法教育中所使用的身勢動作展開討論，分別自《五燈會元》中歸納出禪宗身勢動作中的手勢（附錄一），包括彈指示禪、豎指示禪、手勢示禪、藉物示禪等；足勢（附錄二），包括翹足示禪、垂足示禪、踢足示禪等；體勢（附錄三），包括女人拜、翻筋斗、拉弓射箭、死亡行爲等。由於《五燈會元》所記錄的禪師語錄，自禪宗初祖開始，直到宋代。故而公案中身勢的開展，也呈現出了一定的發展規律，由其亦可見出禪宗使用非言語行爲的歷程變化。

一、創造性的非言語行爲漸少，程序性非言語行爲漸多

「唐咸通初，禪宗興盛」，〔註18〕這裡的禪宗主要是指惠能以下之南禪，尤其是馬祖道一與石頭希遷兩支在各地的傳播。彼時南禪已有青原行思與南嶽懷讓禪系之別，彼此風貌也有不同。「希遷重理悟，行「言教」；道一重「無事」，以「勢」導，就是顯著的不同。」〔註19〕但不同禪系的禪師間交往甚爲密切，《景德傳燈錄》曰，「江西主大寂，湖南主石頭，往來幢幢並湊二大士之門」，並因而有了「走江湖」之說。〔註20〕馬祖道一爲首的洪州禪系，不僅在本門接機學人、禪法教化過程中大量用到非言語動作，其弟子參訪其它其他禪系禪師時，也隨處任眞，自由無礙地運用非言語動作。整體而言，這些

〔註17〕〔唐〕宗密《圓覺經大疏鈔》卷三，《卍新纂續藏經》第9卷，第534頁中。

〔註18〕〔宋〕道原《景德傳燈錄》卷十七，《大正藏》第51卷，第336頁上。

〔註19〕杜繼文、魏道儒《中國禪宗通史》，南京：江蘇人民出版社 2007 年，第 310 頁。

〔註20〕〔宋〕道原《景德傳燈錄》卷十四，《大正藏》第51卷，第309頁下。

非言語行爲發生在實時禪教過程中，隨機性、獨創性、現場感等都很強，其禪風對整個時代的禪林風貌皆有巨大影響，「馬駒踏殺天下人」即是明證。石頭禪系的禪師在這一風氣下，也以非言語行爲與之互對。如：

> 鄧隱峰辭師，師曰：「甚麼處去？」曰：「石頭去。」師曰：「石頭路滑。」曰：「竿木隨身，逢場作戲。」便去。才到石頭，即繞禪床一匝，振錫一聲。問：「是何宗旨？」石頭曰：「蒼天!蒼天!」峰無語。卻回舉似師，師曰：「汝更去問。待他有答，汝便噓兩聲。」峰又去，依前問，石頭乃噓兩聲，峰又無語。回舉似師，師曰：「向汝道石頭路滑。」〔註21〕

鄧隱峰禪師辭別馬祖道一，打算去石頭希遷處參訪。馬祖道一提醒他「石頭路滑」，意即希遷的禪法理事圓融，不拘一格，不易接機。對此鄧隱峰非常有信心，「逢場作戲」的意旨應當是隨機而化，本有佛性的自由呈現。在石頭希遷處，鄧隱峰初到即「繞禪床一匝」。繞禪床是禪師參訪時常行之事，如果繞「三匝」，當是以禮佛之儀禮拜老師，意謂以之佛性本然具有；如果是「一匝」，通常以此圓相，象徵自性圓融，而振錫有提問之意。鄧隱峰以非言語的動作，表達了自行圓融，「即心即佛」的立場，石頭希遷對此大喊「蒼天」。石頭希遷的禪法要求人在平常的精神和活動中領會心靈之佛性，故而反對一切形式的執著。他對學人「如何是道」的向上追溯，常以「木頭」、「露柱」等作答。在否定言語、文字對眞如第一義描述能力同時，也反對執著於非言語行爲，他說「除卻揚眉瞬目一切之事外，直將心來」，〔註22〕就是在承認佛性之用時，又不能將日常心看作佛性。鄧隱峰大敗而回，馬祖道一指示他在希遷言語時「噓兩聲」，表達言語道斷，不可思維到的意旨。但當鄧隱峰再度登希遷之門，打算再度申問，卻被希遷「噓」回。由此公案可見，鄧隱峰禪法尚未達到自由無礙，運行自在的境界。非言語動作如果有了做作之心，已經不是自性所爲。而希遷雖不刻意以非言語行爲接機學人，但當心性所到之處，也就隨意施爲，禪修的境界高出鄧隱峰不少。

南禪一系禪師在禪悟方法非言語手段的使用上，並非自馬祖道一開始。六祖惠能自己就曾對學人豎拂子，也有棒打神會的教化案例，甚至有可能畫

〔註21〕〔宋〕普濟《五燈會元》卷三，蘇淵雷點校，北京：中華書局1984年，第129頁～第130頁。

〔註22〕〔南唐〕靜、筠二禪師編撰《祖堂集》卷五，孫昌武等點校，北京：中華書局2007年，第242頁。

圓相。〔註 23〕其弟子南陽慧忠更擅長於使用非言語手段如畫圓相、垂足等，與來參訪的學僧進行禪法應對。但就非言語行爲使用的頻率、動作的獨造性及其規模性，進而演變爲宗門風範，對其時代及其後的禪風造成較大影響的，還是首推馬祖道一的洪州禪。禪師在非言語行爲使用過程中，「拈槌豎拂，祖師門下，將黃葉以止啼。說妙談玄，衲僧面前。望默林而止渴」，〔註 24〕終究只是一種權宜之法。他們不斷地通過「立」與「破」的方式提示學人，非言語行爲只是悟入的手段，而非佛性自身。在禪法教化實踐中，禪師使用的非言語行爲常常相對而出，如「豎起拂子」與「放下拂子」、「前進」與「後退」、「垂足」與「收足」、「西邊立」、「東邊立」與「中間立」等。

南禪一系的禪師喜歡宣講「不立文字」、「言語道斷」，這也是他們選擇非言語行爲表述禪法思想的重要原因。但其實「不立文字」並不是放棄文字，而是主張不執文字。中唐時期，無論是洪州禪系或是石頭禪系，禪師在對待言語、文字的態度上都比較模糊。他們明顯更傾向於強調文字、言語對心性的蒙蔽，這與人總是習慣從言語、文字上進行邏輯推證第一義有較大關係。但他們也不完全否定言語、文字，「言有亦得，言無亦得」。〔註 25〕唐末五代，「不立文字」在「不離文字」的意旨的衝擊下，漸漸失去約束力。這其中尤其以清涼文益的法眼宗爲首，主張恢覆文字作爲宗門悟入手段的確然位置。到了宋代，「文字禪」的興起與語錄的流行，更加衝擊了本就在交流過程中處於輔助地位的非言語行爲的地位。失去「不立文字」的堅決後盾，非言語行爲的交際效用在逐步消退。雖然許多非言語行爲，如簡單的棒、喝、沉默、豎拂子、示拄杖在宋代禪師日常上堂說法的過程中被大量地保留下來，但已被賦予了相對固定的意義，變成了有所指的動作語。這一改變貌似明確了非言語行爲的交際意旨，其實非言語動作之上附加的隱喻，如象徵宗門渾融不可言語的第一義，或對常規思維的摒棄，都已經被消解。如下公案：

> 上堂，橫按拄杖，召大眾曰：「還識上藍老漢麼？眼似木突，口如匾擔。無問精粗，不知鹹淡。與麼住持，百千過犯。諸禪德，

〔註 23〕楊曾文《唐五代禪宗史》，北京：中國社會科學出版社 1999 年，第 289 頁。

〔註 24〕〔宋〕普濟《五燈會元》卷二十，蘇淵雷點校，北京：中華書局 1984 年，第 1375 頁。

〔註 25〕〔南唐〕靜、筠二禪師編撰《祖堂集》卷十七，孫昌武等點校，北京：中華書局 2007 年，第 773 頁。

> 還有爲山僧懺悔底麼？」良久曰：「氣急殺人。」卓拄杖，下座。〔註26〕

這是一則宋代禪師上堂宣講的記錄，其中可以看到他所使用的非言語動作包括上堂時「横按拄杖」、講法過程中「良久」沉默、最後「卓拄杖」結束禪法宣講活動。有時這個程序或被簡略其始、或簡略其尾，但大體上的順序不變。這並非個案現象，而是整個宋代禪林上堂說法的常規程序。當本無特定指涉的動作變成固定程序的一個環節之後，它所指向的形而上渾然之境已經被消解。

二、個人間的非言語交流漸少，集體的禪法宣示漸多

禪師之間的交流，最初多發生在個體與個體之間。雖然禪師也繼承了佛教上堂開示的傳統，但大多數禪師不願意以言宣教，甚至到了被學人以殘害身體、或以死相逼的地步。其實對於自性已參悟者而言，他們生活中的每一個行爲皆可施教，其人生實踐即是佛法的當下顯現。因此禪師在教化學人過程中，常常不刻意地隨機設教。禪法領悟常在一些細微的動作之上，如道林禪師「拈布毛吹之」。非言語行爲的情境性較強，細節較爲豐富，提供的可理解向度較多，如百丈懷海「撥火」公案：

> 參百丈。丈一見，許之入室，遂居參學之首。侍立次，丈問：「誰？」師曰：「某甲。」丈曰：「汝撥爐中有火否？」師撥之曰：「無火。」丈躬起深撥得少火，舉以示之曰：「汝道，無這個聻。」師由是發悟。〔註27〕

溈山靈祐的參證經歷可以作爲禪師以生活細節示法的實例：百丈懷海讓溈山靈祐去撥火，靈祐淺撥後說無火。懷海深撥後得火，舉而示之。百丈懷海的行爲是典型的交際表述，有較爲明確的意指。其意謂佛法修證雖是頓悟自性，但是也需要不斷地深入漸修。漸頓結合的禪修方法，在百丈懷海「撥火」的動作細節中得以闡明。再如龍潭和尚「吹紙燭」公案：

> 一夕侍立次，潭曰：「更深何不下去？」師珍重便出。卻回曰：「外面黑。」潭點紙燭度與師，師擬接，潭復吹滅。師於此大悟，便禮拜。潭曰：「子見個甚麼？」師曰：「從今向去，更不疑天下老

〔註26〕〔宋〕普濟《五燈會元》卷十六，蘇淵雷點校，北京：中華書局1984年，第1053頁。

〔註27〕〔宋〕普濟《五燈會元》卷九，蘇淵雷點校，北京：中華書局1984年，第520頁。

和尚舌頭也。」〔註28〕

德山宣鑒的參證經歷，也可作爲南禪一系禪師早期使用非言語行爲進行禪法教化，注重個體交流、細節觀照的例證：德山宣鑒侍立龍潭和尚到深夜，因天黑向龍潭索火照明，龍潭和尚遞火給德山宣鑒同時又吹熄了火。佛教以法能破除心靈愚昧之黑暗，常以燈譬喻之。《智度論》卷百曰，「所以囑累者，爲不令法滅故。汝當教化弟子，弟子復教餘人，展轉相教。譬如一燈，復燃餘燈，其明轉多。」〔註 29〕但法的參究需要自性悟，自性悟方可心性永明。若依靠他方經驗，不可持久。龍潭和尚以傳燈火再吹熄燈火的方式，提示德山和尚要自明心性。如佛法在遞蠟燭、吹蠟燭的過程中傳授。在南禪禪法在唐代盛傳時期，個體間的禪法交流非常頻繁，尤其以非言語行爲，其細微之處常令學人別有體悟。這樣的個體間禪法傳遞，在僧人與文人之間也頻繁發生，如大顛禪師以「數珠」爲韓愈示範禪機，藥山惟儼「指上下」爲李翺示禪機等。

到了宋代，禪師多採用上堂示法的方式，針對群體進行教化。即便如大慧宗杲善以「竹篦子」示物背觸不二之法，但其禪法教化的形式基本上也是群體宣化。禪師與學人之間的交流，限定在公堂之上，禪法的細微之處亦少見。究其原因，一是僧團數量擴大。雖然到了宋代，禪宗的思想並未有進步，但是僧人數量卻得到很大的增長。〔註 30〕得力於宋仁宗扶助與士大夫的追捧，禪宗一改宋初不如華嚴、法相與律宗的頹勢，在京城與北方興盛起來。並逐漸成爲中國佛教中的主流。無論是寺院還是僧眾，數量都有極大的增加。寺院的格局變大，單獨施教的可能性降低。而群體宣化也爲言語、文字回歸禪法教化手段，找到合理藉口；二是發生在禪師與禪師之間、派別之間的互證學習變少。佛寺經濟的進一步發展，促使僧人的生活更加穩定，流動性降低，中唐時「走江湖」的現象不復存在。不同宗門的禪法失去互證交流的機會，禪法思想不思進取的現象也可由之而知。

三、隨處隨時施教的情況減少，固定場所施教增多

唐五代時期的禪宗，尤其以馬祖道一禪系與石頭希遷禪系爲首，隨處施

〔註28〕〔宋〕普濟《五燈會元》卷七，蘇淵雷點校，北京：中華書局 1984 年，第 372 頁。

〔註29〕〔後秦〕鳩摩羅什譯《大智度論》卷一百，《大正藏》第 25 卷，第 755 頁下。

〔註30〕楊曾文《宋元禪宗史》，北京：中國社會科學出版社 2006 年，第 6 頁。

教，「觸境皆如」。其禪法施教的發生場所，有公堂、禪房、廚房、洗衣場、田間、途中。而參證的時間也很隨意，體現了禪宗「身智相融」、「隨緣化導」的作風，禪悟途徑生活化、不拘格套的活潑潑宗門風範。如：

> 石頭剗草次，師在左側，叉手而立。頭飛剗子，向師前剗一株草。師曰：「和尚祇剗得這個，不剗得那個？」頭提起，師接得，便作剗草勢。頭曰：「汝祇剗得那個，不解剗得這個。」師無對。〔註31〕

鄧隱峰趁希遷普請勞作時，在田間向其請益。希遷在他面前割去「一株草」，鄧隱峰認爲希遷只能就當下實相（「這個」）而施爲，不能觸及形而上第一義「空」（「那個」）。於是他接過希遷的「剗子」作「剗草勢」，意謂剗「空」，不必著相。希遷認爲隱峰是過於執著「空」之概念，而不懂得「隨處任眞」。因此只知「那個」（關於第一義的概念名相），不知「這個」（從當前實相上悟入）。正是因爲主張在生活實踐中去參證悟入，南禪一系禪師在禪法應對時表現出自由隨性的精神。雖然在《壇經》中已經提到惠能在「講堂」說法，但這只能「代表官許的講堂禪宗儀則」，〔註32〕一般的如神會者，只是「設壇講法」，無住是「嚴設道場，高座說法。」〔註33〕9 世紀中葉，禪林經濟有了較爲長足的發展，逐漸發展成爲寺院地主莊園經濟，如池州南泉莊、福州雪峰莊、信州鵝湖莊等。隨著禪林經濟或農禪經濟發展，禪法施教的發生場所逐漸由室外轉向室內，並逐漸固定在專設的法堂之上，在宋代成爲普遍儀軌。「宋代的寺院經濟，是地主經濟，是建立在從人身依附關係解放出來的租佃關係上的」，〔註34〕早先全體僧人一起普請勞作，「一日不作，一日不食」已經變得不那麼重要。寺院依靠土地出租，如廬山東林寺「收其租入」。〔註35〕大溈同慶寺「僧多而地廣，佃戶僅千餘家」，〔註36〕直接從佃農那裡收取地租。因此僧眾有足夠時間、足夠精力，專門來參修經典公案，在生活中的零碎時間

〔註31〕〔宋〕普濟《五燈會元》卷三，蘇淵雷點校，北京：中華書局 1984 年，第 170 頁。

〔註32〕杜繼文、魏道儒《中國禪宗通史》，南京：江蘇人民出版社 2007 年，第 202 頁。

〔註33〕《歷代法寶記》卷一，《大正藏》第 51 卷，第 184 頁下。

〔註34〕何茲全《宋代寺院經濟研究序》，《學術界》2003 年 6 月，第 252 頁～第 253 頁。

〔註35〕〔宋〕陳舜俞《廬山記》卷一，《大正藏》第 51 卷，第 1028 頁中。

〔註36〕〔五代〕陶岳《五代史補》卷三，《文淵閣四庫全書》第 407 冊，第 665 頁。

參證佛法的現象得以改觀；同時，經濟的發展，生活穩定，僧團規模擴大，致使學眾增多，個體教育難度增大，集體宣化更符合僧眾需求；再次，相對充裕的時間要求更豐富的教學內容，這正是宋代禪宗語錄頻出的原因之一。走上法堂的禪宗，逐漸失去其自由、活潑的精神面貌，逐漸僵化。其形而上訴求的品格漸漸喪失，反倒是在世俗化流佈的路子是越走越遠。

第二節　手禪

一、彈指示禪

禪師在機鋒應對，接機學人過程中，不時使用「彈指」的方式作答。這並非禪師隨手而爲，而是有其歷史的傳承，已形成相對固定的內在意蘊。所謂彈指的施爲方法如下：

> 唯改一誦呪一彈指，以大指與中指頭相撚，彈指作聲即是。〔註 37〕

這一動作的發出即以大拇指和食指指尖摩擦，發出響亮的聲音，也就是現在俗稱的「響指」。「彈指者，隨喜也。隨喜七方便同入圓道」，屬於菩薩的十種神力之一。〔註 38〕而「彈指覺悟眾生，令修行者得覺悟故」，〔註 39〕也屬於接引眾生的手段。在佛教特別是密宗裏，彈指具有神秘的力量，是祝咒時的手印。佛教典籍中，「彈指」常以其比喻義而被用於形容時間短暫、稍縱即逝，所謂「能於一彈指頃發淨信心，一彈指頃能歸依佛及法僧寶，一彈指頃修持淨戒，一彈指頃離貪著心，一彈指頃起悲愍意，發阿耨多羅三藐三菩提心極爲稀有。」〔註 40〕

結合佛教宗教實踐，彈指在交流過程發揮的語用功能主要體現在如下幾個方面：

〔註 37〕〔唐〕不空譯《施諸餓鬼飲食及水法》卷一，《大正藏》第 21 卷，第 467 頁上。

〔註 38〕「十種神力」分別爲：吐舌相、通身毛孔放光照十方、謦咳、彈指、地六種動、普見大會、空中唱聲、南無釋迦牟尼、遙散諸物雲聚而來、十方通同。丁福保《佛學大辭典》，北京：文物出版社 1984 年，第 128 頁。

〔註 39〕〔後魏〕菩提留支、曇林譯《妙法蓮華經憂波提舍》卷下，《大正藏》第 26 卷，第 10 頁中。

〔註 40〕〔宋〕法護譯《佛說除蓋障菩薩所問經》卷一，《大正藏》第 14 卷，第 706 頁上。

1、表讚歎意

佛教徒在交流過程中彈指，最主要的是表達對觀點的認同與讚揚。如：

> 次結娑度大菩薩歡喜印，一切如來及諸聖眾，皆善哉彈指讚歎隨喜，置之腰後，以表善哉。〔註41〕

古印度人長於舞蹈，其手指富於變化，展現種種生命形態。在交流過程中使用彈指的方式表達認同，源於其民族習俗的無意識行爲。彈指所表達的讚揚源自極度的認同感，如憍尸迦閱讀佛典、彈指不歇事：

> 時憍尸迦婆羅門，深於佛法生信敬心，捨外道法除去邪見，晝夜常讀十二緣經。時其所親方與諸婆羅門，歸還其家問其婦言：「我聞憍尸迦來至於此，今何所在？」婦語夫言：「彼婆羅門向借經書，我取與之，不識何經。然其得已披攬翻覆，彈指讚歎熙怡異常。〔註42〕

這一民族習俗，在玄奘法師西遊求學過程中，也曾因其對經書理解精妙而獲得眾僧的禮贊，《續高僧傳》中載：

> 奘乃卑心請決，隨授隨曉。致有七變其勢動發異蹤，三循廣論恢張懷抱，故得施無厭寺三千學僧皆號智囊護持城塹。及覩其唇吻聽其詞義，皆彈指讚歎。〔註43〕

佛教傳入中國後，彈指的習俗也被僧侶帶入，其表達讚歎認可的意思並未改變。如：

> 流支讀曇謨最大乘義章，每彈指讚歎，唱言微妙。〔註44〕

> 釋慧慶，廣陵人。出家止廬山寺，學通經律清潔有戒行，誦法華十地思益維摩。每夜吟諷，常聞闇中有彈指讚歎之聲。〔註45〕

> 行路聞者莫不息駕踟躕，彈指稱佛。〔註46〕

而佛教徒在鬥法過程中取得勝利，得到的不是言語歡呼，而是眾人彈指讚歎：

〔註41〕〔唐〕不空譯《金剛頂瑜伽略述三十七尊心要》《大正藏》第18卷，第295頁下。

〔註42〕〔後秦〕鳩摩羅什譯《大莊嚴論經》卷一，《大正藏》第4卷，259頁上。

〔註43〕〔唐〕道宣《續高僧傳》卷四，《大正藏》第50卷，第458頁中。

〔註44〕〔北魏〕楊衒之《洛陽伽藍記》卷四，楊勇校箋，北京：中華書局2006年，第197頁。

〔註45〕〔梁〕慧皎《高僧傳》卷十二，湯用彤校注，北京：中華書局1992年，第463頁。

〔註46〕〔梁〕慧皎《高僧傳》卷十三，湯用彤校注，北京：中華書局1992年，第499頁。

時惠徒跣登級下層，有如坦路曾無難色。復蹈烈火手探油湯，仍餐鐵葉號爲餺飥，或嚼釘線聲猶脆飴。史華怯懼慚惶掩袂而退，時眾彈指歎嗟，聲若雷響。〔註 47〕

僧侶以彈指表讚歎意的行爲被世俗之人傚仿，甚至能成爲化解民族矛盾的手段。如《世說新語・政事》中，王導就用彈指，巧妙地化解了胡人的敵意，取得了交際上的主動權：

王丞相拜揚州，賓客數百人並加沾接，人人有説色。唯有臨海一客姓任及數胡人爲未洽。公因便還到過任邊，云：「君出，臨海便無復人。」任大喜説。因過胡人前，彈指云：「蘭闍，蘭闍」。群胡同笑，四坐並歡。〔註 48〕

2、表警示意

在佛教的戒律之中，彈指亦有相當重要的地位，主要表達警示意。佛教戒律中規定：

其一，如廁必須彈指警示：

若比丘上廁時應一心看前後左右，至廁前●欬彈指令廁中人非人知，廁中人亦應彈指●欬。〔註 49〕

佛律中記載有沙彌因如廁不記得彈指而受到鬼神懲罰事：

有諸比丘大小便冢間，諸鬼神譏訶，言云:「何於我住處大小便？「以是白佛，佛言:「不應爾。」有冢間曠遠，諸比丘經過不敢起止，由此致病，以是白佛。佛言：「應先彈指然後便利。」〔註 50〕

其二，介入他人交流談話之前，應以彈指警示他人：

若二比丘在堂裏私語，若比丘欲入者應彈指動腳作聲。若前人默然者應還出，若前人故語不止者入無罪。〔註 51〕

〔註 47〕〔宋〕贊寧《宋高僧傳》卷十七，范祥雍點校，北京：中華書局 1987 年，第 426 頁。

〔註 48〕徐震堮《世說新語校箋》卷上，北京：中華書局 1984 年，第 97 頁。

〔註 49〕〔劉宋〕佛陀什、竺道生譯《彌沙塞部和醯五分律》卷二七，《大正藏》第 22 卷，第 177 頁上。

〔註 50〕〔劉宋〕佛陀什、竺道生譯《彌沙塞部和醯五分律》卷二十，《大正藏》第 22 卷，第 134 頁下。

〔註 51〕〔東晉〕佛陀跋陀羅、法顯譯《摩訶僧祇律》卷二十，《大正藏》第 22 卷，第 388 頁上。

如果不彈指就直接闖入，被認爲是不妥當的行徑：

若聞房中語聲，當彈指動腳作聲。若彼默然者不得入，若來出迎得入。若比丘先不語而入者，越毘尼罪。是故世尊說。〔註52〕

其三，沙彌在乞食時也應彈指示意，告知他人自我存在：

若至乞食家，應好識外門中門內門相，入庭中住彈指。若無所得，應第二彈指。若復不得，應更三彈指。三彈指已。〔註53〕

由此可引申出警覺他人的意旨：

從今日應行上座法。云何應行？若聞揵搥聲若時到聲，應疾往坐處坐，觀中座比丘下座比丘。或有坐不應法者，若坐不應法者，應示。是比丘若不覺，應彈指。彈指不覺，應語比座，安祥語。〔註54〕

其四，彈指可警醒他人自禪定而出，如：

王敬則入房覓審，正見入禪。因彈指而出，曰：「聖道人，」即奉米千斛請受三歸。〔註55〕

暉披雪至庵，彈指覺悟方從定起。〔註56〕

3、表嗟歎意

彈指表嗟歎的意旨，是其傳入中土之後在人們使用中才發展出來的，對此項楚先生在《寒山詩注》中已有論述。〔註57〕佛教徒彈指表達讚歎，難免喜極而泣，因此業已開始出現表達歎息的意旨。如：

貴賤哀嗟響振幽谷，莫不彈指稱佛惆悵淚下。〔註58〕

世俗人在使用彈指的時候，也帶上了一份悲情哀怨：

〔註52〕〔東晉〕佛陀跋陀羅、法顯譯《摩訶僧祇律》卷三八，《大正藏》第22卷，第531頁中。

〔註53〕〔後秦〕弗若多羅、鳩摩羅什譯《十誦律》卷四一，《大正藏》第23卷，第298頁下。

〔註54〕〔後秦〕弗若多羅、鳩摩羅什譯《十誦律》卷六一，《大正藏》第23卷，第464頁上。

〔註55〕〔梁〕慧皎《高僧傳》卷十一，湯用彤校注，北京：中華書局1992年，第423頁。

〔註56〕〔唐〕道宣《續高僧傳》卷二十，《大正藏》第50卷，第588頁下。

〔註57〕項楚《寒山詩注》，北京：中華書局2000年，第96頁。

〔註58〕〔梁〕慧皎《高僧傳》卷十二，湯用彤校注，北京：中華書局1992年，第453頁。

> 順帝泣而彈指：「惟願後身，生生死死不復天王作因緣。」〔註59〕
>
> 暉每推床嗟惋，或彈指出血。〔註60〕
>
> 趙王恨不時發，彈指處血。〔註61〕

在唐人詩歌裏，除了以「彈指」除了形容時間很快，也常以這個動作表達感歎之意。

> 秉燭朝天遂不回，路人彈指望高臺。牆東便是傷心地，夜夜流螢飛去來。〔註62〕
>
> 借車載傢具，傢具少於車。借者莫彈指，貧窮何足嗟。〔註63〕

在禪宗公案中，禪師以彈指的方式進行禪法應對，既有傳統意旨上的應用，也具備其當下情景的特殊性。如：

> 問：「如何是眼處聞聲？」師彈指。（僧）云：「若待答話，則落耳根去也。」云：「我道汝領處錯。」〔註64〕

佛教所謂「六根」分別是眼、耳、鼻、舌、身、口、意，從這六根上獲取對世界的感性認知，往往並不眞實。因此不能從世俗見聞覺知的層面，聞聲觀色，而是要「三界唯心，萬法唯識，唯識唯心，眼聲耳色是什麼人語？」，〔註65〕強調對「心」的主體觀照。只有突破認知主體的常規邏輯，超越公共經驗的認知理路，才有機會探知內在本有的佛性眞如。若能了悟心性，「見聞覺知不能分隔，成一圓融清淨寶覺」，〔註66〕則可六根圓融。此則公案中，學僧問招慶道匡禪師「如何是眼處聞聲」，其實問的是參悟心性之後，六根融通的境界，屬於相當高明的禪法。道匡禪師未發一言，直接用「彈指」的方式回答學僧「如何是眼處聞聲」的問題。藉和「彈指」的交際功效。道匡的行爲一方面有讚歎學人提出的問題具有深度的意思，另一方面「彈指」的動作屬於直觀

〔註59〕〔唐〕李延壽《南史》卷四五《王敬則傳》，北京：中華書局1975年，第1129頁。

〔註60〕〔五代〕劉昫《舊唐書》卷九十五《敬暉傳》，北京：中華書局1975年，第2933頁。

〔註61〕〔唐〕魏徵《隋書》卷四十《元胄傳》，北京：中華書局1973年，第1177頁。

〔註62〕〔唐〕劉禹錫《代靖安佳人怨二首》，《全唐詩》第365卷，第52頁。

〔註63〕〔唐〕孟郊《借車》，《全唐詩》第380卷，第41頁。

〔註64〕〔南唐〕靜、筠二禪師編撰《祖堂集》卷13，孫昌武等點校，北京：中華書局2007年，第585頁。

〔註65〕〔宋〕賾藏《古尊宿語錄》卷二四，蕭萐父等點校，北京：中華書局1994年，第453頁。

〔註66〕〔唐〕般剌蜜帝譯《楞嚴經》卷六，《大正藏》第19卷，第129頁下。

表述，令學人親眼目擊，形成最直接的當下個體體驗。進而促使學人向內探尋修證，達到對自性即佛的了悟。此處以不言語的「彈指」，令學人將視覺體驗自覺轉向到內心修證，形成內在圓融之智，正是「眼處聞聲」。可惜學僧理解道匡彈指的意旨並不正確，他主觀認爲，道匡讚揚他的思路，之所以不用言語，而以非言語的彈指行爲作答，正是因爲道匡害怕說話會造成「耳識」。學僧的理解屬於典型的「言下生解」，這是禪宗第一義追溯的大忌；學僧之所以會片面理解道匡意旨，在於他過於執著「六識」將阻礙自性參悟的立場，而不懂得「眼處聞聲」中所蘊含的圓通之智。可見其缺乏頓悟體驗，所持觀點來自他方經驗，而非自身參證實證。所以道匡批評學僧「領處錯」，並未充分理解他「彈指」行不言之教背後蘊含的佛法大意。

但將「彈指」行爲頻繁用於禪法機鋒應對、并賦予其獨特意旨的是洪州禪系的禪師。宗密在《中華傳心地禪門師資承襲圖》描述的：「洪州意者，起心動念，彈指動目，所作所爲，皆是佛性全體之用，更無別用。」〔註 67〕洪州禪法倡導「平常心是道」、「觸景皆如」，世間萬物、一舉一動，無不契合宗門第一義諦，「行住坐臥，無非是道」。彈指的行爲也可看作佛性（體）的當下顯現（用），是馬祖道一「作用即性」的觀點表述。因此，「彈指」在洪州禪系的禪師那裡，已然有其獨門玄旨。禪師機鋒相對時，常以彈指警示學人，如馬祖道一的弟子歸宗智常所爲。歸宗智常有一次主動提出要爲眾人講禪，這在習慣了老師拒絕說禪、不是棒打學人就是沉默不語的學人看來，實在意外，於是僧眾雲集，等待智常禪師宣講宗門大法，第一義眞諦。歸宗智常當即吟誦一個偈子：

> 汝聽觀音行，善應諸方所，弘誓深如海，歷劫不思議。侍多千億佛，發大清淨願。〔註 68〕

歸宗智常所誦是《妙華蓮花經》卷七「無盡意菩薩頌贊觀世音菩薩」的偈子。智常禪師斷章截取此偈，是鼓勵學人要倣仿觀音菩薩堅定心智，具備求取大法的決心和勇氣。歸宗智常禪師在此引經據典，可見其知識修爲不淺。禪宗一貫對文字經典持否定態度，其實並非不讀經，或者徹底反智。他們反對的只是從言語、文字的常規邏輯上，追溯形而上的佛性第一義，即反對言下生

〔註 67〕〔唐〕宗密《中華傳心地禪門師資承襲圖》，《卍新纂續藏經》第 63 卷，第 33 頁上。

〔註 68〕〔後秦〕鳩摩羅什譯《妙華蓮花經》卷七「無盡意菩薩頌贊觀世音菩薩」，《大正藏》第 9 卷，第 57 頁下。

解、反對邏輯推證、反對依靠他方經驗：

> 師又問：「阿那個是觀音行？」師卻彈指一下，問：「諸人還聞麼？」眾皆云：「聞。」師云：「者一隊漢！向這裡覓什麼？出了！」呵呵大笑。〔註69〕

《祖堂集》中的「師又問」在《傳燈錄》或《聯燈會要》皆改作「問」，以之爲交際對述。其實這完全可以是歸宗智常自己提出問題，自己解答。其「彈指」示教的手段，如若以耳聽聲，依舊屬於尋常見識。而觀音是由耳根聲聞修入圓通三昧的，「見聞覺知不能分隔，成一圓融清淨寶覺。」眼、耳、鼻、舌、身、意六根互通，眼處可聞聲，耳處可辨色，所謂「六根互用，周遍圓融」。如果能參悟此等圓通智慧，一切所爲皆是佛性呈現。歸宗智常批評學人「向這裡覓什麼」，正是告誡學人從音聲上悟入，卻不可滯於音聲，應藉此「彈指」，當下悟宗。

至於「彈指」傳統中警示自身存在的用途，在禪宗公案中也有再現。但與禪宗公案中出現的常規之禮儀動作，如叉手、禮拜、立等一樣，「彈指」也被賦予禪宗不言之教的意旨，具備引申意旨：

> 問：「如何是一路涅槃門？」師彈指一下，卻展手。「如何領會？」云：「不是秋月不明，子自橫行八九。」〔註70〕

此處學僧所問「涅槃門」，是佛教修行所要達到的最高境界。依照《大乘起信論》的觀點，「以無明滅故，心無有起……心相皆盡，名得涅槃。」〔註71〕這是一種斷滅了生死輪迴而達到的精神境界，也就是成佛的標誌。資福和尚是仰山慧寂弟子，繼承了溈仰宗禪學思想中「無思之思，不可擬議言說」的重要觀點，因此以動作施行不言之教。〔註72〕所謂「無思之思」，比較接近維特根斯坦說的「對於不可說的，我們要保持沉默」〔註73〕形而上本體。其以超越爲特徵，不在名相概念的分別觀念之中，因此不存在所謂的超越和當下。

〔註69〕〔南唐〕靜、筠二禪師編撰《祖堂集》卷十五，孫昌武等點校，北京：中華書局2007年，第686頁。

〔註70〕〔南唐〕靜、筠二禪師編撰《祖堂集》卷十九，孫昌武等點校，北京：中華書局2007年，第873頁。

〔註71〕〔南朝梁〕眞諦譯《大乘起信論校釋》卷一，高振農校釋，北京：中華書局1992年，第83頁。

〔註72〕周裕鍇《百僧一案》，上海：上海古籍出版社2007年，第123頁。

〔註73〕〔英〕路得維希·維特根斯坦《邏輯哲學論》，郭英譯，北京：商務印書館1962年，第97頁。

資福和尚以「彈指」一下，向學僧暗示了當下的存在；同時攤開雙手，表示自己無一法可傳。應該說，禪宗「言語道斷」的宗門風範與「無思之思」的潙仰禪法，在資福和尚一彈指間、一展手中，就已表述清楚。而學僧不懂參詳，繼續追問，已落入了邏輯與思維的套路。資福和尚批評學僧，認爲自己所呈如「秋月」明朗，只是學人參詳不得、胡亂作解而已。

禪宗公案機鋒應對的鮮明特色，就是學生敢於質疑老師，甚至呵佛罵祖，彼此以參悟層次爲高下區分之標準。這一點得到了臨濟義玄的肯定，並據此總結出「四賓主」。禪師刻意以「彈指」勘驗學人，學人也可以「彈指」應對老師，如：

> 有時僧參次，師云：「適來什摩處去來？」對云：「在。」師曰：「在什摩處？」僧彈指而對。〔註74〕
>
> 有僧禮拜師，師云：「從什摩處來？」對曰：「某處來。」師云：「還將得那個來摩？」對云：「將得來。」師云：「在什摩處？」僧彈指兩三下。〔註75〕

以上二則，皆是學僧在回答老師問題時使用「彈指」，基本意旨不出對自我存在意義的表達。兩則公案所涉及論題，其遮詮意旨皆是宗門常討論的眞理來自何處，又去向何處的問題。第一則公案中，石鞏慧藏禪師問學僧從何處來，學僧回答說「在」；石鞏慧藏禪師當即由「言詮」轉向「遮詮」，其追問「在什摩處」的意旨已經轉向對形而上本體的暗示，即佛性（心）在什麼處。學僧直接「彈指」示意，意謂佛性不離自身自性。主體當下的存在，就是生命意義的直接開展。正如石鞏慧藏禪師的老師馬祖道一所宣講，「即心即佛」。第二則公案中，石鞏慧藏禪師問學僧同樣「什摩處來」的問題，但學僧不願說破，只以「那個地方來」的不確定指代，象徵渾融圓通、不可名相區分的佛性眞如。之所以不以明確性的指稱名詞表述，在於形而上的本體不能在常規性認知世界中找到相對應的部分。所有對本體的言語、文字描述，不過是在名稱、概念上所作的邏輯推證。如果說破，難免觸犯機鋒。石鞏慧藏深知其中意旨，因此繼續以模糊性的指稱名稱提問，「還將得那個來摩？」無論是學僧的「某處」，還是慧藏的「那個」，都朝向宗門不可以言語、文字擬議的

〔註74〕〔南唐〕靜、筠二禪師編撰《祖堂集》卷14，孫昌武等點校，北京：中華書局2007年，第631頁。

〔註75〕〔南唐〕靜、筠二禪師編撰《祖堂集》卷14，孫昌武等點校，北京：中華書局2007年，第631頁。

第一義。學僧以「彈指」的行爲，表達了佛性即在當下、自我具有的認知。

禪師機鋒應對時所使用的非言語行爲，不可執著其行爲的形式。若缺乏徹悟之心，一味以非言語行爲作怪，往往有失當之處。如：

> 師示眾云：「我這裡亦有在窟師子，亦有出窟師子，只是無師子兒。」有僧出來，彈指兩三下。師云：「作什摩？」僧云：「師子兒。」師云：「我喚作師子，早是罪過。你又更蹴踏作什摩？」〔註76〕

禪宗公案中的禪語令人玄旨難測，往往是因爲其語言的象徵性較強，指代性比較模糊。機鋒應對之中，學人若只停留在言詮階段「言下生解」，未領悟言外之旨，勢必會招致老師的批評。此則公案中，趙州從諗宣稱門下有「出窟獅子」和「在窟獅子」。據《古尊宿語錄》卷二，「一者法身實相佛……亦名在窟獅子」。〔註 77〕依據佛之三身說，「在窟獅子」與佛的「法身」即本然具有的佛性相應。百丈懷海嗣法的洪州禪法，強調佛性人人具有；「出窟獅子」則與佛的「應身」即當下呈現相應，隨處任眞，「觸景皆如」。因此佛法參證可以在生活實踐中展開，「平常心是道」。佛教常以獸中之王獅子來比喻釋迦牟尼佛，因此佛徒常將自己比作「獅子兒」。《彥琪證道歌注》曰，「所言師子兒者，喻菩薩初發心時，即便成等正覺也。」〔註 78〕趙州從諗在此處感歎佛本不遠人，只是人人不識而已。於是學人出來「彈指」，以不涉言路地方式表述自身的存在，自詡爲「師子兒」。趙州從諗隨即勘驗其「彈指」意旨：如果該學人是徹悟者，他自然會懂得「師子」之說，不過是從諗禪師接機學人的方便言詮，「我喚作師子，早是罪過」。若要表述自性，此刻作答應拋棄言語上的名相障礙。可惜學僧不出名號之惑，仍以「師子兒」作答，因此受到趙州從諗的嚴厲批評。禪師在接機學人的過程中，引導學人超越言詮名相、直達遮詮本質。再如趙州從諗「諸佛師是阿彌陀佛」公案：

> 有人問：「諸佛還有師也無？」師云：「有。」僧進曰：「如何是諸佛師？」師云：「阿彌陀佛！」又師云：「佛是弟子。」〔註79〕

〔註 76〕〔南唐〕靜、筠二禪師編撰《祖堂集》卷十八，孫昌武等點校，北京：中華書局 2007 年，第 786 頁。

〔註 77〕〔宋〕賾藏《古尊宿語錄》卷二，蕭萐父等點校，北京：中華書局 1994 年，第 25 頁。

〔註 78〕〔唐〕眞覺《彥琪證道歌注》卷一，《大正藏》第 63 卷，第 276 頁上。

〔註 79〕〔南唐〕靜、筠二禪師編撰《祖堂集》卷十八，孫昌武等點校，北京：中華書局 2007 年，第 790 頁。

後代學僧曾舉此公案諮問長慶和尙，趙州從諗吟誦的「阿彌陀佛」，究竟是在回答學人「如何是諸佛師」的「道底語」，還是僅僅吟誦佛號的「嗟底語」。長慶和尙告知學僧，如果以對立分別的觀念去理解，「若向兩頭會，盡不見趙州意」。形而上的本原第一義，只能依靠直覺的整體把握，在「不二」的層面領悟。但學僧並未懂得「不二」法門，繼續追問「趙州意作麼生」，犯了「言下生解」的錯誤。因此長慶和尙「彈指一聲」，其作用類似於以「彈指」警醒人出定，此處是將學僧從迷惘中警醒出來，也附帶傳遞了長慶和尙認爲眞理渾融圓通，不可以言語表述、思維分析的立場。

禪宗公案中的「彈指」也用於表達哀歎的情緒，如《祖堂集》中就記載了一個頗具靈異色彩的故事：唐、宋寺院好飲茶，但「有一類養生的湯藥其實也在唐、宋時期寺院的日常生活和宗教儀式中，扮演著重要的角色。」〔註80〕僧人習慣飲藥湯，幫助消化。一次，百丈懷海和尙曾半夜想喝湯，心意被土地神察覺，替他叫來侍者。於是「師便彈指云：『老僧終不解修行。若是解修行人，人不覺，鬼不知。今日之下，被土地覷見我心識，造與麼次第。』」〔註81〕此則公案中百丈懷海即以「彈指」表達嗟歎，也可看作「彈指」在世俗生活中發展出的新意旨向宗門內逆向傳播。

二、豎指示禪

禪宗公案中，禪師有時會豎起指頭示禪，如「俱胝指頭禪」公案：

> 師因住庵時，有尼眾名實際，戴笠子持錫，繞師三匝，卓錫前立。問師曰：「和尚若答，某甲則下笠子。」師無對。其尼便發去。師云：「日勢已晚，且止一宿。」尼云：若答得則宿，若答不得則進前行。師歎曰：「我是沙門，被尼眾所笑。濫處丈夫之形，而無丈夫之用。」欲出山參尋知識。宴寂之中，忽然神人報言：「三五日間有大菩薩人到來，爲和尚說法。」未逾旬日，天龍和尚到來。師接足前迎，侍立之次，具陳上事：「未審如何對他？」天龍和尚豎起一指。師當時大悟。後來爲眾云：「某甲得天龍和尚一指頭禪，一生用不盡。」〔註82〕

〔註80〕劉淑芬《中古的佛教與社會》，上海：上海古籍出版社2008年，第368頁。

〔註81〕〔南唐〕靜、筠二禪師編撰《祖堂集》卷十四，孫昌武等點校，北京：中華書局2007年，第639頁。

〔註82〕〔南唐〕靜、筠二禪師編撰《祖堂集》卷十九，孫昌武等點校，北京：中華書局2007年，第870頁。

實際女尼行腳到俱胝和尚主持的寺院，「繞師三匝，卓錫前立」。右繞三匝後作禮，在佛教裏是非常隆重的禮節，表達的是對佛的禮贊，如「即從座起，頂禮佛足，右繞三匝，長跪叉手而白佛言。」〔註 83〕佛教傳入中國後，這一禮節得到傳承。玄覺和尚當初拜謁六祖惠能，右繞三匝後只是振錫一下卻不禮拜。就被惠能認爲是傲慢的舉止，斥責玄覺「你作沙門，出家人，要具足三千威儀，八萬細行。大德，你是從何而來，怎麼生出這麼大的我慢？」〔註 84〕此處實際女尼，也是繞三匝而不禮拜，正是以此機鋒，勘驗俱胝和尚的修爲境界。

那麼實際女尼的這一動作所傳達的意旨爲何？「繞三匝」本是禮佛，以此禮法繞師，即以師爲佛，這也符合禪宗宣講的佛在自性自心的立場。禪宗公案機鋒應對之間，有時常以故意違背固定禮儀的手段，表達打破常規認知、不循傳統的意旨。除了此處的繞匝後不禮拜，還有參訪後不施禮而出，或不回答問題，只是叉手站立等。此處實際女尼繞匝之後卻不禮拜、作禮而不完禮的行爲，有一層勘驗俱胝和尚的意旨在。當然，如果對「繞三匝」的意旨進行再詮釋，還可以從「繞匝」即「畫圓」，三匝及三圓，以之象徵三界的意旨來討論。〔註 85〕因此實際女尼動作的意旨可解讀爲：身在三界之內，如何求取三界之外「心」。

由於實際女尼這一動作的指向性非常模糊，俱胝和尚未能在邏輯理路上獲取清晰認知，因此在機鋒相鬥中落敗。直到天龍和尚豎起「一指」，才爲之解惑。按照大乘佛教教義來說，「空」是千差萬別的色相世界的唯一本質，三界唯心。天龍和尚豎起一指頭，是示範內在佛性當下呈現，渾融不可分割，所謂「萬法歸一」。其「豎一指」的直觀形態與俱胝和尚儲備的經典知識形成聯繫，從而啓發俱胝和尚在自我認知層面的開拓。按照禪宗的說法，正是「桶底易脫」的境界。如果從實際女尼的行爲違禮不違禮的角度去思考，這只是在常規認知層面的判斷，不契闔第一義超越的形而上存在。俱胝和尚可能據此「一指」禪形成的認知，是佛性圓融不二、不可分別觀，這正好能幫助他

〔註 83〕〔唐〕佛陀多羅譯《大方廣圓覺修多羅了義經》卷一，《大正藏》第 17 卷，第 916 頁下。

〔註 84〕〔宋〕普濟《五燈會元》卷二，蘇淵雷點校，北京：中華書局 1984 年，第 91 頁。

〔註 85〕「某甲自稱三界内人，你三界外人。你前去，某後來。」〔宋〕普濟《五燈會元》卷七，蘇淵雷點校，北京：中華書局 1984 年，第 384 頁。

擺脫對實際女尼行爲「違」與「不違」的常規認知，從而體認「行住坐臥，無非是道」的禪法。

自此後俱胝和尚接機，「凡有學者參問，師唯舉一指，無別提唱」。〔註 86〕而當後人將其豎指的行爲神秘化後，禪林出現了許多盲目傚仿者，對此許多禪師對始作俑者的俱胝和尚提出了嚴厲批判，如玄沙師備就宣稱要折斷其手指，曹山也批評其「只認得一機一境」。其實俱胝和尚自己就不願意學人執迷或者神秘化他「豎指」的禪悟手段，因此他曾殘忍地斬斷過傚仿他「豎指」的小沙彌的手指。〔註 87〕俱胝和尚豎起的指頭只是他個體參證體驗的當下呈現，而朝向眞實第一義的「指頭」，卻並不是第一義本身。大慧宗杲對此評價道，「信知佛法不可傳不可學，俱胝得處不在指頭上。」小沙彌固然也可以豎起指頭表達他所認知的眞實第一義，但缺乏自性參證體驗爲前提的「豎指」行爲，只是執著。因此俱胝斬斷了小沙彌的指頭，正是以峻烈方式幫助他除去內心的執著妄想。

俱胝和尚「豎指」表達的自性圓融不二、不可分別心求之的宗門核心命題，亦可經由其它的非言語手段予以表述，比如禪師「畫一劃」：

> 溈山與仰山一夜語話次，溈山問仰山：「子一夜商量，成得什摩邊事？」仰山便一劃。溈山云：「若不是吾，洎被汝惑。」有人問長慶：「仰山一劃，意作摩生？」便豎起指。又問順德。順德又豎起指。其僧云：「佛法不可思議，千聖同轍」。其僧又舉似師。師云：「兩個總錯會古人事。」其僧卻問師，師云：「只是個橫事。」〔註 88〕

溈山靈祐與仰山慧寂師徒暢談一夜，靈祐問慧寂有何所得，慧寂「便一劃」。禪宗又稱「佛心宗」，以「心」之不分境界爲最高追求。靈祐與慧寂之間的交談是在言語層面的邏輯推論，但最終目的是爲了超越邏輯名相，達成對心性圓融不二的觀照。後人對此公案求證時，長慶禪師與順德禪師都「豎起指」，

〔註 86〕〔宋〕普濟《五燈會元》卷四，蘇淵雷點校，北京：中華書局 1984 年，第 384 頁。

〔註 87〕「有一供過童子，每見人問事，亦豎指祇對。人謂師曰：」和尚，童子亦會佛法。凡有問皆如和尚豎指。」師一日潛袖刀子，問童曰：「聞你會佛法，是否？」童曰：「是。」師曰：「如何是佛？」童豎起指頭，師以刀斷其指，童叫喚走出。師召童子，童回首。師曰：「如何是佛？」童舉手不見指頭，豁然大悟。〔宋〕普濟《五燈會元》卷四，蘇淵雷點校，北京：中華書局 1984 年，第 250 頁～第 251 頁。

〔註 88〕〔南唐〕靜、筠二禪師編撰《祖堂集》卷七，孫昌武等點校，北京：中華書局 2007 年，第 358 頁。

「一劃」與「一指」，都以圓融不分的外在表徵，契合禪宗核心的「不二」觀。禪師就此「豎起指」的行爲斷定「佛法不可思議，千聖同轍」，只看到動作相同，卻忽略了呈現這一動作本身蘊含參證主體的個性化經驗。雪峰義存對此特意糾正，「心」、「一心法門」本來無形無相，如果通過觀心斷除妄想幻相，體認「我心自空」，即可覺悟眞實法相。而「一指」或「一劃」，在本體的層面就是「心」的當下呈現。按照第一義超驗的存在，不可以名相概念界定，雪峰甚至不稱其爲「一劃」，而只肯說「是個橫事」。以「豎指」、「舉手」等非言語行爲施教，並非始於天龍與俱胝和尚。百丈懷海曾說：

古人舉一手，豎一指：「是禪？是道？」此語擊縛人，無有住時。假饒不說，亦有口過。〔註 89〕

百丈懷海認爲，古人舉一手、豎一指，問哪一個是禪定（定），哪一個是佛道（慧）的論題，屬於有分別心的表現，與禪宗自《壇經》時代就大力提倡的中道「不二」思想背道而馳。即便以非言語的動作迎合宗門對語言的禁忌，但分別的思維已經通過不同的對立動作予以表述，「亦有口過」。後來付上座就這則公案「既不說，爲什麼卻又口過」的論斷勘驗翠岩禪師，並「舉起手」爲之作答，所要表達的也是中觀不二、萬法歸於一心的意旨。翠岩禪師受此啓發，「五體投地禮拜，出聲啼哭。」〔註 90〕

禪師有時也豎起「二指」，示機禪法，如：

藏曰：「山河大地，與上座自己是同是別？」師曰：「別。」藏豎起兩指。師曰：「同。」藏又豎起兩指。便起去。〔註 91〕

清涼文益禪師初參桂琛時，曾與之討論過《肇論》中「天地與我同根」的論題，無論文益答「同」還是「別」，桂琛都「豎起兩指」。如果運用般若中觀理論，則天地萬物與自己在根本上是一體，所謂「彼己莫二」、「有無齊觀」，超越「別」、「同」之間的對立，以「二指」不變應萬變，其目的「引導對方自己體悟有無、彼己相即不二和物我一體的道理。」〔註 92〕公案中其它禪師使用二指禪，如舒州白雲守端禪師，基本也是在中觀不二、事理圓融這個層

〔註 89〕〔南唐〕靜、筠二禪師編撰《祖堂集》卷十四，孫昌武等點校，北京：中華書局 2007 年，第 640 頁。

〔註 90〕〔南唐〕靜、筠二禪師編撰《祖堂集》卷十四，孫昌武等點校，北京：中華書局 2007 年，第 640 頁。

〔註 91〕〔宋〕普濟《五燈會元》卷十，蘇淵雷點校，北京：中華書局 1984 年，第 560 頁。

〔註 92〕楊曾文《唐五代禪宗史》，北京：中國社會科學出版社 1999 年。第 562 頁。

面展開的討論。

有時禪師也「豎起五指」，示機禪法。如：

> 有僧出來，兩三則語舉似師，師復審之云：「我適來只聞汝聲，不見汝身。出來，我要見汝！」其僧豎起五指。師云：「苦殺人！錯放過者個漢。」洞山問：「此僧豎起五指，意如何？」師曰：「現五分法身，如何在阿那個分？」〔註93〕

學僧出來見師，豎起五個指頭以示五分法身。所謂五分法身，即以五種功德法成佛身，分別是戒、定、慧、解脫、解脫知見，《大乘義章》卷二十曰，「此之五種分別名分，又分是因。此之五種成身之因，故名爲分。法名自體，此之五種無學自體，故名爲發。又法是其軌則之義，此之五種成身之軌，故名爲法。身者是體，此五佛體，故名爲身。」〔註94〕其內在理路基本是由戒而生定，由定而生慧，由慧而得解脫，由解脫而有解脫知見。名爲五分，實則是一個整體。雲岩和尚的禪法思想中有「一即六，六即一」的重要機語，涉及到一般和個別統一的問題。〔註95〕此處學僧以五指示意五分法身，卻不懂得五種成法軌跡終究歸於一身，一即是五，五即是一，因此受到雲岩禪師的質疑。雲岩和尚承襲藥山惟儼法嗣，卻也是百丈懷海的重要傳人。《祖堂集》中就記載惟儼評價雲岩和尚的話，「因汝識得百丈矣」。早先雲岩和尚拜見百丈懷海，懷海對他示以「五指」：

> 師見雲岩，便提起五指云：「何個而（爾）也？」雲岩云：「非也。」師云：「豈然乎？」〔註96〕

懷海以「五指」示五分法身，問雲岩在哪一身？問哪個指頭是他？雲岩直接予以否定，但百丈懷海提醒他需要再思量。雲岩在形而上本原佛性圓融渾然的層面否定個別，也就是否定一般中存在的個別。但佛性固然不能在個別之中尋求，但其普遍性卻經由個別表現出來，因此百丈懷海有「豈然乎」的反詰。就後來雲岩答學僧的五指示禪，他已經承認個別，並在此前提下討論形而上本原佛性普遍存在的問題。

〔註93〕〔南唐〕靜、筠二禪師編撰《祖堂集》卷五，孫昌武等點校，北京：中華書局2007年，第253頁。

〔註94〕〔隋〕慧遠撰《大乘義章》卷二十，《大正藏》第44卷，第850頁中。

〔註95〕楊曾文《唐五代禪宗史》，北京：中國社會科學出版社1999年，第356頁。

〔註96〕〔南唐〕靜、筠二禪師編撰《祖堂集》卷十四，孫昌武等點校，北京：中華書局2007年，第639頁。

三、叉手示禪

禪師在公案機鋒應對之時，由於有意識地迴避言詮，使得一些常規的禮儀動作，也具有相應的交際意義。如：

> 師云：「不用指東指西。直下本分事道來。」杉山插火箸叉手。師云：「雖然如是，猶較王老師一線道。」〔註 97〕

南泉普願一日在方丈室內與杉山和尚烤火，有意讓他「不用指東指西，直下本分事道來。」杉山和尚一言不發，只是放下手中的火鉗「叉手立」，就得到了南泉普願的認可。普願所問「直下本分事」，其實就是人人本然具有的佛性，但杉山和尚爲何「叉手」作答就能獲得南泉普願的認可呢？

叉手本是一種中國古已有之的傳統禮儀，《洪武正韻》中解釋爲「叉手相錯也，今俗呼拱手曰叉手。」〔註 98〕亦即手指交叉，當胸抱住行禮。在唐人的詩文中可以清楚地看到，這是一種對長者、尊者表達敬意和謝意的基本禮儀，如：

> 王凝清族重德，冠絕當時。每就寢息，必叉手而臥，或慮夢中見其先祖。

> 綠羅裙下標三棒，紅粉腮邊淚兩行。叉手向前咨大使，這回不敢惱兒郎。〔註 99〕

叉手有時也是人思考時下意識的動作，如晚唐詩文大家溫庭筠，就因作賦好叉手思考，「八叉手而八韻成」，因而被時人稱爲「溫八叉」。〔註 100〕古印度也有叉手之禮，佛經中常出現佛或者菩薩說佛偈時使用叉手之禮，如：

> 汝爲空無菩薩叉十指，說是偈言：「其離根爲寂定，空無出大光明，我爲勇猛叉手，爲師子大吼禮。」〔註 101〕

但佛教中的叉手之禮，並不同於中土舊法。丁福保在《佛學大辭典》提到，「然竺土之法，叉手之禮，合掌交叉中指者，單曰叉手，亦曰合掌叉手」，〔註 102〕

〔註 97〕〔宋〕普濟《五燈會元》卷三，蘇淵雷點校，北京：中華書局 1984 年，第 139 頁。

〔註 98〕丁福保《佛學大辭典》「叉手」條，北京：文物出版社 1984 年，第 224 頁。

〔註 99〕出自《北夢瑣言・王凝》，《太平廣記》第 183 卷《貢舉六》。〔宋〕李昉等編《太平廣記》，北京：中華書局 1986 年，第 1364 頁。

〔註 100〕出自《北夢瑣言・溫庭筠》，《太平廣記》第 199 卷《文章二》。〔宋〕李昉等編《太平廣記》，北京：中華書局，1986 年，第 1496 頁。

〔註 101〕〔西晉〕竺法護譯《佛說方等般泥洹經》卷上，《大正藏》第 12 卷，第 920 頁上。

〔註 102〕丁福保《佛學大辭典》「叉手」條，北京：文物出版社 1984 年，第 224 頁。

可見印度佛教中的叉手之禮等同於合掌之禮。佛教傳入中國，禮儀也入鄉隨俗。如果說二祖立雪發弘願，其「叉手當胸」仍是指的合掌。那麼公案中的唐代禪師已經將「叉手」與「合掌」分別對待了。「叉手」在僧侶那裡已等同於拱手，而且與「合掌」有所分別：

有僧在師身邊叉手立，師云：「太俗生！」僧又合掌，師云：「太僧生。」僧無對。〔註 103〕

由上面的材料可以看出，叉手是一種俗人和僧人都使用的禮儀，而合掌是專屬於僧人的。二者的所指，已經有所區別。在禪師機鋒應對之間，叉手作禮不僅是禮儀，更因爲它凡俗皆可用之的身份，從而附帶表達了禪師的立場與態度。在具體環境中有其具體的含義，成爲禪宗非言語表達的方式之一。如：

一日仰山慧寂到參，師云：「去汝無佛性。」寂叉手近前應諾。師笑曰：「子什麼處得此三昧？」寂曰：「我從溈山得。」寂問曰：「和尚從誰得？」師曰：「我從章敬得。」〔註 104〕

此則公案可見，禪師叉手應諾，最基本的意旨是對觀點認可。朗州古堤和尚常以「去汝無佛性」接引學人，但契機者少。禪宗強調向內修正，反對外求。自六祖惠能以來，「即心即佛」就是南禪各法系共同認可的基本命題。眞諦固然不能通過言語、思維求得，但在自性參悟的前提下也可當下得見、簡單易曉。面對古堤和尚提出的離開自身尋求佛性將是徒勞的觀點，無智慧的僧人多是執著於思維中對眞諦的神秘定義，不肯放棄對形而上複雜化的預設。因此，即便眞理在面前也無承當勇氣。仰山慧寂以「叉手」作答，既表達了自己對朗山和尚觀點的認可，也表現出了對眞理就在當下的承當勇氣，可謂大智大勇。有時禪師直接以「叉手」示機學僧，如：

問：「承古人有言：『看時淺淺用時深。淺則不問，如何是深？』」師便叉手閉目。學人擬問，師云：「劍去遠兮，何必克舟？」〔註 105〕

此則公案之中，學人所問的「深淺」意，其實正是禪宗的體、用觀。所謂的「深」，即對形而上眞諦的追問。禪宗在語言表達本體的能力上予以堅決否定，因此禪師會說「口是禍門」，莫若「叉手當胸」。此處曹山和尚有意迴避

〔註 103〕〔南唐〕靜、筠二禪師編撰《祖堂集》卷十六，孫昌武等點校，北京：中華書局 2007 年，第 712 頁。

〔註 104〕〔宋〕道原《景德傳燈錄》卷九，《大正藏》第 51 卷，第 270 頁上。

〔註 105〕〔南唐〕靜、筠二禪師編撰《祖堂集》卷八，孫昌武等點校，北京：中華書局 2007 年，第 387 頁。

語言，唯以「叉手」閉目示意。其意謂學人不必向外尋求，向內參證即可。可惜學僧不懂，陷入了思維的泥淖，在繼續追問時已經貽誤禪機，被曹山和尚否定。由此則公案可知，叉手當胸不僅是一種禮儀，更是一種表達真理就在自身、就在當下的手段。對形而上的追溯，不僅杜絕語言，也否定邏輯推證：

招慶道：「爲什麼擬心卻成差？」時有人出來，叉手立，師肯之。〔註106〕

招慶禪師反對從言語、文字上探知眞如，因此說「眞實離言說，文字別時行。」〔註107〕從言語、文字上進行邏輯推證，不能形成正確認知。學人出來不發一言，「叉手」承當，表達了對自性的肯定，故而得到老師的認可。禪師機鋒應對間，當面對第一義的追問，莫若一言不發，「叉手而退」。〔註108〕「叉手」這一行爲在情景之中可以附加意義，蘊含著佛法眞理不可言傳、當下即到的觀念。正如《五家宗旨纂要》中所說，「如豎拂撚拳，插鍬叉手。當機拈出，覿面相呈。」〔註109〕禪宗公案中有一則經常被後人舉唱的「叉手」公案，發生在溈仰宗的靈祐禪師與慧寂禪師師徒之間：

仰山從田中歸。師云：「田中有多少人？」仰山遂插下鍬子，叉手而立。師云：「今日南山大有人刈茆。」〔註110〕

靈祐此處與仰山討論的是一般與個別的問題。靈祐經營大溈山，居山聚徒，自給自足，代表了唐後期南方禪宗的典型結構，常住人口達到了一千五六百人，〔註111〕而僧眾普請勞作是其經濟自供給的重要原因。一日慧寂自田間歸來，靈祐詢問田間有多少人在勞作。慧寂對此一言不發，只是把勞動的鍬子插在地上，叉手施禮。結合之前《景德傳燈錄》中靈祐開示慧寂「去汝無佛

〔註106〕〔南唐〕靜、筠二禪師編撰《祖堂集》卷十三，孫昌武等點校，北京：中華書局2007年，第602頁。

〔註107〕〔南唐〕靜、筠二禪師編撰《祖堂集》卷十三，孫昌武等點校，北京：中華書局2007年，第602頁。

〔註108〕雪峰嘗問師曰：「見說臨濟有三句是否？」師曰：「是。」曰：「作麼生是第一句？」師舉目視之。雪峰曰：「此猶是第二句。如何是第一句？」師叉手而退。自此雪峰深器之。〔宋〕道原《景德傳燈錄》卷十九，《大正藏》第51卷，第359頁下。

〔註109〕〔清〕性統編《五家宗旨纂要》卷一，《卍新纂續藏經》第65卷，第261頁上。

〔註110〕〔南唐〕靜、筠二禪師編撰《祖堂集》卷十六，孫昌武等點校，北京：中華書局2007年，第725頁。

〔註111〕杜繼文、魏道儒《中國禪宗通史》，南京：江蘇人民出版社2007年。第346頁。

性」之言，慧寂叉手應諾，可能表達的意旨是勞作者無別，一即是一切，一切即一，不可以數量定奪之。靈祐對此表達了贊許之意，認爲慧寂滌蕩蕪雜，找到了眾生最基本的共同點——佛性。而慧寂叉手而立，既表達了對本然具有佛性的承擔，也表述了終生自佛性層面的觀照並無差別。後人就此公案多有闡釋，甚至出現誤解：

> 清八路舉仰山插鍬話問師：「古人意在叉手處，意在插鍬處？」師曰：「清上座。」清應諾，師曰：「還曾夢見仰山麼？」清曰：「不要下語只要上座商量。」師曰：「若要商量堂頭自有一千五百人老師在。」〔註 112〕

如果不從人人具有共同的佛性，眾生無別的圓融意旨上理解慧寂「插下鍬子，叉手而立」的意旨，而是事先確立分別，將無法正確理解仰山慧寂此則公案中非言語行爲的眞實意圖。「叉手」引發的是直覺認知，表達的是對自性的肯定，後人對此解析爲，「僧問：『古人借問田中事，插鍬叉手意如何？』師云：『袈裟浮淥水。螺髻拂青雲。』」〔註 113〕這正是一個放大的主觀自我，符合禪宗對自性的肯定與誇大。値得注意的是，脫離特定的交際情景，禪師所使用的非言語動作的意旨將消解。如果動作施爲者缺乏自性參悟的前提條件，其動作將因缺乏眞理內蘊而成爲效顰之作，亦無法自圓其說。這正是禪師一方面以言語、文字、動作、圖象等作爲佛性眞如呈現的同時，也努力幫助人們擺脫對悟入手段的執著。如：

> 大溈和尚又問：「背後老婆子什摩處住？」十三娘放身進前三步，叉手而立。〔註 114〕

這則公案中，學人錯在對自性不肯定、不明了的前提下，盲目地使用非言語動作「進前三步、叉手而立」，投機取巧。其結果自然只能是自性迷惑，不可參悟，從而被老師呵斥而回。

〔註 112〕〔南唐〕靜、筠二禪師編撰《祖堂集》卷十六，孫昌武等點校，北京：中華書局 2007 年，第 725 頁。

〔註 113〕〔宋〕賾藏《古尊宿語錄》卷四六，蕭萐父等點校，北京：中華書局 1994 年，第 911 頁。

〔註 114〕〔南唐〕靜、二禪師編撰《祖堂集》卷九，孫昌武等點校，北京：中華書局 2007 年，第 450 頁。

四、展手示禪

所謂展手，就是將手伸直，攤開手掌，掌心向上，如：

> 即令崑崙奴向前，令展手，便於手掌摩指，則如黑漆，染指上。〔註115〕

展手一般是伸手向人乞物的姿勢，如：

> 成都有丐者詐稱落泊衣冠，弊服襤縷，常巡成都市鄽，見人即展手希一文云：「失墜文書，求官不遂。」〔註116〕

佛教尤其是密宗，展手爲其手印之一，具有神秘力量，這一點在佛教造像中也有所表現。禪宗公案中出現的「展手」動作，其基本意旨同於世俗用法，即討要東西。如：

> 又齋僧次，躬自行餅。一僧展手擬接，公卻縮手，僧無語。公曰：「果然，果然。」〔註117〕

再如洞山良價向雲岩和尚乞要粽子事：

> 師因行粽子。洞山受了，又展手云：「更有一人在。」師云：「那个人還喫不？」洞山云：「行即喫」〔註118〕

禪師在機鋒應對之中，本著「作用是性」的理念，「展手」這一動作也具備了超越其基本意旨的特殊功用，與豎拂、拈槌、瞬眼、牙口等非言語行爲一樣，屬於「覿面提持，隨機拈出」〔註119〕的接機手段。如：

> 問：「如何是宗門中流佈？」師乃展手。〔註120〕

所謂宗門流佈，即問禪宗所傳的意旨到底爲何物？在佛法求證的過程之中，學人總是對形而上的本原第一義（佛性）具有極大的追溯熱情，這也是他們修證佛法的精神動力。此則公案中，學人向羅山道閒請教「宗門流佈」事，道閒卻「展手」向學人討要。禪宗講佛性不離自性，人人具有。惠能即如是

〔註115〕出自《通幽錄·盧頊》，《太平廣記》第340卷《鬼二十五》。〔宋〕李昉等編《太平廣記》，北京：中華書局1986年，第2698頁。

〔註116〕出自《王氏見聞·成都乞者》，《太平廣記》第238卷《詭詐》。〔宋〕李昉等編《太平廣記》，北京：中華書局1986年，第1837頁。

〔註117〕〔宋〕普濟《五燈會元》卷四，蘇淵雷點校，北京：中華書局 1984年，第251頁。

〔註118〕〔南唐〕靜、筠二禪師編撰《祖堂集》卷五，孫昌武等點校，北京：中華書局2007年，第250頁。

〔註119〕〔清〕性統編《五家宗旨纂要》卷二，《卍新纂續藏經》第65卷，第272頁中。

〔註120〕〔南唐〕靜、筠二禪師編撰《祖堂集》卷九，孫昌武等點校，北京：中華書局2007年，第451頁。

說，「汝等諸人自心是佛，更莫狐疑。外無一物而能建立，皆是本心生者，於一切處而不住相」，〔註 121〕修行者向內求證才是正確路徑。羅山道閒在此「展手」，第一層意思就是佛性人人具有，向外索求不如向內自發現；其次，眞諦第一義不能被言語、文字表述。羅山道閒作爲徹悟者，自性空空，無一物可掛礙，亦無一物可呈。反倒是學人在邏輯層面推證，有物可持，有物可傳，卻非本原第一義。《景德傳燈錄》對此則公案的記載有所篡改，羅山道閒應對的動作是「展足」，即伸直腳。從禪宗意旨來看，其表達的意思應該是在生活實踐中完成對第一義的追溯，在「今日打禾，明日搬柴」〔註 122〕的勞作中完成對宗門最上乘意旨的參證。

有時「展手」直接表達「無」這一意旨，如：

> 問：「馬祖出八十四人善知識，未審和尚出多少人？」師展手示之。〔註 123〕

道膺禪師此處展手，意謂一個也沒。因爲禪法修證，必須依靠自主努力，向內參究。說到底是學人「自家事」，老師通常只是啓發作用。有時禪師直接展開兩手，「無」這一意旨表達得更清楚。如：

> 問：「佛法畢竟事如何？師展開兩手。」〔註 124〕

佛法不容擬議，故而只能在自我認知系統內展開，他方經驗不可借鑒，無一法可傳。在長慶和尚開示學人的公案中，「展手」這一意旨表述得更加明確：

> 問：「如何得不疑不惑去？」師便展手向兩邊，卻令學人：「再問，我更與汝道。」學人再問。師乃露膊而坐。學人禮拜，師云：「汝且作摩生會？」對云：「今日東風起。」師云：「汝與摩道，未定人見解。汝於古聖已來，有什摩言教時節齊得長慶？你若舉得，許你有這个話主。」〔註 125〕

〔註 121〕〔南唐〕靜、筠二禪師編撰《祖堂集》卷二，孫昌武等點校，北京：中華書局 2007 年，第 128 頁。

〔註 122〕〔宋〕普濟《五燈會元》卷八，蘇淵雷點校，北京：中華書局 1984 年，第 488 頁。

〔註 123〕〔宋〕普濟《五燈會元》卷十三，蘇淵雷點校，北京：中華書局 1984 年，第 795 頁。

〔註 124〕〔南唐〕靜、筠二禪師編撰《祖堂集》卷十九，孫昌武等點校，北京：中華書局 2007 年，第 867 頁。

〔註 125〕〔南唐〕靜、筠二禪師編撰《祖堂集》卷十，孫昌武等點校，北京：中華書局 2007 年，第 493 頁。

學人問如何才能擺脫困惑，不再受到身口意的誤導，從而參證眞如法諦。長慶和尚對此不發一言，直接展開雙手，意謂無一法可傳。當學人繼續追問時，他又「露膊而坐」。露膊本是古印度亞熱帶的著裝風格，也是佛的形象。長慶禪師出自雪峰義存門下，義存教導門下弟子不要向外探求，更不要無視自家本來具有的「神光」，亦即人人具有的本然佛性。此則公案中，長慶禪師不涉言路，直接展開兩手。而臂膊而坐，正是爲了闡明即心即佛，佛不遠人的宗門意旨。〔註 126〕

「展手」後來被洞山良價使用，成爲他接機學人的固定手段之一，其曰：

> 師示眾曰：「展手而學，鳥道而學，玄路而學」〔註 127〕

「展手」，即無修無證，無一法可傳；「鳥道」，《祖庭事苑》卷四曰，「鳥道猶虛空也」，〔註 128〕無所掛礙，無跡可求；「玄路」，不執一相，不可言傳。總而言之，皆是對「諸法性空」的表述。洞山良價以「展手」的動作接機學人，將對「空」的體悟比作無所阻礙的「行鳥道」，符合他「不從口裏道」〔註 129〕的參證態度。其中「鳥道」的譬喻，在唐代詩文中亦可見，李白詩中就有「西當太白有鳥道」〔註 130〕的句子。洞山良價「用鳥飛在遼闊的空中（『不逢一人』）來比喻空的境界，用鳥的足沒有被繩索捆綁可以自由飛翔比喻運用空觀斷除執著」，〔註 131〕可謂以藝術的手法，形象地傳達了宗門意旨。

與公案中禪師施爲的其它非言語行爲一樣，「展手」動作本身是不能執著的。一旦學人介入思維，以邏輯推論的方式從動作上發掘第一義，或者盲目模擬動作，卻無透徹自性作根基，往往只是徒勞。禪師對此一再提點：

> 僧云：「宗門中事如何承當？」師云：「須是其中人。」「如何是其中人？」師云：「我自住此山來，未曾遇見其中人。」僧云：「今時無其中人，和尚遇古人時如何承當？」師云：「不展手。」僧云：「古人意旨如何？」師云：「闍梨但莫展手也。」僧云：「與摩時和

〔註 126〕杜繼文，魏道儒《中國禪宗通史》，南京：江蘇人民出版社 2007 年，第 369 頁。

〔註 127〕〔南唐〕靜、筠二禪師編撰《祖堂集》卷六，孫昌武等點校，北京：中華書局 2007 年，第 307 頁。

〔註 128〕〔清〕睦庵編《祖庭事苑》卷四，《卍新纂續藏經》第 64 卷，第 362 頁下。

〔註 129〕〔南唐〕靜、筠二禪師編撰《祖堂集》卷六，孫昌武等點校，北京：中華書局 2007 年，第 300 頁。

〔註 130〕〔唐〕李白《相和歌辭・蜀道難》，《全唐詩》第 20 卷，第 48 頁。

〔註 131〕楊曾文《唐五代禪宗史》，北京：中國社會科學出版社 1999 年，第 511 頁。

尚還分付也無？」師云：「古人罵汝。」〔註 132〕

五、豎拳示禪

機鋒應對之間，禪師也常「豎拳」，其最基本意旨作震懾之用，力求助學人撥亂反正，機用類似於棒打：

> 問:「古人道『無明即佛性,煩惱不須除』。如何是無明即佛性？」師作嗔勢，豎起拳，喝云：「今日打這個師僧。」「如何是煩惱不須除？」師以手拏額曰：「今日打這個師僧，得任摩發人業！」〔註 133〕

此則公案裏，長生和尚認爲學人以言相問，從名相概念上推究第一義諦，已經觸機，於是豎拳作懲戒勢。但禪法應對中的禪師「豎拳」，意旨並不僅限於此。它與其它非言語行爲一樣，在禪法應對過程中，憑藉施教者與受教者雙方積累的佛法經典知識、個人修行實踐，引申出超越其行爲本身的意旨。正如《五燈會元》所指出：

> 故或瞬目揚眉，擎拳舉指。或行棒行喝，豎拂拈槌。或持叉張弓，輥毬舞笏。或拽石般土，打鼓吹毛。或一默一言，一吁一笑。乃至種種方便，皆是親切爲人。然祇爲太親，故人多罔措。瞥然見者，不隔絲毫。其或沉吟，迢迢萬里。欲明道者，宜無忽焉。祖祖相傳，至今不絕。〔註 134〕

可見，「豎拳」只是禪師佛法當下呈現的眾多方便手段之一。但禪師「豎拳」的行爲，在具體的交際場景中應有更豐富意旨，如下公案即是：

> 問:「如何是西來意。」師以手入懷作拳，展開與之。僧乃跪膝，以兩手作受勢。師曰：「是甚麼？」僧無對。〔註 135〕

學人向香嚴智閒禪師請教「西來意」即宗門形而上第一義。第一義不可言語、文字表述，智閒禪師只是「以手入懷作拳，展開與之」。此處以拳示物的手段，來源於佛教中的譬喻，《寶積經》卷九十日：

〔註 132〕〔南唐〕靜、筠二禪師編撰《祖堂集》卷八，孫昌武等點校，北京：中華書局 2007 年，第 388 頁。

〔註 133〕〔南唐〕靜、筠二禪師編撰《祖堂集》卷十，孫昌武等點校，北京：中華書局 2007 年，第 462 頁。

〔註 134〕〔宋〕普濟《五燈會元》卷十六，蘇淵雷點校，北京：中華書局 1984 年，第 1058 頁。

〔註 135〕〔宋〕普濟《五燈會元》卷九，蘇淵雷點校，北京：中華書局 1984 年，第 538 頁。

> 如以空拳誘小兒，示言有物令歡喜，開手拳空無所見，小兒於此復號啼。如是諸佛難思議，善巧調伏眾生類，了知法性無所有，假名安立示世間。〔註 136〕

大人常常以空拳騙小孩，說手裏有東西以阻止小孩哭泣。但當小孩發現拳頭裏空空如也，就會繼續哭泣。由於眾生習慣在名相概念的範疇去認知世界，即便第一義也習慣性地將之理解爲實存。因此，對眾生宣講佛法不得不「空拳誑小兒，以度於一切」，〔註 137〕之所以不得不說法，「只是一時的權宜方便，並非眞能使人成佛性。」〔註 138〕南泉普願就說，「江西和尚說『即心即佛』，且是一時間語，是止向外馳求，空拳黃葉止啼之詞」。〔註 139〕此處智閒禪師以空拳授學人，正是爲了滿足學人對佛法第一義的預設性期待。而眞正的佛性，卻在學人索求心之外。但在智閒禪師以「空拳」授之時，學人卻故作姿態，跪下「以兩手作受勢」，依然是向外尋求參證第一義的理路，而非返觀自心，正是「無病求病」、將心覓心的錯誤知見。因此在智閒的詰問下，學人最終一無所得。對於「祖師西來意」等追溯第一義的問題，「說」與「不說」間存在巨大矛盾，香嚴智閒對此困境曾做了生動譬喻：

> 師問僧：「如人在高樹上，口銜樹枝，脚下踏樹，手不攀枝，下有人問：『如何是西來意？』又須向伊道。若道又被撲殺，不道違於他問。汝此時作麼生指他，自免喪身失命？」虎頭招上座返問：「上樹時則不問，未上樹時作麼生？」師笑：「嘘！嘘！」〔註 140〕

宗門第一義超越言語、文字的存在與禪法教育的實踐要求發生矛盾，如何尋求其矛盾解決辦法？虎頭招上座要求說「未上樹時」，正是主體分別心不入、自性圓融的境界，對於已徹悟的施教者而言，說與不說皆是其佛性的自然呈現，永遠不會墮入二難困境。因此智閒當即「嘘、嘘」兩聲，正是阻止虎頭招上座繼續言詮。而禪師以言相教正如豎起的「空拳」，只是爲了滿足學人的訴求。對此仰山慧寂也有言說：

〔註 136〕〔唐〕菩提流志譯《大寶積經》卷九十，《大正藏》第 11 卷，第 519 頁上。

〔註 137〕〔後秦〕鳩摩羅什譯《大智度論》卷二十，《大正藏》第 25 卷，第 210 頁下。

〔註 138〕葛兆光《中國禪思想史——從 6 世紀到 9 世紀》，北京：北京大學出版社 1998 年，第 331 頁。

〔註 139〕〔南唐〕靜、筠二禪師編撰《祖堂集》卷十六，孫昌武等點校，北京：中華書局 2007 年，第 705 頁。

〔註 140〕〔南唐〕靜、筠二禪師編撰《祖堂集》卷十九，孫昌武等點校，北京：中華書局 2007 年，第 829 頁。

我若東說西說，則爭頭向前採拾。如將空拳誑小兒，都無實處。我今分明向汝說聖邊事，且莫將心湊泊。但向自己性海，如實而修。〔註 141〕

以言語表述第一義，如以空拳欺騙小孩，無法達到第一義的參證。但禪法教育中言教不可迴避，正確的態度應該是保持自性的清淨，「且莫將心湊泊」，則說與不說都不會妨礙對第一義的參修。再如《祖堂集》中記載的歸宗智常與李渤間的公案：

李萬卷問：「大藏教明得個什摩邊事？」師豎起拳，卻問：「汝還會摩？」李公對云：「不會。」師云：「者李公，拳頭也不識！」李公云：「某甲不會，請和尚指示。」師云：「遇人則途中授與，不遇人則世諦流佈。」〔註 142〕

這則公案中，歸宗智常豎起拳頭就不僅僅只是以之滿足學人的形而上的追溯需求。當學人即色觀色時，拳頭可作爲佛法的當下呈現，是「法」；當學人離色作他意解讀，拳頭卻只是拳頭，是「色」。這一思維模式，正是禪宗的核心命題——「中觀不二」的理路。學人若只執著一端，自然無法獲得正解。而禪師上堂時，「豎起拳曰：『或時爲拳。』復開曰：『或時爲掌。』」也可作爲中觀不二、總別一體的最佳示範：

馬大師曰：「即汝所不了心即是，更無別物。不了時即是迷，了時即是悟；迷即是眾生，悟即是佛道。不離眾生更別有佛也。亦如手作拳、拳作手也。」師言下豁然大悟，涕淚悲泣。〔註 143〕

藉由「拳」與「掌」之間的自由轉換表述所呈現的不執著於一端、整體性觀照的思辨方式，最終由實踐動作變成禪宗禪師口中常用的比喻：

仰山問：「佛之與道，相去幾何？」師曰：「道如展手，佛似握拳。」〔註 144〕

師曰：「若恁麼，經與禪乃一體。」覯曰：「佛及祖非二法，如

〔註 141〕〔宋〕普濟《五燈會元》卷九，蘇淵雷點校，北京：中華書局 1984 年，第 532 頁。

〔註 142〕〔南唐〕靜、筠二禪師編撰《祖堂集》卷十五，孫昌武等點校，北京：中華書局 2007 年，第 685 頁。

〔註 143〕〔南唐〕靜、筠二禪師編撰《祖堂集》卷十五，孫昌武等點校，北京：中華書局 2007 年，第 691 頁。

〔註 144〕〔宋〕普濟《五燈會元》卷五，蘇淵雷點校，北京：中華書局 1984 年，第 285 頁。

> 手搦拳，如拳搦手。」師因而有省。〔註 145〕

與其它方便法門一樣，對禪師「以拳示禪」手段本身，萬不可執著。如：

> 又大德參師。師問：「大德號個什麼？」對云：「明教。」師云：「還會教也無？」對云：「隨分。」師豎起拳云：「靈山會上，與麼喚作什麼教？」對云：「喚作拳教。」師笑云：「與麼是拳教。」師卻展足云：「與麼時喚作什麼？」大德無對，師卻云：「莫是腳教麼？」〔註 146〕

參悟第一義，不以「豎拳」爲定法，而應該將之視作破執的手段。最終目的應超言絕相，從而達到對不可言語、文字描述的眞諦認識。

六、應景作勢

禪宗公案中，禪師常依據當時語境，應景作勢，以非言語的行爲方式，表達著自己的立場、情緒和觀點。茲摘其要列舉如下：

（1）掩耳、掩口、掩目

當拒絕聽他人言論時，人常本能地直接用手捂住耳朵，直接以行爲表達不願聽其論說的意旨，這在古、今是一致的，禪宗公案亦可見到。如：

> 有人問：「如何是眞佛？」師曰：「眞佛無相。」問：「如何是法眼？」師曰：「法眼無瑕。」道吾聞此對答掩耳。京口下堂，遂屈道吾。吾來房，京口問：「某甲對答，過在什麼處，掩耳出去？」道吾曰：「覶師精彩，甚是其器，奈何不遇其人。」〔註 147〕

道吾禪師聽聞京口和尚甚有智慧，於是前去勘驗。其時有人向京口和尚請教「如何是眞佛」、「如何是法眼」。京口和尚以「眞佛無相」、「法眼無暇」作答。按照佛教的教理，眞佛離「十相」，因此「無相」；〔註 148〕法眼即清淨法眼，

〔註 145〕〔宋〕普濟《五燈會元》卷十二，蘇淵雷點校，北京：中華書局 1984 年，第 753 頁。

〔註 146〕〔南唐〕靜、筠二禪師編撰《祖堂集》卷九，孫昌武等點校，北京：中華書局 2007 年，第 451～452 頁。

〔註 147〕〔南唐〕靜、筠二禪師編撰《祖堂集》卷五，孫昌武等點校，北京：中華書局 2007 年，第 258 頁。

〔註 148〕〔北涼〕曇無讖譯《大般涅槃經》卷三十曰：「涅槃名爲無相，以何因緣名爲無相？善男子！無十相故。何等爲十？所謂色相、聲相、香相、味相、觸相、生住壞相、男相、女相，是名十相，無如是相。故名無相。」《大正藏》第 12 卷，第 546 頁下。

〔註149〕能覷見眞如佛性，因而「無暇」。從教理而言，京口和尚的宣講並無錯誤。但道吾禪師卻不認可京口和尚的說法，直接「掩耳」而出。就南禪禪法思想看來，眞如佛性「無相」、「無暇」，不可言說。即便言說，也應「言道者以言詮理，得理忘言，知語性空，此人悟道。」〔註150〕其次，京口在說「無相」、「無暇」之時，已經預設了與之相對應的「有相」、「有瑕」，這是以一種對立、分別的思維看待渾融圓通的眞如佛性，並不能以之形成正確認知。禪師在回答有關形而上第一義的問題時，不僅三緘其口，甚至不願聽人言說，正是「言語道斷，心行處滅」的境界：

因平田參。師欲起身，田乃把住曰：「開口即失，閉口即喪。去此二途，請師速道。」師以手掩耳。田放手曰：「一步易，兩步難。」師曰：「有甚麼死急？」田曰：「若非此個，師不免諸方點檢。」師不對。〔註151〕

平田和尚說，開口相問、向外探求固然有錯，但刻意閉口不言，也會造成心識困惑，有刻意之嫌。在「說」與「不說」的矛盾之中，該如何傳遞個體的佛法參證體驗？茂源和尚捂住自己的耳朵，表示不願接受平田和尚的觀點，也就是不願讓自己的認知系統被平田和尚的他方經驗介入。按照禪宗的說法，叫做「心性不被污去」。平田隨後所謂的「一步易」，應該是說盡量規避語言比較容易做到；「兩步難」，則是說做到以語言傳教卻不掛礙於心、不令人言下生解比較困難。對此無逸禪師認爲，在聽師傅說法時，「若是上根之士，早已掩耳。中下之流，競頭側聽。」但言語並不能被拋棄，「如無三寸，且作麼生舉。」〔註152〕這一立場正是禪宗對待言語、文字的一貫態度，即不執著於言語、文字，但也不刻意拋棄言語、文字。在自性參悟之後，所有的知識都不如學人從心而治，多言無益。如丹霞天然禪師公案：

忽一日，石頭告眾曰：「來日剗佛殿前草。」至來日，大眾諸童

〔註149〕「清淨之法眼也。法眼爲五眼之一，小乘之聲聞於見道觀見四聖諦，大乘之菩薩於初地觀見二空之理之智也。」丁福保《佛學大辭典》「法眼」條，北京：文物出版社1984年，第703頁。

〔註150〕〔南唐〕靜、筠二禪師編撰《祖堂集》卷三，孫昌武等點校，北京：中華書局2007年，第183頁。

〔註151〕〔宋〕普濟《五燈會元》卷五，蘇淵雷點校，北京：中華書局1984年，第302頁。

〔註152〕〔宋〕普濟《五燈會元》卷八，蘇淵雷點校，北京：中華書局1984年，第514頁。

> 行各備鍬钁剗草。獨師以盆盛水，沐頭於石頭前，胡跪。頭見而笑之，便與剃髮。又爲說戒，師乃掩耳而出。〔註153〕

石頭希遷說「剗佛殿前草」，這是言詮部分，其遮詮的眞實意旨則是打算爲學僧剃度。唯獨丹霞天然了悟這言外之意旨，因此得到石頭希遷的認可。剃度之後，石頭本打算爲丹霞天然講戒律，丹霞天然卻「掩耳」離去。丹霞天然這一舉動的意旨在於，其參悟經驗由自心獲得，也應以自心爲戒，不被他方經驗污染。這一觀點，也是石頭希遷的一貫態度。他曾經閱讀佛教的戒律，然後說「自性清淨，謂之戒體。諸佛無作，何有生也。自爾不拘小節，不尙文字。」〔註154〕丹霞天然「掩耳」的行爲，正是石頭希遷這一禪法思想的實踐。從其以後「燒佛取暖」等有違常規的舉動來看，他是眞的以自心爲行事準則，任運無礙。

「掩耳」是被動地拒絕言說，而「掩口」就是主動阻止。如：

> 唐貞元初謁石頭，乃問：「不與萬法爲侶者是甚麼人？」頭以手掩其口，豁然有省。〔註155〕

龐居士向石頭希遷請教「不與萬法爲侶者」，事實上再問超言絕相的宗門第一義。希遷不發一言，只是用手遮住龐蘊的口，阻止他繼續言說。這一動作，一方面傳達了本原第一義不可在言語思維的基礎上，邏輯推證；另一方面也是「言語道斷」，阻止學人向外探求、從他人處獲得認知。對此，希遷曾在學人問到「不從師覓，如何即得」時，以「何曾失卻那」作答。〔註156〕佛性人人本然具有，恒然不移。「掩口」這一動作，直觀且意旨鮮明，因此能促成學人當下即悟。例如楚圓慈明禪師在汾陽昭門下參訪二年，一無所獲。後來被汾陽棒打，正「擬伸救」時忽然被掩住口，從而大悟。〔註157〕再如大隨法眞事：

〔註153〕〔宋〕普濟《五燈會元》卷五，蘇淵雷點校，北京：中華書局 1984 年，第 261 頁。

〔註154〕〔南唐〕靜、筠二禪師編撰《祖堂集》卷四，孫昌武等點校，北京：中華書局 2007 年，第 196 頁。

〔註155〕〔宋〕普濟《五燈會元》卷三，蘇淵雷點校，北京：中華書局 1984 年，第 186 頁。

〔註156〕〔南唐〕靜、筠二禪師編撰《祖堂集》卷四，孫昌武等點校，北京中華書局 2007 年，第 199 頁。

〔註157〕〔宋〕普濟《五燈會元》卷十二，蘇淵雷點校，北京：中華書局 1984 年，第 699 頁。

> 一日問曰:「闍梨在老僧此間,不曾問一轉話。」師曰:「教某甲向甚麼處下口?」溈曰:「何不道如何是佛?」師便作手勢掩溈口。溈歎曰:「子眞得其髓。」從此名傳四海。〔註158〕

大隨法眞禪師在溈山和尚門下修行時不曾問溈山一語,皆因形而上的本原第一義渾融圓成、不可言說,因此如蚊子叮鐵牛,「無處下口」。溈山和尚勘驗他,故意問其「何不道如何是佛」。大隨法眞當即「掩溈口」,表達了他對第一義不可言傳、不可理析的深刻理解,從而得到溈山和尚讚賞。

相對於以「掩耳」、「掩口」行爲斷絕言路,禪師有時「掩目」,意旨更加絕對。如:

> 問:「但有纖毫即是塵,不有時作麼生?」師以手掩兩目。〔註159〕

道謙禪師在此「掩兩目」,意爲斷絕所有觀感後將一無所見。而法眼本淨,歷塵卻一塵不染。學人執著於「有塵」與「無塵」,就如同當初神秀「時時勤拂拭,莫使惹塵埃」的體悟一般,還未能對「本來無一物,何處惹塵埃」的「空性」有徹底認知。

(2)點胸、槌胸、開胸

當要表達「我」這個概念時,人常習慣拍自己的胸部。在禪宗公案,禪師也以「點胸」、「槌胸」、「搭胸」等拍胸部的動作,指向自我。如:

> 有人拈問資福:「作摩生是金剛不壞之軀?」資福以手點胸。〔註160〕
>
> 問:「如何是密室?」師云:「截耳臥街。」「如何是密室中人?」師以手槌胸。〔註161〕
>
> 問:「此是和尚肉身,如何是和尚法身?」師以手搭胸。〔註162〕

此三則公案中,「金剛不壞之軀」即是佛身,《大寶積經》卷五十二曰,「如來

〔註158〕〔宋〕普濟《五燈會元》卷四,蘇淵雷點校,北京:中華書局 1984 年,第237頁。

〔註159〕〔宋〕普濟《五燈會元》卷十五,蘇淵雷點校,北京:中華書局 1984 年,第942頁。

〔註160〕〔南唐〕靜、筠二禪師編撰《祖堂集》卷十,孫昌武等點校,北京:中華書局 2007 年,第474頁。

〔註161〕〔南唐〕靜、筠二禪師編撰《祖堂集》卷十五,孫昌武等點校,北京:中華書局 2007 年,第697頁。

〔註162〕〔南唐〕靜、筠二禪師編撰《祖堂集》卷十三,孫昌武等點校,北京:中華書局 2007 年,第583頁。

身者，即是法身、金剛之身，不壞之身，堅固之身」；〔註 163〕禪宗也常將向內體證的身體意識比作「密室」，而「密室中人」則是指禪定中領悟的、超越世俗認知的形上本體，也可稱爲佛；「法身」是佛法、報、應三身之一，一佛身具三身之功能。對於這三個指向形上本體的問題，資福和尚、黑澗和尚、招慶和尚皆以拍胸部的方式，將「佛」指向自身，表述的正是禪宗「即心即佛」的觀念。正如六祖惠能所說，「汝等諸人自心是佛，更莫狐疑。外無一物而能建立，皆是本心生者，於一切處而不住相。」對這一思想表述的動作，在禪師那裡還有更激烈的形式，如：

> 湖塘亮長老問：「承聞師兄畫得先師眞，暫請瞻禮。」師以兩手擘胸開示之，亮便禮拜。〔註 164〕

蘭讓禪師剖開胸，意謂從老師馬祖道一那裡繼承的「眞」，就是當下的心。而佛不離自心，「即心即佛」。值得一提的事，拍胸部這個動作除了指向自我存在，有時也包含著彰顯自己、驕傲自大的意味，如翠岩可眞禪師「好慕所長以蓋人」，逞口舌之快，參禪雖多但並未妙悟，因此被人諷刺地稱作「眞點胸」。〔註 165〕

（3）怕勢、斫勢、剗草勢

禪師在機鋒應對間，常隨語境做出相應動作，如：

> 師遂見虎狼遶庵，麈鹿縱橫四畔。師乃兩手作怕勢云：「𪓐。」融曰：「師猶有這个在。」師曰：「適來見什摩？」融於言下雖承玄旨，而無有對。〔註 166〕

四祖道信前去勘驗牛頭法融，見法融所在地野生動物眾多，下意識地做出害怕的姿勢，是心理狀態的眞實呈現。法融禪法以「調和」爲主，他認爲道信因外境所擾，表現出的恐懼與心的獨立清淨不符。道信卻認爲那一刻表露的恐懼是自然眞心的反應，沒有造作，屬於當下之機，於心也無所掛礙，體現出一種「無住」的不執著精神，因而被法融認可。如果說作「怕勢」更多是本能的直覺反應，那麼禪師結合語境，特意創設出的動作，就符合禪宗非言

〔註 163〕〔唐〕玄奘譯《大寶積經》卷五二，《大正藏》第 11 卷，第頁 307 頁中。

〔註 164〕〔宋〕普濟《五燈會元》卷三，蘇淵雷點校，北京：中華書局 1984 年，第 161 頁。

〔註 165〕〔明〕念常集《佛祖歷代通載》卷十九，《大正藏》第 49 卷，第 676 頁上。

〔註 166〕〔南唐〕靜、筠二禪師編撰《祖堂集》卷三，孫昌武等點校，北京：中華書局 2007 年，第 136 頁。

語教化手段的要求了。禪師間的機鋒應對，常常在言詮與遮詮之間來回，順應語境作勢，而又能融入個體佛法參證體驗，更爲難得。如下公案即是：

> 丈一日問師：「甚麼處去來？」曰：「大雄山下採菌子來。」丈曰：「還見大蟲麼？」師便作虎聲，丈拈斧作斫勢，師即打丈一摑。丈吟吟而笑，便歸。上堂曰：「大雄山下有一大蟲，汝等諸人也須好看，百丈老漢今日親遭一口。」〔註167〕

這則公案中禪師間應答往來，基本上是順應語境。其中的「大蟲」，應特有所指。老虎爲山中之王，就好比自性爲身心之主，「見大蟲」即是見「自性」。黃檗希運當即學老虎叫，意謂自性不離自身，就在當下。百丈懷海禪師便拿起一把斧子比劃出砍老虎的動作，主要是勘驗之意，作用類似於棒打。如果希運只是裝腔作勢，難免會禮拜老師、請其教益。但既然「即心即佛」，希運由自心生發的一切言行皆是佛性表現。他直接打了百丈懷海一個耳光，有堅定自性之意，也有不被他方經驗左右之意，對此百丈懷海表示贊同。百丈懷海與黃檗希運屬於洪州馬祖道一禪系，宗密在《圓覺經大疏鈔》中將這一禪系的禪法概括爲：「觸類是道而任心」，〔註168〕意謂「或有佛刹，揚眉動睛，笑欠聲咳，或肩搖等，皆是佛事」，一切行爲皆是佛體之用。洪州禪系後嗣仰山慧寂與岑景禪師，也曾就體用問題展開討論，岑景以「一踏」向慧寂示當下之用，以身體知覺形成直觀體悟，被慧寂稱爲「直下似個大蟲」，可見這「大蟲」正是自心做主的意旨。順應語境作「斫勢」，有時也是以動作詮解。如：

> 問：「如何是文殊釰？」師便作斫勢。「只如一釰下得，活底人又作摩生？」師云：「出身路險。」「與摩則大可畏。」師云：「不足驚怛。」〔註169〕

學人問鏡清和尚「如何是文殊釰」，佛教諸菩薩，文殊智慧第一。其經典形象是左手持青蓮，表智德不受污染；右手持利劍，表能斷一切煩惱。《眞實經》曰：「我今右手執大利劍，能斷眾生一切煩惱」，〔註170〕《理趣經》曰，「是故智增菩薩，用四種文殊師利般若波羅蜜劍，斷四種成佛智慧取所取障

〔註167〕〔宋〕普濟《五燈會元》卷四，蘇淵雷點校，北京：中華書局 1984 年，第 188 頁～第 189 頁。

〔註168〕〔唐〕宗密《圓覺經大疏》卷一，《卍新纂續藏經》第 9 卷，第 334 頁中。

〔註169〕〔南唐〕靜、筠二禪師編撰《祖堂集》卷十，孫昌武等點校，北京：中華書局 2007 年，第 470 頁。

〔註170〕〔唐〕般若譯《諸佛境界攝眞實經》卷二，《大正藏》第 18 卷，第 278 頁上。

礙。」〔註 171〕此則公案中，鏡清禪師做了一個砍的姿勢，正是以不涉言路的方式，表述經典知識。與此同時，「文殊釖」下生死相關，以喻學人佛法修證之路困難重重、非大智慧人不可得之，其風格與禪宗公案中常出現的棒打、大喝、當胸一踏、架弓設箭等峻烈手段如出一轍。隨後學人憂慮忌憚語、鏡清鼓勵語，皆因此而起，而「斫勢」早交際過程中是一種言意詮解的動作語。

此種在具體情景中應機作勢的現象，在禪師機鋒應對之間還很常見。如：

> 石頭剗草次，師在左側，叉手而立。頭飛剗子，向師前剗一株草。師曰。:「和尚衹剗得這個，不剗得那個。」頭提起剗子，師接得，便作剗草勢。頭曰:「汝衹剗得那個，不解剗得這個。」師無對。
>
> 〔註 172〕

隱峰和尚是馬祖道一的嗣法弟子，但在當時流行的參訪風氣下，他頻繁往返於馬祖、石頭門下。隱峰向希遷請益時，希遷正在割草。隱峰和尚於是語帶雙關地說「和尚衹剗得這個，不剗得那個。」所謂「這個」，即當下眼前的「相」——草；所謂「那個」，即不可言語、文字傳達的第一義。希遷將割草工具遞給隱峰和尚，隱峰和尚當即「作剗草勢」。第一義本「空」無實相，意到即除。希遷認爲隱峰和尚並未徹悟圓融之境，否則能懂得體、用渾融不二的道理，不必執著「空」之念想。此處隱峰的「剗草勢」，是禪法應對中的一種靈活應機手段。

七、藉物禪

1、示物

基於第一義不可言語、文字達的特徵，禪師在禪法教育的過程中常常隨機示法。示範手段不僅是種種富於意味的動作，也可以是手邊隨機拈取之物，?色相呈：

> 夫禪宗示要，法爾常規。圓明顯露，亙古亙今。至於達磨西來，也衹與諸人證明，亦無法可得與人。衹道直下是，便教立地構取。
>
> 〔註 173〕

〔註 171〕〔唐〕不空譯《大樂金剛不空眞實三昧耶經般若波羅蜜多理趣釋》卷二，《大正藏》第 19 卷，第 613 頁中。

〔註 172〕〔宋〕普濟《五燈會元》卷三，蘇淵雷點校，北京：中華書局 1984 年，第 170 頁。

〔註 173〕〔宋〕普濟《五燈會元》卷十，蘇淵雷點校，北京：中華書局 1984 年，第 586 頁。

所謂「立地構取」，即隨機做出動作、隨機以身邊之物示法，在當下直覺的感觸中，實現對心靈的整體觀照。正如張節末在《禪宗美學》中所說的那樣，「南宗禪『機緣』的這種一次性、不可重複性、個體性、直接性和頓然性，簡直就把人生的任何一個角落（空間）、任何一個剎那（時間）都網羅了進去。」〔註 174〕

禪師用以「色相呈」的事物，皆是僧人常用之物。學人在佛法求證過程中，以尋常事物呈現超越表象的第一義，既體現佛法不離日用，也是其禪法教育靈活的表現，富於對形而上第一義的最深刻反省。如：

> 六祖見僧，豎起拂子，云：「還見摩？」對云：「見。」祖師抛向背後，云：「見摩？」對云：「見。」師云：「身前見，身後見？」對云：「見時不說前後。」師云：「如是，如是！此是妙空三昧。」〔註 175〕

> 和尚便問：「從什摩處來？」對曰：「從曹溪來。」和尚拈起和癢子曰：「彼中還有這個也無？」對曰：「非但彼中，西天亦無。」〔註 176〕

> 秀才曰：「佛當何處選？」其僧提起茶垸曰：「會摩？」秀才曰：「未測高旨。」〔註 177〕

> 寺主曰：「何處有第二月？」師豎起掃帚云：「這個是第幾月？」寺主無對。〔註 178〕

> 師云：「作摩生是上座本分事？」上座拈起納衣角。〔註 179〕

> 師有時拈起帽子，問：「會摩？」〔註 180〕

〔註 174〕張節末《禪宗美學》，北京：北京大學出版社 2006 年，第 116 頁。

〔註 175〕〔南唐〕靜、筠二禪師編撰《祖堂集》卷二，孫昌武等點校，北京：中華書局 2007 年，第 129 頁。

〔註 176〕〔南唐〕靜、筠二禪師編撰《祖堂集》卷四，孫昌武等點校，北京：中華書局 2007 年，第 196 頁。

〔註 177〕〔南唐〕靜、筠二禪師編撰《祖堂集》卷四，孫昌武等點校，北京：中華書局 2007 年，第 209 頁。

〔註 178〕〔南唐〕靜、筠二禪師編撰《祖堂集》卷五，孫昌武等點校，北京：中華書局 2007 年，第 255 頁。

〔註 179〕〔南唐〕靜、筠二禪師編撰《祖堂集》卷十，孫昌武等點校，北京：中華書局 2007 年，第 491 頁。

〔註 180〕〔南唐〕靜、筠二禪師編撰《祖堂集》卷十五，孫昌武等點校，北京：中華書局 2007 年，第 685 頁。

師持錫到韶州，刺史問：「十二種頭陀，和尚是第幾種？」師乃振錫一下。〔註 181〕

問：「法身還解說法也無？」師云：「我則說不得，別有人說得。」進曰：「說得底人在什摩處？」師乃推出枕子。〔註 182〕

問：「如何是據現在學？」師以扇子旋轉示云：「見摩？見摩？」〔註 183〕

師有時把團子向面前云：「諸佛、菩薩及入理聖人皆從這裡出。」卻折破拋下，拍開胸云：「作摩生？」〔註 184〕

引面次，僧參。師引面示之，僧便去。〔註 185〕

韓文公一日相訪，問師：「春秋多少？」師提起數珠，曰：「會麼？」〔註 186〕

如上所述，禪師所藉之物，如拂子、和癢子（如意）、茶具、枕頭、錫杖、數珠、蒲團、掃帚、鋤頭、扇子等，皆是僧侶日常生活和勞作中必備器物，其中最常見的行爲是禪師「豎拂子」說法。六祖惠能在禪法教化過程中，已經使用到「豎拂子」、「拋拂子」的手段，結合其「身前見，身後見」的問題與將此行爲評價爲「妙空三昧」，可知其蘊含禪法思想，不離《壇經》中的核心思想——「無相」。「無者，離二相、諸塵勞」。〔註 187〕只有在「無相」的層面，才能在豎起拂子和放下拂子時，皆能「但能離相，性體清淨，此是以無相爲體」，達到對心體本然狀態的認知，即「見」。〔註 188〕因此後代學人問長慶和

〔註 181〕〔南唐〕靜、筠二禪師編撰《祖堂集》卷十六，孫昌武等點校，北京：中華書局 2007 年，第 709 頁。

〔註 182〕〔南唐〕靜、筠二禪師編撰《祖堂集》卷十八，孫昌武等點校，北京：中華書局 2007 年，第 804 頁。

〔註 183〕〔南唐〕靜、筠二禪師編撰《祖堂集》卷十九，孫昌武等點校，北京：中華書局 2007 年，第 829 頁。

〔註 184〕〔南唐〕靜、筠二禪師編撰《祖堂集》卷十九，孫昌武等點校，北京：中華書局 2007 年，第 872 頁。

〔註 185〕〔宋〕普濟《五燈會元》卷四，蘇淵雷點校，北京：中華書局 1984 年，第 235 頁。

〔註 186〕〔宋〕普濟《五燈會元》卷五，蘇淵雷點校，北京：中華書局 1984 年，第 265 頁。

〔註 187〕《南宗頓教最上大乘摩訶般若波羅蜜經六祖惠能大師於韶州大梵寺施法壇經》卷一，《大正藏》第 48 卷，第 338 頁中。

〔註 188〕杜繼文、魏道儒《中國禪宗通史》，南京：江蘇人民出版社 2007 年。第 204 頁。

尙惠能「豎拂子」的意旨何在，長慶批評學人，認爲惠能此行爲已將佛法不二的意旨表述得十分清楚，正如「有人迴杓柄到」，學人自行擷取即可。對此公案，玄沙師備宗一禪師評述到：

且如道：「吾有正法眼藏，付囑大迦葉。」我道猶如話月，曹溪豎拂子還如指月。所以道，大唐國內宗乘中事，未曾見有一人舉唱。設有人舉唱，盡大地人失卻性命。〔註 189〕

無論是禪宗傳說靈山法會上釋迦牟尼佛拈出的曼陀羅花，還是六祖惠能示法舉起的拂子，都只是朝向形而上眞諦第一義的手段，或稱爲眞諦當下呈現，卻非眞諦本身。無論是話語、文字，拂子及其他非言語手段，皆不可執著。一旦言下生解或執著於舉拂子等非言語行爲，進而思維擬議，難免「失卻性命」。對「古人拈推豎拂」的行爲前人有很形象的譬喻，稱之爲「騎驢不著靴」。雖然光腳行遍天下，卻一塵不染。這正是禪師觸機不黏滯於機。在日常生活之中，行住坐臥，但皆於心不染，於心無礙。後代禪師在說法時，常以「豎拂子」示範禪機。如：

師問百丈：「汝以何法示人？」丈豎起拂子。師曰：「祇這個，爲當別有。」丈拋下拂子。〔註 190〕

不能說禪師皆是刻意在模仿惠能「豎拂子」，而是因爲拂子是禪師最常用之物，最容易拈取示機。禪師在禪法教育過程中，常常在第一義不可言語、文字傳達與宗門思想必須傳達之間矛盾。以直觀的動作呈現自心對佛法的領悟，既能無言，又可傳遞佛法認知，而且也不爲學人自我理解架設障礙。因此當馬祖道一問百丈懷海「何法示人」時，百丈懷海「豎起拂子」；在馬祖道一繼續追問「祇這個」時，百丈懷海「拋下拂子」，正是不執於此的意思。雪峰義存禪師也曾「豎起拂子」回答學人「如何是佛出世時事」即佛教佛法傳世的內容；「放下拂子」回答學人「如何是佛未出世時事」即形而上的第一義問題。他的弟子玄沙師備禪師對此有一個非常形象的解答：

譬如一片地，作契賣與你摠了，東西四畔並屬你了也，唯有中心一樹由屬我在。〔註 191〕

〔註 189〕〔宋〕普濟《五燈會元》卷七，蘇淵雷點校，北京：中華書局 1984 年，第 395 頁。

〔註 190〕〔宋〕普濟《五燈會元》卷三，蘇淵雷點校，北京：中華書局 1984 年，第 129 頁。

〔註 191〕〔南唐〕靜、筠二禪師編撰《祖堂集》卷十九，孫昌武等點校，北京：中華書局 2007 年，第 850 頁。

師備所謂「中心一樹」，正是人人自心本有之佛性。在他看來，雪峰義存雖然以「豎起拂子」、「放下拂子」的行爲實施禪法教育，但這無礙於自性的省淨與獨立。作爲佛法參悟者的個體，雪峰義存的人生存在即是佛法的實證。至於在禪法教育過程中學人如何從「豎拂子」的行爲獲取參悟經驗，有賴於個體的積累。

2、擊物

禪師機鋒應對之間，常以手持的拂子或拄杖擊打身邊之物，如歸宗智常禪師以敲打鼎蓋的方便法門，回答學人「如何是觀音妙智力」的提問；或保福從展禪師先打露柱、再打僧頭，以此警醒學人返觀自心。但最常見的還是禪師「敲禪床」，如：

> 自後侍郎特到山復禮，乃問：「弟子軍州事多，佛法中省要處，乞師指示。」師良久。侍郎罔措。登時三平造侍者，在背後敲禪床。師乃迴視云：「作摩？」對曰：「『先以定動，然後智拔。』」侍郎向三平云：「和尚格調高峻，弟子罔措，今於侍者邊卻有入處。」禮謝三平，卻歸州。〔註192〕

韓愈因諷迎佛骨事被貶潮州，卻與在此行化的大顛和尚過往甚密。韓愈以俗事繁多爲由，請大顛告知佛法修證的快捷方式。大顛沉默不語，令韓愈手足無措。潮州大顛寶通禪師嗣法於石頭希遷，早年求學希遷門下時，曾因答「見言語者」即是「見心」而被希遷大喝趕出。後又「除卻揚眉瞬目」，參悟「除卻一切妄運想念，見量即汝眞心」的禪法思想。大顛之所以會說從言語上參悟，乃是因爲希遷《參同契》表現出的語言示理的特點。總體而言，大顛禪師反對將禪法修證神秘化、反對刻意使用非言語行爲示範禪機。他說，「夫學道人須識自家本心，將心相示，方可見道。多見時輩祇認揚眉瞬目，一語一默，驀頭印可，以爲心要，此實未了。」但如果是「應機隨照，泠泠自用，窮其用處，了不可得。喚作妙用，乃是本心。」〔註193〕因此大顛禪師曾舉「數珠」向韓愈示機鋒，此處也沉默「良久」令韓愈「罔措」。在場的三平義忠禪師當即「敲禪床」，爲韓愈作答。禪床即矮榻。是禪師日常生活中極爲重要的

〔註192〕〔南唐〕靜、筠二禪師編撰《祖堂集》卷五，孫昌武等點校，北京：中華書局 2007 年，第 241 頁。

〔註193〕〔宋〕普濟《五燈會元》卷五，蘇淵雷點校，北京：中華書局 1984 年，第 265 頁。

生活器物，禪師上堂示法、禪坐修行，基本都在禪床上進行。三平此處敲打禪床，意謂禪修可從禪坐入手，其隨後的回答「先以定動」也證明這三平禪師的立場。而「然後智拔」，正是禪法修證三學「戒、定、慧」的後兩個層次，「非定無以生慧」。三平義忠曾問學馬祖道一門下石鞏慧藏禪師，但他並未走上洪州禪系以「勢」表義的路子，也不同於石頭禪系《參同契》中表現出的「以語示理」，而是向「離言語道」的原始禪法回歸，這表現出中唐時期禪林風氣多樣化的特點。

就禪師「敲禪床」這一行爲而言，多是警示學人，不要一味追求形而上的眞如第一義，而是要形而下地關注當下。佛法不離世間，因此禪師才會在「敲禪床」的同時問「這個是色，阿那個是空？」〔註 194〕或「師把拄杖，敲丈床三兩下，云：將這個酬得他摩？」〔註 195〕從這一用途而言，「敲禪床」與「示物」的意圖比較接近。

3、棄物

禪師隨機使用手邊之物傳達佛法不離日用、觸處皆眞的禪法思想。但未參悟者盲目地使用非言語行爲，甚至執迷地認爲奇怪舉止即是第一義，則是一種誤區。芙蓉道楷禪師對此批評到，「拈槌豎拂，東喝西棒。張眉努目。如瘨病發相似。」〔註 196〕因此，禪師常在使用拂子、拄杖等物示範禪機之後，爲阻止學人執迷，主動拋棄手中之物。如：

> 師問僧：「甚處來？」曰：「江西來。」師以拄杖敲禪床三下，僧曰：「某甲粗知去處。」師拋下拄杖，僧無語。師召侍者：「點茶與這僧，踏州縣困。」〔註 197〕

有學僧自江西來，藥山惟儼禪師以拄杖敲禪床三下示機鋒。早期禪宗史料記載，藥山惟儼行走於石頭希遷與馬祖道一門下，〔註 198〕對江西禪法思想一定有所理解。江西馬祖道一倡導「隨時著衣吃飯，長養聖胎」，基本上繼承了南

〔註 194〕〔南唐〕靜、筠二禪師編撰《祖堂集》卷十六，孫昌武等點校，北京：中華書局 2007 年，第 733 頁。

〔註 195〕〔南唐〕靜、筠二禪師編撰《祖堂集》卷十八，孫昌武等點校，北京：中華書局 2007 年，第 807 頁。

〔註 196〕〔宋〕普濟《五燈會元》卷十四，蘇淵雷點校，北京：中華書局 1984 年，第 885 頁。

〔註 197〕〔宋〕普濟《五燈會元》卷五，蘇淵雷點校，北京：中華書局 1984 年，第 259 頁。

〔註 198〕杜繼文、魏道儒《中國禪宗通史》，南京：江蘇人民出版社 2007 年，第 301 頁。

嶽懷讓對一味以禪坐的反對態度。藥山惟儼此處以「敲禪床三下」問江西來的學僧，其意旨正是詢問洪州禪如何看待禪坐這一修行方法。學僧答曰「粗知去處」，應該是對洪州禪法「隨處任眞」，日常生活即是修證的認識。但洪州禪還有一個特點就是防止學人執迷，因此馬祖道一在以「即心即佛」教化學人同時，也提出「非心非佛」，正是要人不執著一端。同樣，如果懂得「隨處任眞」的道理，禪坐這一行爲也不再是修行的障礙。藥山惟儼此處「拋下拄杖」，在樹立一種觀念的同時，又及時破除這一觀念，正是禪宗「無住」的特徵表現。早在《佛說黑氏梵志經》中，就有一則故事，通過「棄物」表達第一義圓融不二的立場：

> 於是梵志飛到佛所，住虛空中正向歸佛。佛告梵志，謂黑氏曰：「放捨，放捨。」梵志應諾：「如世尊教。」即捨右手梧桐之樹，種佛右面。復謂梵志：「放捨，放捨。」梵志即捨左手所執合歡之樹，種佛左面。佛復重告：「放捨，放捨。」梵志白曰：「適有兩樹，捨佛左右，空手而立。當復何捨？」佛告梵志：「佛不謂卿捨手中物。佛曰所捨，令捨其前，亦當捨後，復捨中間。使無處所，乃度生死眾患之難。」〔註 199〕

當梵志捨棄了左、右手分別所執之物，佛祖仍令其「放捨」。所謂「放捨」，其實已經是要求捨棄觀念，不執著任何一方、亦不在中間，從而達到「空」之境界。禪師在公案之中，常常示物或擊物，又立即捨棄物，正是以此截斷學人對物相的執著，從而達到對渾融眞諦第一義的模糊認知。公案之中禪師展開坐具，再扔開坐具的意旨與此類似。

第三節　足禪——論「翹足」與「垂足」

禪宗禪師在機鋒應對過程中，也時常以足部動作示範禪機，表達佛法認知。如：

> 問：「座主講甚麼經？」曰：「講《涅槃經》。」師曰：「問一段義得麼？」曰：「得。」師以腳踢空，吹一吹。曰：「是甚麼義？」曰：「經中無此義。」師曰：「脫空謾語漢！五百力士揭石義，卻道無。」〔註 200〕

〔註 199〕〔東吳〕支謙《佛說黑氏梵志經》卷一，《大正藏》第 14 卷，第 967 頁中。

〔註 200〕〔宋〕普濟《五燈會元》卷四，蘇淵雷點校，北京：中華書局 1984 年，第 230 頁。

陳尊宿，馬祖道一禪系黃檗希運門下。與其同門臨濟義玄一樣，喜歡以棒喝接機學人，也善於使用非言語手段機鋒相鬥。此則公案中，他以「腳踢空，吹一吹」示意《涅槃經》中的「五百力士揭石義」。「五百力士揭石」指的是《大般涅槃經》卷十四中佛祖運慈悲神通，以足拇指舉起五百力士不能舉動的大石一事。其曰：

> 復次善男子。我欲涅槃，始初發足向拘尸那城。有五百力士於其中路平治掃灑，中有一石，眾欲舉棄盡力不能。我時憐愍即起慈心，彼諸力士尋即見我，以足母指舉此大石，擲置虛空還以手接，安置右掌吹令碎末復還聚合。令彼力士貢高心息，即爲略說種種法要，令其俱發阿耨多羅三藐三菩提心。善男子，如來爾時實不以指舉此大石在虛空中，還置右掌吹令碎末復合如本。善男子，當知即是慈善根力，令諸力士見如是事。〔註 201〕

陳尊宿有意考察上座僧對《涅槃經》的理解程度，如果太執著於常規思維，不能從萬法皆空的層面，理解佛祖以腳拇指舉起大石頭一事，那麼《涅槃經》所要傳達的意旨是不可思議的。因此「以腳踢空」，正是比擬「以足母指舉此大石」，再「吹一吹」比擬「安置右掌吹令碎末復還聚合」。此處上座僧未能理解陳尊宿的意旨，關鍵在於還未能融通。陳尊宿之所以能以踢「空」、吹「空」，正是因爲「空」乃一切事相的本質，佛祖之所以能舉起五百個大力士所不能舉起的石頭，正是因爲佛陀體認「空性」之後，超越了一般化的認知，從而達到運心無礙的境界。從萬法皆是「空」之本性來看，巨石等同於虛空。同理，如果上座僧只讀《涅槃經》而從萬法皆空的第一義思考，不懂得超越文字，也難免被文字、言語所羈絆。陳尊宿的動作，體現了宗門的根本教義，呈現了個人經驗。當然，禪宗公案中禪師之間以足部姿勢，機鋒往來，還有很多的例證。其中最被頻繁使用的，首推「翹足」與「垂足」。

一、翹足

禪宗禪師在機鋒應對過程中，有時會翹起一足示意，如：

> 師初禮石頭，密領玄旨。次往曹溪禮塔，卻迴石頭。石頭問：「從何處來？」對曰：「從嶺南來。」石頭云：「大庾嶺頭一鋪功德，還成就也無？」對曰：「諸事已備，只欠點眼在。」石頭曰：「莫要點

〔註 201〕〔宋〕慧嚴《大般涅槃經》卷十四，《大正藏》第 12 卷，第 699 頁中。

> 眼不？」對曰：「便請點眼。」石頭蹻起腳示之。師便連禮十數拜不止。石頭云：「這漢！見什摩道理，但知禮拜？」師又不止。石頭進前把住云：「你見何道理，但知禮拜？」師曰：「如烘爐上一點雪。」石頭云：「如是，如是。」〔註202〕

長髭和尚禮曹溪後回到石頭希遷處，希遷問他是否已經成就「大庾嶺頭一鋪功德」。所謂「大庾嶺」功德，即當初惠能在大庾嶺上開示道明，說的「不思善，不思惡。正恁麼時，阿那個是明上座本來面目？」〔註203〕意謂要察見本然自性，必須要放棄對立，做到「無念、無相、無住」。徹見本來面目，依靠的是將向外尋求轉到向內的追溯，從而獲得「如人飲水，冷暖自知」的內在獨特體驗。對於教理，長髭和尚應已理解得無差。但他仍向希遷請求「點眼」，解除最後的疑惑。希遷「翹起腳示之」。

佛教中對「足」有特殊的描繪，據佛典記載，佛將入滅時，於摩揭陀國石上留足跡。《大唐西域記》卷八曰：

> 窣堵波側，不遠精舍，中有大石，如來所履雙跡猶存。其長尺有八寸，廣餘六寸矣。兩跡俱有輪相十指皆帶花文，魚形映起，光明時照。昔者如來將取寂滅，北趣拘尸那城，南顧摩揭陀國蹈此石上，告阿難曰：吾今最後留此足跡，將入寂滅顧摩揭陀也。〔註204〕

關於佛陀的這則故事是編撰的，但也從側面反映了當時佛陀崇拜的一種類型。就印度佛教發展而言，最初是不允許偶像崇拜的，受到犍陀羅文化影響，出現了最初的以「象」爲教，即雕刻佛祖的足印、或蓮花、或轉法輪，這在印度佛教雕塑的早期形象中有所反映。而佛教中有頂禮佛足的傳統，「禮拜佛之足，佛教最重之敬禮法也。」玄奘法師親自將佛足印刻回來，在坊州玉華山仿刻。〔註205〕除此之外，佛教也有「翹足」的典故，據《大智度論》記載，

〔註202〕〔南唐〕靜、筠二禪師編撰《祖堂集》卷五，孫昌武等點校，北京：中華書局2007年，第244頁。

〔註203〕《六祖大師法寶壇經》卷一，《大正藏》第48卷，第349頁上。

〔註204〕〔唐〕玄奘《大唐西域記校注》卷八，季羨林校注，北京：中華書局1985年，第頁。

〔註205〕《義楚六帖》卷一曰：「《西域記》云：『佛在摩揭陀國波吒離城，石上印留足迹記。』奘法師親禮聖迹，自印將來。今在坊州玉華山，鐫碑記之。其佛足下五足指端有卍字文，相次各有如眼，又指間各有網鞔中心上下有通身文，大指下有寶劍，又第二指下有雙魚王文，次指下有寶花瓶文，次傍有螺王文，腳心下有千輻輪文，下有象牙文，上有月王文，跟有梵王頂相文。」

釋迦見底沙佛，「見已心歡喜，敬信翹一腳立，叉手向佛一心而觀。目未曾眴七日七夜，以一偈贊佛曰：『天上天下無如佛，十方世界亦無比。世界所有我盡見，一切無有如佛者。』七日七夜諦觀世尊目未曾眴。超越九劫於九十一劫中，得阿耨多羅三藐三菩提。」〔註 206〕故而「翹足」成爲佛法求證精進之心的典故，歷代禪師對此有所舉唱：

> 正曰：「昔人翹足七日，汝今才立顛墜。心輕故也。噫！古人忘軀爲法，風規若此記錄之執，不當如是耶。」〔註 207〕

但此則公案中希遷以「翹足」爲長髭「點眼」的意旨何在，《景德傳燈錄》編纂時期就有人開始質疑：

> 玄覺云：「且道長髭具眼秖對不具眼秖對？若具眼爲什麼請他點眼？若不具眼又道成就久矣，且作麼生商量？〔註 208〕

如果說長髭和尚還要希遷爲其「點眼」，那麼就是時機不到，未能頓悟。同時，參證之事，需要親力親爲，從他方經驗出發，始終不是自己的感受。如果說長髭和尚不請希遷爲其「點眼」，那麼何來「點眼」之說。此處要提及禪宗的修行與實踐。禪宗講自性的參悟是直下頓悟，是自我經驗層面的體證。但頓悟之前與之後，還需要修行與否？在禪宗觀點，頓悟之前與之後，皆是需要漸修的。這一漸修，是一個在生活中參證的過程，是一種實證的體驗：

> 一日，師翹起一足謂仰山曰：「我每日得他負載，感伊不徹。」仰曰：「當時給孤園中，與此無別。」師曰：「更須道始得。」仰曰：「寒時與他襪著，也不爲分外。」師曰：「不負當初，子今已徹。」仰曰：「恁麼更要答話在。」師曰：「道看。」仰曰：「誠如是言。」師曰：「如是！如是！」〔註 209〕

溈山靈祐翹起一足，表達對足的感激之情，更暗含佛法修證不在禪坐而是在行走做事之中參證。仰山慧寂問「當時給孤園中，與此無別」，指的是《金剛般若波羅蜜經》中「世尊洗足」事，其曰，「爾時世尊食時，著衣持缽，入舍衛大城，乞食於其城中。次第乞已還至本處，飯食訖收衣缽，洗足已敷座而

〔註 206〕〔後秦〕鳩摩羅什譯《大智度論》卷四，《大正藏》第 25 卷，第 87 頁中。

〔註 207〕〔清〕儀潤 證義《百丈清規證義記》卷六，《卍新纂續藏經》第 63 卷，第 445 頁中。

〔註 208〕〔宋〕道原《景德傳燈錄》卷十四，《大正藏》第 51 卷，第 313 頁上。

〔註 209〕〔宋〕普濟《五燈會元》卷九，蘇淵雷點校，北京：中華書局 1984 年，第 525 頁。

坐」，〔註210〕「本處者，給孤園也。洗足者，食訖而洗足也。」古印度屬於亞熱帶氣候，赤足行走、右袒皆是生活習俗。因此僧侶乞食回來，必須洗腳才能坐下禪修。仰山慧寂說「無別」，表面上說的是「足」，其實暗指的是不被時間、空間所左右的佛性，古今無別、華梵無別。在靈祐的要求下，仰山慧寂繼續闡釋到，古印度佛陀的習俗是赤足而行，但是到了中土，天冷就該給它穿襪子。意謂佛法應因地制宜，不必拘束於佛教傳統，這反映出了禪宗革新傳統佛教的精神。仰山隨後在接機學人景通時，也以「打四藤條」認可了景通類似的觀點：

> 初參仰山，山閉目坐，師乃翹起右足曰：「如是！如是！西天二十八祖亦如是！中華六祖亦如是！和尚亦如是！景通亦如是！」仰山起來，打四藤條。師因此自稱：「集雲峰下四藤條天下大禪佛」。〔註211〕

景通以「翹足」示不變佛性，因而華梵無別、人人無別。《景德傳燈錄》對此記載與《五燈會元》稍有出入，其中景通是在說完這番言語之後，再「向右翹一足而立」。禪師一般先論後呈，以表「觸目菩提」，而「觸目之義，不干智慧；不遷之理，永在恒沙。」此處景通「向右翹一足而立」的動作不可擬議，但可從洪州禪法「觸境皆如」的思路討論其用法。「翹足」是觸境皆如的一種手段，類似於豎拂子、示拄杖等。但由於「足」還有行走意，能表達與傳統禪坐不一樣踐行意旨，符合洪州禪「行住坐臥皆是道」的生活禪法開展。那麼，希遷和尚向長髭和尚翹起的足，更多了一份「絕知此事要躬行」的意旨。

正如之前所說，禪宗講頓悟，但不是說頓悟之後，就可以放棄修證。無論在頓悟前還是頓悟後，漸修的過程都是必不可少的。希遷以「翹足」暗示長髭和尚足下行取，不僅傳達了佛性恒然不移的理念，更附加了在生活中展演禪法的意旨。自性上的參悟、實證需要在人生實踐中進行。這解決了長髭和尚的疑惑，打消了他最後一點疑慮。因而將之比喻爲「烘爐上一點雪」，一點即化。

〔註210〕〔姚秦〕鳩摩羅什譯《金剛般若波羅蜜經》卷一，《大正藏》第8卷，第748頁下。

〔註211〕〔宋〕普濟《五燈會元》卷九，蘇淵雷點校，北京：中華書局1984年，第544頁。

南泉普願也曾以「翹足」暗示學人，不離觸景皆如的內在理路。〔註 212〕而似乎與佛教「翹足」典故能發生聯繫的，還是翠微無學的公案：

> 初問丹霞：「如何是諸佛師？」霞咄曰：「幸自可憐生，須要執巾帚作麼？」師退身三步，霞曰：「錯！」師進前，霞曰：「錯！錯！」師翹一足，旋身一轉而出。霞曰：「得即得，孤他諸佛。」師由是領旨。〔註 213〕

翠微無學問丹霞天然「如何是諸佛師」。佛已經不在擬議範疇，那麼佛又是由誰來教導呢？丹霞天然呵斥翠微無學不懂得自心是佛，眞如就在自性，反而一味向外追求「巾帚」即名相概念。翠微先退三步，表不追問，丹霞天然認爲他太造作；又進前，則犯擬議之機。於是翠微最後「翹足」旋轉一周，這裡的「翹足」應該表達是精進佛法修行，求學問道之心，要在自性的層面去圓融。丹霞天然對其堅守自性的立場表示肯定，但也鼓勵其在自性參悟、不再掛礙於物的前提下，不宜「孤他諸佛」，要堅持學習經典。禪師在機鋒應對之間「翹足」作答，若不從教理的層面理解，顯得怪異非常。至於道吾和尚在趙州和尚來訪，傚仿夜叉，「著豹皮裩，執吉獠棒，在三門下翹一足等候」，〔註 214〕取「修羅掌內擎日月，夜叉足下蹋泥龍」之意，已經屬於刻意做怪異事了，甚至偏離了禪宗最具包容力的「觸景皆如」。

二、垂足

禪法機鋒應對之間，也有「垂足」而示。所謂「垂足」，即由禪床上盤腿而禪坐的姿勢，放下一足。禪師禪坐時應收好雙腿，方才具備基本儀態。在潙山靈祐門下元康和尚見石樓和尚公案中可見。〔註 215〕這與有時公案中出現的「展足」不同，「展足」應該是平面而坐，可參見鄧隱峰推車壓傷馬祖道一

〔註 212〕「南泉有一日看菜園。南泉把石打園頭。僧迴頭看是師。其僧具威儀禮拜，便問：「和尚適來豈不是驚覺學人？」南泉便翹足云：「驚覺則且置，任摩時作摩生？」其僧無對。〔南唐〕靜、筠二禪師編撰《祖堂集》卷十四，孫昌武等點校，北京：中華書局 2007 年，第 648 頁。

〔註 213〕〔宋〕普濟《五燈會元》卷五，蘇淵雷點校，北京：中華書局 1984 年，第 279 頁。

〔註 214〕〔宋〕普濟《五燈會元》卷四，蘇淵雷點校，北京：中華書局 1984 年，第 249 頁。

〔註 215〕「樓才見便收足坐。師曰：「得恁麼威儀周足。」〔宋〕普濟《五燈會元》卷九，蘇淵雷點校，北京：中華書局 1984 年，第 541 頁。

腳一事。〔註216〕因此，「垂足」更有可能是禪法機鋒應對之間的刻意施爲。例如被後人舉唱的「青原垂足」公案：

> 師令遷持書與南嶽讓和尚曰：「汝達書了，速回。吾有個鉏斧子，與汝住山。」遷至彼，未呈書便問：「不慕諸聖、不重己靈時如何？」嶽曰：「子問太高生，何不向下問？」遷曰：「寧可永劫受沉淪，不從諸聖求解脫。」嶽便休，遷便回。師問：「子返何速？書信達否？」遷曰：「書亦不通，信亦不達，祇今便請。」師垂一足，遷便禮拜。尋辭往南嶽。〔註217〕

對此《景德傳燈錄》也有相似的記載。青原行思讓希遷和尚去南嶽懷讓處送信，並允諾希遷回來後，爲其開示佛法大意（「鉏斧子」）。希遷到懷讓處先禮拜便提問：如果既不追慕諸佛、也不重自性，拋棄一切常識認知，該如何參證？這是希遷重視自性圓滿的表現，自修自證，不執著向外的思想表現。〔註218〕懷讓沒正面回答，只是告訴希遷應該放棄形而上的追溯，「向下問」。希遷對此不甚滿意，不投書而回。他向行思求「鉏斧子」，青原行思「垂一足」示之。

但在《祖堂集》的記載中，青原行思並未「垂一足」，而是「思和尚良久」。而最後也未去「南嶽」，而是「息於南臺」。〔註219〕可見「垂一足」行爲，而後再去南嶽的結局有一定的編撰成份。這文本傳承之間的禪師軼事再書寫，所傳達的意旨到底爲何？

首先要講明的是，南嶽懷讓有一個很重要的觀點就是佛性「無待而常」，具備絕對永恒，而非言語所能表達，「說似一物即不中」。而且「無定相」，不凝滯於物。因此他反對傳統的禪坐方法，主張「若學坐禪，禪非坐臥；若學坐佛，佛非定相。」〔註220〕這也是後代禪宗常討論的主題：

> 問：「佛性如虛空，是否？」師曰：「臥時即有，坐時即無。」

〔註216〕「隱峰推車次，馬祖展足在路上坐。」《宗鑒法林》卷十四，《大正藏》第66卷，第368頁下。

〔註217〕〔宋〕普濟《五燈會元》卷五，蘇淵雷點校，北京：中華書局1984年，第254頁。

〔註218〕楊曾文《唐五代禪宗史》，北京：中國社會科學出版社1999年，第364頁。

〔註219〕〔南唐〕靜、筠二禪師編撰《祖堂集》卷四，孫昌武等點校，北京：中華書局2007年，第198頁。

〔註220〕〔宋〕普濟《五燈會元》卷三，蘇淵雷點校，北京：中華書局1984年，第127頁。

問：「忘收一足時如何？」師曰：「不共汝同盤。」〔註 221〕

此處青原行思對於南嶽懷讓的禪法有所瞭解，知其向下問的意旨是在不拘禪坐，主張修行在生活中開展，故而以此告知希遷。而希遷也在行思的教導下領悟自己錯誤，從而再去南嶽參學。〔註 222〕其實禪師機鋒應對之中，倒是有運用「垂足」的案例，故而後人才會在青原行思的公案上穿鑿附會。如南陽慧忠就有「垂足」示機的公案：

師於一日見耽源入法堂，師便垂一足。耽源便出去，良久迴來。師曰：「適來意作摩生？」對曰：「向阿誰說即得？」師曰：「我問你。」對曰：「什摩處見某甲？」〔註 223〕

南陽慧忠與馬祖道一往來密切，自己也是喜歡以非言語的方式接機學人，如本則公案中的「垂一足」。慧忠本禪坐於法堂禪床上，見到耽源和尚，就不作威儀狀，而是放下一隻腳。慧忠倡導「無心可用」，認爲從成佛修道到著衣吃飯，都以無心對待，從而「善惡都莫思量，自然得見佛性」。〔註 224〕如果耽源未能領會「無心」，自然會對慧忠放下一足的行爲產生質疑。但是耽源不問不顧。隨後在與慧忠的對話中，耽源連自我存在都以「不住」理念否定了，可見對慧忠的「無心」意旨領會很深。仰山慧寂和尚也有「垂足」示機的公案，仰山慧寂從耽源那裡承襲慧寂圓相，也包括這「垂足」的禪法手段：

師一日在法堂上坐，見一僧從外來，便問訊了，向東邊叉手立，以目視師，師乃垂下左足。僧卻過西邊叉手立，師垂下右足。僧向中間叉手立，師收雙足。僧禮拜，師曰：「老僧自住此，未曾打著一人。」拈拄杖便打，僧便騰空而去。〔註 225〕

僧人來後，東、西站立，隨後又中間站立，所表達意旨爲何？當初惠能參見五代祖師弘忍，說「佛性無南北」。其後禪法機鋒應對中，禪師也常常以東、

〔註 221〕〔宋〕普濟《五燈會元》卷五，蘇淵雷點校，北京：中華書局 1984 年，第 288 頁。

〔註 222〕杜繼文、魏道儒《中國禪宗通史》，南京：江蘇人民出版社 2007 年，第 250 頁。

〔註 223〕〔南唐〕靜、筠二禪師編撰《祖堂集》卷三，孫昌武等點校，北京：中華書局 2007 年，第 164 頁。

〔註 224〕杜繼文、魏道儒《中國禪宗通史》，南京：江蘇人民出版社 2007 年，第 238 頁。

〔註 225〕〔宋〕普濟《五燈會元》卷九，蘇淵雷點校，北京：中華書局 1984 年，第 534 頁。

西站立，再站在中間的方式，陳述佛法的「不二」，亦不在中間的思想。仰山慧寂以「垂足」再「收足」應對之，表明參證的手段也不應執著一端，而應圓融自性。待仰山慧寂打算以棒打認可學僧時，學僧不願受印可，故而逃離。

當然，青原行思的「垂足」公案對後代的影響很大，如《山房夜話》上曰：「且如禪宗門下，自二祖安心，三祖懺罪，南嶽磨磚，青原垂足。至若擎叉，球輥，用棒，使喝，及一千七百則機緣，莫不皆八字打開兩手分付。」〔註 226〕說明垂足只是一種悟入手段，與棒喝等無差。宋代的黃龍慧南對青原「垂足」公案也在上堂時刻意論及，其曰，「上堂。因僧馳書，遂舉思和尚，令石頭馳書。」〔註 227〕他評價希遷道：「石頭雖然善能馳達，不辱宗風。其奈逞俊太忙，不知落節。既是落節，回來因什卻得斧子住山。」〔註 228〕黃龍慧南在自己的禪法宣講時，也用到「垂足」，即黃龍三關中的「驢腳」：

> 師室中常問僧曰：「人人盡有生緣，上座生緣在何處？」正當問答交鋒，卻復伸手曰：「我手何似佛手？」又問：「諸方參請，宗師所得。」卻復垂腳曰：「我腳何似驢腳？」三十餘年，示此三問，學者莫有契其旨。脫有酬者，師未嘗可否。叢林目之爲黃龍三關。〔註 229〕

黃龍慧南在接機學人過程中，門庭設施即是：以「生緣語」，「我手」、「佛手」，「我腳」、「驢腳」列舉，意旨難測，「學者趨出，竟莫知其是非。」〔註 230〕其中「我腳」與「驢腳」無別，「顯示我與畜類在『無生』性空上一致」，〔註 231〕人與眾生平等，都無法超離因果制約。因此必須直下識取本心，參悟自性，才能「會得雲收日卷，方知此道縱橫」。黃龍慧南一直主張以「活句」說禪，以「垂腳」的活潑動作配合語言，使抽象的道理寓於生動具體的形象，「從而使平凡的事理變得迂迴含蓄起來，使已經成爲老生常談的佛教教義變得生動而增添了新的風采。」〔註 232〕

〔註 226〕〔元〕中峰《山房夜話》。
〔註 227〕《黃龍慧南禪師語錄》卷一，《大正藏》第 47 卷，第 630 頁下。
〔註 228〕《黃龍慧南禪師語錄》卷一，《大正藏》第 47 卷，第 630 頁下。
〔註 229〕《黃龍慧南禪師語錄》卷一，《大正藏》第 47 卷，第 636 頁下。
〔註 230〕〔宋〕慧洪《林間錄》卷一，《卍新纂續藏經》第 87 卷，第 246 頁中。
〔註 231〕杜繼文、魏道儒《中國禪宗通史》，南京：江蘇人民出版社 2007 年，第 291 頁。
〔註 232〕杜繼文、魏道儒《中國禪宗通史》，南京：江蘇人民出版社 2007 年，第 413 頁。

無論是站立「翹足」還是坐著「垂足」，都只是方便法門，因此當學人開始執著追問「古人垂一足意旨如何」時，禪師直接回答「坐久成勞」；作爲開脫語。本來禪機就在自由運化之間，若滯機太重，將無法參悟本然自性。

第四節　體勢

禪師機鋒應對中，有時放棄言語宣講，而以身勢動作直接表達個人的禪法領悟、觀點立場。雖然禪師作勢的意旨終難盡析，但整合公案應對發生時雙方的參學背景、當時的語境以及行爲的解構，可以最大程度地實現對非言語的身勢行爲解讀。如「南泉斬貓」公案：

> 師因東西兩堂爭貓兒，師遇之，白眾曰：「道得即救取貓兒，道不得即斬卻也。」眾無對，師便斬之。趙州自外歸，師舉前語示之。州乃脫履安頭上而出。師曰：「子若在，即救得貓兒也。」〔註233〕

趙州從諗「脫履安頭上」，即將本該穿腳上的鞋放在頭上。其動作喻體直觀，寓意較爲明晰。趙州從諗動作在此寓意可從兩個方面解讀：其一是僧人不應該爭貓。貓會捕殺老鼠，有違慈悲。而僧人爭貓已屬偏執，執著心已生，有礙修證；其二，南泉普願爲了令眾僧放下執著心，斬殺貓兒的行爲，雖然能達到震撼人心的目的，但是殺貓違背了佛教的殺戒，得不償失。趙州從諗有意識地以「脫履安頭上」的行爲，表達了他反對南泉普願爲施教而殺貓的舉動，並以之爲本末倒置。這種直觀符號勢的動作，向動作施行過程中的見證者傳遞了訊息。所謂符號勢的動作，即「是一種有準確含意的手勢」，〔註234〕其實這種所謂的「準確性」，永遠只是對眞實意旨的無限趨近。禪宗公案中禪師掩耳、掩口等，這些動作有其比較固定的文化內涵，古今差別不大；而有些動作，如「繞匝」、「叉手立」等，則可結合禪宗宗門的儀軌、傳統予以分析；而有些禪師獨創性的動作，如「女人拜」、「翻筋斗」等，則需要結合公案語境，借鑒歷史人文環境，進行對比考察，茲以普化和尚「翻筋斗」爲例。

〔註233〕〔宋〕普濟《五燈會元》卷三，蘇淵雷點校，北京：中華書局，1984年，第139頁。

〔註234〕〔美〕洛雷塔·A·馬蘭德羅、拉里·巴克《非言語交流》，孟小平等譯，北京：北京語言學院出版社1991年，第111頁。

一、非言以詮——以普化「翻筋斗」爲討論中心

普化「翻筋斗」是禪宗公案中非常具有代表性的身勢動作，歷代版本有異，舉唱甚多。其一曰：

> 師臨遷化時，謂眾云：「還有人邈得吾眞摩？若有人邈得吾眞，呈似老僧看！」眾皆將寫眞呈似和尚。師盡打。時有一少師普化，出來云：「某甲邈得師眞。」師云：「呈似老僧看！」普化倒行而出。師云：「我不可著汝這般底，向後去別處打風顚去也。」〔註 235〕

其二：

> 師將順世，告眾曰：「有人貌得吾眞否？」眾皆將寫得眞呈師，師皆打之。弟子普化出曰：「某甲貌得。」師曰：「何不呈似老僧？」普化乃打筋斗而出。師曰：「遮漢向後如風狂接人去在。」〔註 236〕

其三：

> 師將順世，告眾曰：「有人邈得吾眞否？」眾將所寫眞呈，皆不契師意。普化出曰：「某甲邈得。」師曰：「何不呈似老僧。」化乃打筋斗而出。師曰：「這漢向後掣風狂去在。」〔註 237〕

三則文獻中《祖堂集》最早出，其次《景德傳燈錄》，再次《五燈會元》，其基本敘事框架一致：

> 盤山寶積將死，問禪法思想繼承問題　→　眾弟子以文字論，皆被否→　普化作動作　→　涅槃禪師評價

這一敘事過程中的第一環節與第二環節，歷代版本皆無大出入，其傳承過程中被篡改得最多的是：一是普化和尚所做動作；二是盤山寶積的評價。

1、誰令普化翻筋斗？

普化和尚，「受性殊常，且多眞率，作爲簡放，言語不拘。躬事盤山積禪師，密密指教，深入堂奧，誡令保任，而發狂悖。」〔註 238〕而《景德傳燈錄》中直接指出他是「佯狂出言無度」，可見言語上的故作癲狂與行爲上的怪誕不

〔註 235〕〔南唐〕靜、筠二禪師編撰《祖堂集》卷十四，孫昌武等點校，北京：中華書局 2007 年，第 655 頁。

〔註 236〕〔宋〕道原《景德傳燈錄》卷七，《大正藏》第 51 卷，《大正藏》第 253 頁中。

〔註 237〕〔宋〕普濟《五燈會元》卷三，蘇淵雷點校，北京：中華書局 1984 年，第 150 頁。

〔註 238〕〔宋〕贊寧《宋高僧傳》卷二十，范祥雍點校，北京：中華書局 1987 年，第 510 頁。

經，是在其禪法思想引導下的有意所爲。此處討論的普化與盤山寶積公案中，依照五代時期《祖堂集》的記載，普化是「倒行而出」，而出於宋代的兩本皆作「打筋斗」。而且宋代所出《碧巖錄》及其以後所出禪林公案錄，普化皆以「打筋斗」作勢，引來歷代舉唱無數。如果依照最早的《祖堂集》版本，普化「倒行而出」的行爲，與趙州從諗將鞋子放在頭上的行爲一樣，意旨較爲明晰。禪宗強調參證的起點是自性，終點也是自性，第一義非言語、文字能達，「智不到處，不得說著，說著則頭角生也。」〔註 239〕因而對經典持否定態度，言論激烈。如以祖師言論皆是「乾屎橛」，或「祖師玄旨是破草鞋寧可赤腳，不著最好。」〔註 240〕普化和尙以「倒行而出」的動作，極容易與「倒行逆施」的意旨結合，表達普化和尙反對權威、顚覆傳統的立場。而普化行化過程中的所作所爲，如在市集搖鈴、在臨濟門下吃生米菜，學驢鳴等怪異行爲，都可作爲他顚覆傳統的立場呈現。因而以《宋高僧傳》爲代表的一些禪宗著述，「排普化爲散聖科目中，言非正員也矣。」那麼在宋代語錄中，普化施爲「倒行」被篡改爲「打筋斗」，是否已偏離其本意，或在此基礎上附加了更多的時代意旨？在此，首先要釐清的是「筋斗」這個動作的基本意旨。丁福保認爲：

> 又作筋斗，巾斗。唐之俗語。爲倒翻身也。斤是其本字，餘皆爲假用。《祖庭事苑》七曰：「斤斫木具也，頭重而柄輕，用之則斗轉，爲此技者似之。斗者柄也。」〔註 241〕

貌似取「斧頭」頭重腳輕之意，以之形容人倒翻身的動作。但事實上，「翻筋斗」本來就是古代百戲裏一個常規的表演項目，在百戲圖裏就有在高杆子上表演倒翻身的藝人。百戲就是古代的雜技表演，到宋代仍舊繁榮異常，《宋史》裏記載：「百戲有蹴鞠、踏蹻……碎劍、踏索、上竿筋斗、擎戴、拗腰、透劍門、打彈丸之類。」〔註 242〕因此，《祖庭事苑》的解讀難免有穿鑿的嫌疑。在宋人的文字之間，「打筋斗」以其翻身之行爲，具備了顚覆、顚倒等言外之意。《夷堅志》中記載了「張妖巫」，「每於富室，需索錢米。少不如意，則距躍

〔註 239〕〔南唐〕靜、筠二禪師編撰《祖堂集》卷五，孫昌武等點校，北京：中華書局 2007 年，第 255 頁。

〔註 240〕〔南唐〕靜、筠二禪師編撰《祖堂集》卷七，孫昌武等點校，北京：中華書局 2007 年，第 326 頁。

〔註 241〕丁福保《佛學大辭典》「斤斗」條，北京：文物出版社 1984 年，第 373 頁。

〔註 242〕〔元〕脫脫《宋史》卷一百四二，北京：中華書局 1977 年，第 3351 頁。

勃跳，名曰打筋斗。此家隨即病瘡豆，或者有人死亡」，〔註243〕可見「打筋斗」有顛覆之意。在《朱子語類》中也有類似的口語運用，表示以言語作辯論：「近來，林黃中又撰出一般翻筋斗互體，一卦可變作八卦，也是好笑。」〔註244〕再如，「如孟子說，反身而誠，本是平實，伊川亦說得分明。到後來人說時，便如空中打個筋斗。然方其記錄，伊川語元不錯，及自說出來便如此，必是聞伊川說時，實不得其意耳。」〔註245〕可見均是取「筋斗」的顛覆之意，以示言語上的爭勝。對於「打筋斗」以反覆之意，表言論上的爭辯。對此，也可以教內之言佐證：

> 源後來至一小院，聞行者誦觀音經云：「應以比丘身得度者，即現比丘身而爲說法。」忽然大悟云：「我當時錯怪先師。爭知此事，不在言句上。古人道：『沒量大人，被語脈裏轉卻。』有底情解道。道吾云：『不道不道，便是道了也。喚作打背翻筋斗，教人摸索不著。』若恁麼會，作麼生得平穩去。」〔註246〕

因此在宋人的燈錄裏，以「打筋斗」篡改「倒行」，一方面是二者意旨接近，其次更符合宋代的語言表述，從而更多一層直接反對言語辯論的意旨。對於普化「翻筋斗」的行爲，張商英在《答平禪師》中評述道，「吐舌耳聾君已曉，槌胸只得哭蒼天。盤山會裏翻筋斗，到此方知普化顛。」〔註247〕但是也有文人爲普化翻案，認爲「莫言普化只顛狂，眞解作津梁。驀然打個筋斗，直跳過羲皇。」〔註248〕至於公案中其它「翻筋斗」的譬喻與踐行，應該都能在此則公案「翻筋斗」的意旨裏獲得詮釋。

2、盤山寶積肯還是不肯？

盤山寶積將要圓寂，詢問門下弟子，誰能承續其宗門禪法。盤山寶積是馬祖道一的弟子，其禪法思想特別強調「心「的主觀作用。所謂「心若無事，萬法不生。意絕玄機，纖塵何立」，而「禪德譬如擲劍揮空，莫論及之不及。斯乃空輪無跡，劍刃無虧。若能如是，心心無知。全心即佛，全佛即人，人

〔註243〕〔宋〕洪邁《夷堅志》丁卷四，北京：中華書局1981年，第995頁。
〔註244〕〔宋〕黎靖德《朱子語類》卷六十七，北京：中華書局1986年，第1652頁。
〔註245〕〔宋〕黎靖德《朱子語類》卷一百一，北京：中華書局1986年，第2559頁。
〔註246〕〔宋〕重顯頌古 克勤評唱《碧巖錄》卷六，《大正藏》第48卷，第189頁上。
〔註247〕〔清〕蔣溥、汪由敦、董邦達奉敕撰《欽定盤山志》卷，《文淵閣四庫全書》第586冊，第272頁。
〔註248〕〔宋〕王安石《王文公文集》，上海：上海人民出版社1975年，第869頁。

佛無異，始爲道矣。」〔註 249〕同時，「心「本來就是空寂，無所訴求。一切事物和現象皆因「心」而起，所以萬事無等差。歸其根底，「心「也不是實體意義上的存在。從盤山寶積這一觀點而言，他對馬祖道一「不是心、不是佛、不是物」的理念是有所繼承的。此外，盤山寶積說，「三界無法，何處求心？四大本空，佛依何住？璿璣不動，寂爾無言。覿面相呈，更無餘事。」〔註 250〕「覿面相呈」強調的是一種直觀審查而非邏輯追溯，可見盤山寶積也不認可言語、文字在表達「空」性第一義上的正面地位，因此門下弟子凡以文字呈現所悟第一義的皆被否定。至於普化「翻筋斗」的行爲，是否得到了盤山寶積的認可，將是以下繼續討論的部分。

從三則不同版本的公案記述中，盤山寶積對普化和尚的評價有所不同，羅列如下：

> 師云：「我不可著汝這般底，向後去別處打風顚去也。」(《祖堂集》)
>
> 師曰：「遮漢向後如風狂接人去在。」(《景德傳燈錄》)
>
> 師曰：「這漢向後掣風狂去在。」(《五燈會元》)

首先，普化「翻筋斗」的行爲被盤山寶積定性爲「風顚」、「風狂」，其行爲形式並不得到盤山寶積的直接認可。《祖堂集》的記述較符合當時語境，盤山直接否定了普化「倒行」的怪誕行爲，讓其去別處行瘋癲之事。禪宗強調不執著，因此呵佛罵祖，提倡對權威的否定，才能達到對心的認知。普化此處「倒行」，意謂以後要對盤山和尚的言論「倒行逆施」，從去執這個層面來看，這不啻是對自心觀照的結果。但從另外一個角度來看，從絕對肯定到絕對否定也是另一個極端，也是心之執著。就盤山寶積提出「任心而觀」的禪法思想來看，普化去執卻又執著於形式，將無法達到對「空」性的體悟。

就《景德傳燈錄》與《五燈會元》文本篡述而言，首先，盤山寶積對普化的直接否定——「我不可著汝這般底」被去掉，只剩下對其禪法風格「風狂」的描述。其次，以「打筋斗」篡改「倒行而出」，在宋人敘述習慣中暗示了普化反對言語的立場，其行爲也可從「覿面相呈」的直觀觀照上找到落腳點。普化和尚的形象也在文本的歷史沿革中逐步走向神秘化。就《祖堂集》

〔註 249〕〔宋〕道原《景德傳燈錄》卷七，《大正藏》第 51 卷，第 253 頁中。

〔註 250〕〔宋〕普濟《五燈會元》卷三，蘇淵雷點校，北京：中華書局 1984 年，第 150 頁。

與《傳燈錄》的記述而言，普化和尚只是在接機過程中樂於使用有悖常規的方式，這也比較符合僧傳中對其「搖鈴振鐸」等事跡的記述。但在公案記述的歷史演變過程中，普化身上的神秘色彩被逐漸放大，在《五燈會元》中，普化和尚接機的瘋狂手段已經成爲他人生的瘋狂面貌，描述重點的發生轉移，形象被經典化，從而成爲後代各家版本的定論。

至於普化「打筋斗」的公案被經典化後，對於盤山寶積與普化和尚誰是誰非的問題，宗門之內都存在較多爭議，歷代多有舉唱。或否定普化，如天目禮所說，「盤山會裏錯呈眞，筋斗翻來笑殺人。更與白拈同合夥，瞎驢端的眼無筋。」〔註 251〕他批評普化翻筋斗只是怪異行爲，與那些未參悟眞諦、胡棒亂喝的人相似。但也有人認爲，普化翻筋斗的行爲是用一種隱晦的方式表達自己的眞知，只是盤山不識。如長蘆了所說，「『快活殺我也。若無爍破乾坤底眼，怎見渾金璞玉。』復云：『山僧依普化樣子摹得一本，今夜展開要使大眾瞻仰。』遂打一筋斗，歸堂。」〔註 252〕他認爲普化的行爲隱含著佛性的內裏，即不願以言語、文字上追溯佛性，故而值得讚揚。並親自翻筋斗模擬了普化，爲學人證明。還有一種立場，對盤山寶積與普化和尚皆持批評態度，如保福從展所說，「普化掣顚不少，盤山醜拙更多。」〔註 253〕對於普化「翻筋斗「公案，後人存疑頗多。由之可見，禪宗公案的意旨不可確然，而非言語的行爲描述更是値得疑問。

二、一機一境——論洪州禪系禪師非言語接機手段的風格化

普化和尚以類似於瘋癲發狂的行徑，樹立了其獨特的禪悟教化風格。禪宗禪師常有其獨特的門庭風範，除卻「德山棒」、「臨濟喝」、「仰山圓相」等，有些禪師一生以「一機一境」接機學人，其獨創性的禪悟手段，形成了豐富多彩、生動活潑的禪林風貌。茲以《五燈會元》爲據，略舉馬祖道一禪系禪師較有特點的動作施教行爲：

禪　師	動　作	《五燈會元》卷次
石鞏慧藏	師住後常以弓箭接機	卷三
打地和尚	凡學者致問，唯以棒打地示之。	卷三

〔註 251〕〔清〕性音《禪宗雜毒海》卷一，《卍新纂續藏經》第 65 卷，第 58 頁下。
〔註 252〕〔清〕淨符《宗門拈古彙集》卷十一，《卍新纂續藏經》第 66 卷，第 64 頁中。
〔註 253〕〔清〕淨符《宗門拈古彙集》卷十一，《卍新纂續藏經》第 66 卷，第 64 頁中。

水潦和尚	師乃拊掌呵呵大笑，凡接機，大約如此。	卷三
秘魔岩和尚	常持一木叉，每見僧來禮拜，即叉卻頸。	卷四
普化和尚	凡見人無高下，皆振鐸一聲。	卷四
祇林和尚	手持木劍，自謂降魔……如是十二年。	卷四
俱胝和尚	凡有學者參問，師唯舉一指。	卷四

馬祖道一的洪州禪法，有以「勢」示人的傳統。其門下弟子使用的非言語的動作，如臨濟棒喝、仰山圓相等，在後代禪林公案錄中被神秘化。其中石鞏慧藏一生「常張弓架箭接機」接機學人，頗有特色，並成爲歷代禪林熱衷討論的一段公案。

石鞏慧藏本是獵戶，在《五燈會元》的敘述中還附加了「惡見沙門」的評價。其在馬祖道一門下開示的過程，正起始於射獵之術：

> 馬大師云：「汝是什摩人？」對云：「我是獵人。」馬師云：「汝解射不？」對云：「解射。」馬師云：「一箭射幾个？」對曰：「一箭射一个。」馬師云：「汝渾不解射。」進曰：「和尚莫是解射不？」馬師云：「我解射。」進曰：「一箭射幾个？」師云：「一箭射一群。」師云：「彼此生命，何得射他？」師云：「汝既知如此，何不自射？」師曰：「若教某甲自射，無下手處。」師云：「者漢無明煩惱一時頓消。」師當時拗折弓箭，將刀截髮，投師出家。〔註254〕

禪法教化活動，常常是隨機設教、應緣而教。馬祖道一對尚是獵戶的慧藏和尚宣講禪法，注重因物設教、因勢利導。他不是以言語大道理開導慧藏，而是就慧藏最擅長的射獵之術進行引導。馬祖道一首先提出，「射一個」與「射一群」的區別，激發慧藏的好奇心。隨即偷換「箭」的概念，提出他能「射一群」。馬祖道一所謂的能「射一群」的「箭」，已不是弓箭，而是指的「智慧」。在佛教中，以「箭」喻「智慧」，早就是默認的關聯。《智度論》二二曰：

> 引禪定弓放智慧箭，破諸煩惱賊得解脫。〔註255〕

《增一阿含經》三十九曰：

> 仁鎧三昧弓，手執智慧箭，福業爲兵眾，今當壞汝軍。〔註256〕

〔註254〕〔南唐〕靜、筠二禪師編撰《祖堂集》卷十四，孫昌武等點校，北京：中華書局2007年，第630頁。

〔註255〕〔後秦〕鳩摩羅什譯《大智度論》卷二二，《大正藏》第25卷，第223頁下。

〔註256〕〔東晉〕瞿曇僧伽提婆譯《增一阿含經》卷三九，《大正藏》第2卷，第760頁下。

智慧消除疑惑，能度眾生，故以殺傷力極大的「箭」譬喻之。馬祖道一之所以說他的「箭」能「射一群」，正是因爲智慧能令眾生開悟。禪之修證，其實就是通向智慧的途徑。禪師在禪法教化時，常將佛教經典譬喻與知識融入到教化手段中，表現出華梵融合的氣度，也是佛教中國化的最高範式。石鞏慧藏以後以「張弓架箭」的手段接機學人，在以智慧度人的意旨之外，多了一份對學人參證勇氣的勘驗：

> 三平和尚參師。師架起弓箭，叫云：「看箭！」三平擗開胸受，師便抛下弓箭，云：「三十年在者裏，今日射得半个聖人。」〔註257〕

禪宗常將機鋒應對比作關涉生命的大事，參證佛法需「不避喪身失命」。石鞏慧藏見人即張弓設箭，源於他自身獨特的參證機緣。如果學人求法心意不堅決，難免因害怕而箭下退卻。禪師多不願以言說宣講佛法，其迴避說法的態度甚至要到學人以死相逼，當初慧可即「立雪斷臂」乞求達摩祖師開示。馬祖道一提出「平常心是道」，將所有活動都納入「觸目是道」的佛法呈現。他也創造性地使用相當多的非言語行爲，以達成對言語、文字的迴避。三平和尚在「箭」下不驚不懼，勇氣可嘉，已屬難得。《五燈會元》中對此則公案的記述要更詳盡一些：

> 師詣法席，鞏曰：「看箭！」師乃撥開胸曰：「此是殺人箭，活人箭？又作麼生？」鞏彈弓弦三下，師乃禮拜。鞏曰：「三十年張弓架箭，秖射得半箇聖人。」遂拗折弓箭。後參大顛，舉前話。顛曰：「既是活人箭，爲甚麼向弓弦上辨？」平無對。顛曰：「三十年後，要人舉此話也難得。」〔註258〕

在參證過程中，學人不僅需要有勇氣，更需要一瞬間的直覺體悟。正如李澤厚在《莊學禪宗漫述》中所說：「在某種特定條件、情況、境地下，你突然感覺到在這一瞬間似乎超越了一切時空、因果，過去，未來、現在似乎融在一起，不可分辨，也不去分辨，不再知道自己身心在何處（時空）和何所由來（因果）。」〔註259〕三平和尚已經看出石鞏和尚箭下有參證的「悟入之處」，

〔註257〕〔南唐〕靜、筠二禪師編撰《祖堂集》卷十四，孫昌武等點校，北京：中華書局2007年，第631頁。

〔註258〕〔宋〕普濟《五燈會元》卷五，蘇淵雷點校，北京：中華書局1984年，第282頁。

〔註259〕李澤厚《新版中國古代思想史論》，天津：天津社會科學院出版社2008年，第165頁。

因此問這「殺人箭」背後的「活人箭」。石鞏慧藏「彈弓弦三下」，如果按照表意動作的層面去理解，那麼可以理解爲要求三平和尚領悟「弦外之音」，意即不能執著於架弓設箭這一行爲，但又不能刻意無視於這一行爲。概而論之，既不能執著於相，但也不能執著於捨相。三平和尚隨後禮拜，被石鞏慧藏評價爲「半個聖人」。之所以「半個」，就在於三平還在心裏存疑，不能懂得「殺人箭」即是「活人箭」，還存在分別心。因此當三平和尚在大顛和尚處再度詢問，大顛質疑他「爲什麼向弓弦上辨」。三平和尚可以有意識地無畏於弓箭，但是不能無意識地運用「弓箭」，因此未能泯滅分別觀，還在世俗的邏輯思維裏。「一機一境，往往是禪師隨手拈來啓發學僧覺悟的直覺。這種直覺雖然近在眼前身邊，卻必須遠離禪者當時所處的佛學語境，而赫然成爲純粹現象，成爲直觀對象，才可能產生觸發覺悟的效果。」〔註 260〕

後人對此公案多有舉唱，「古有石鞏師，架弓箭而坐。如斯三十年，知音無一個。三平中的去，父子相投和。子細返思量，元伊是箭垛。」〔註 261〕之所以是「箭垛」，就在於三平內心雖有求證之大勇氣，但還在日常經驗之中，將慧藏形而上的「箭」對應到現實的「相」之上，相當於肯定了形而上眞如實存，這與形而上的「空」性第一義並不相符，因而未能實現「無所住心」的超越。隨後藥山惟儼在回答學人「如何射得麈中主」的問題時，也曾說「看箭」。學人「放身便倒」，被藥山惟儼批評爲「弄泥團漢」。這位學僧不但將虛無的「箭」，亦即「智慧」落實到身體的實在感受，有做作之嫌。而且缺乏三平和尚在參證慧藏弓箭之機時的無畏精神，以及對自身必然具有佛性的內在肯定。

三、死亡行爲

禪師在機鋒應對時，以種種行爲表述個體佛法修證體驗。甚至在臨終示寂之時，仍不忘表達其作爲修行者的最後態度。如丹霞天然禪師，在臨寂之前告知門人「將行」，於是「戴笠子，策杖入履，垂一足，未至地而逝。」〔註 262〕佛教徒的生命觀不以肉體的終結爲終點，丹霞天然禪師臨終前將要遠行的行爲表述，其意旨正是他的佛教生命觀。有些禪師，一生行化，在生命的最後

〔註 260〕張節末《禪宗美學》，北京：北京大學出版社 2006 年，第 216 頁。

〔註 261〕〔宋〕重顯頌古　克勤評唱《碧巖錄》卷九，《大正藏》第 48 卷，第 207 頁中。

〔註 262〕〔南唐〕靜、筠二禪師編撰《祖堂集》卷四，孫昌武等點校，北京：中華書局 2007 年，第 221 頁。

關頭也不忘表達自己的一生見解。如馬祖道一法系的鄧隱峰禪師：

> 師因行至五臺山金剛窟前，倒立而逝。眾妨聖窟，擬易處茶毗，竟莫能動。先有親妹出家爲尼在彼，及詣其兄行跡，遂近前呵云：「師兄！平生爲人不依法律，死後亦不能徇於世情！」以手推倒，眾獲闍維，塔於北臺之頂。〔註263〕

洪州禪法好以「勢」示人，鄧隱峰禪師也是個中好手。他早年往來於馬祖道一與石頭希遷門庭，曾於希遷門下作「剗草勢」，也曾碾傷過道一和尚的腳，可見是個禪風勇猛、具備強烈反叛精神的修行者。其後，在同輩禪師南泉普願面前「瀉淨瓶水」，在師侄溈山靈祐面前「作臥勢」，皆是有意爲之，不落窠臼的行爲。臨終前，他在五臺山金剛窟前「倒立而逝」，令眾詫異。相對於《祖堂集》的簡略，《傳燈錄》記載了隱峰禪師圓寂前與眾人關於「倒立而逝」的討論：

> 先問眾云：「諸方遷化，坐去臥去，吾嘗見之。還有立化也無？」眾云：「有也。」師云：「還有倒立者否？」眾云：「未嘗見有。」師乃倒立而化，亭亭然其衣順體。〔註264〕

可見，「倒立而逝」是隱峰禪師刻意所爲。他一生不循常規，死亡方式也是非常之法。《祖堂集》中其妹「平生爲人不依法律，死後亦不能徇於世情」的評價點明了隱峰禪師死亡行爲的意圖，契合了隱峰禪師倒立而化的意旨，故而推倒了眾人之前一直無法推倒的遺體，頗具神話色彩。《傳燈錄》對隱峰之妹所言說內容的後半段，與《祖堂集》略有不同。其曰：「老兄疇昔不循法津，死更熒惑於人。」由此可見，《傳燈錄》的編寫者從根本上是反對隱峰怪誕的非言語行爲，認爲這會誤導學人。石頭希遷法系的弟子也有臨死以行爲示範禪機的例子。如福州覆船山洪薦禪師：

> 臨終令集眾，乃展兩手出舌示之。時第三座曰：「諸人，和尚舌根硬也。」師曰：「苦哉，苦哉。誠如第三座所言，舌根硬去也。」言訖而寂。〔註265〕

石頭希遷在《參同契》中展現出極高的語言技巧，但在對待言語、文字的態度上，他仍舊秉承「不立文字」宗門傳統，盡力規避言語。其法系弟子洪薦

〔註263〕〔南唐〕靜、筠二禪師編撰《祖堂集》卷十五，孫昌武等點校，北京：中華書局2007年，第682頁。

〔註264〕〔宋〕道原《景德傳燈錄》卷八，《大正藏》第51卷，第259頁中。

〔註265〕〔宋〕道原《景德傳燈錄》卷十六，《大正藏》第51卷，第329頁下。

禪師，生前即有諸多使用非言語行爲進行禪法應對的公案，如以「閉目吐舌，又開目吐舌」回答學人「如何是本來面目」的問題；以「手拍香臺」接引自詡「抱璞投師」的學人；與道吾禪師互以「掌」打的公案。由此可見，洪薦禪師也是一個極力迴避言語教化、好以動作示人的禪師。他臨圓寂之前，「展兩手出舌」。「展兩手」意謂兩手空空，無一法可授人。這是因爲自《壇經》時代，禪宗就非常強調參證主體對自身佛性的發掘，竭力主張向內求證，反對他方經驗介入。而禪師也自覺與傳統義學僧相區別，不願成爲直接經驗的傳述者。道薦禪師以「展兩手」表達自己這一態度，隨後「出舌」，正是對「展兩手」意旨的重複，也是無一言可說的意旨。門下的第三座禪師卻認爲「吐舌」只是道薦臨死徵兆，對此道薦只能長歎而逝。學人爲求眞諦，常常苦苦哀求師傅爲之傳法，不惜以死相逼。若不能在自我層面超離，縱使老師以法宣講，「老婆心切」，也無法開示自性迷茫之人。

第四章　禪宗身觸語言

第一節　身觸示禪

「身體觸摸總是傳播某種形式的信息。」〔註1〕禪宗禪師在接機學人的過程之中，通過肢體或藉助器物，與受教者之間發生或激烈或溫和的身體接觸，傳遞著修證體驗。禪宗公案中信手可拈的掌摑、腳踏、攔胸一擒、扭鼻子、拽耳朵、打三拳、棒打、拄杖打、坐具打、拂子打等，皆屬其類。如馬祖道一與百丈政之間的「野鴨子公案」：

> 有一日，大師領大眾出西牆下遊行次。忽然野鴨子飛過去。大師問：「身邊什麼物？」政上座云：「野鴨子。」大師云：「什摩處去？」對云：「飛過去。」大師把政上座耳拽，上座作忍痛聲。大師云：「猶在這裡，何曾飛過？」政上座豁然大悟。〔註2〕

這則公案在《景德傳燈錄》無收錄，在《五燈會元》中則被記在名氣更大，直接源出臨濟宗、潙仰宗的百丈懷海名下，「拽耳朵」也變成了「扭鼻子」。無論是「拽耳朵」或是「扭鼻子」，重點在於馬祖道一在以言語循循誘導的過程之中，通過激烈的身體接觸，引發巨大的痛感知覺，最終達成促使學人「悟」的目的。馬祖道一在施教過程中使用的身觸行為，已經不僅僅是宗門「不立文字」、「以心傳心」背景下的無奈之舉。這引發痛覺感受的行為，直接促成

〔註1〕〔美〕洛雷塔·A·馬蘭德羅、拉里·巴克《非言語交流》，孟小平等譯，北京：北京語言學院出版社1991年，第241頁。

〔註2〕〔南唐〕靜、筠二禪師編撰《祖堂集》卷十五，孫昌武等點校，北京：中華書局2007年，第670頁。

了「最高境界的愉悅」〔註3〕即「悟」的形成。

公案中，百丈政禪師並未突破人執與法執，故而就眼前「境」（野鴨子）論境，所見「色」是色，其認知系統停留在世俗見解與名相世界。馬祖道一已突破人執、法執的束縛，其認知超越主客二分的洞察，是基於本然自性的一種直觀。故而所見之「境」，已是生命體驗在瞬間之上見到永恒，「觸境皆如」。百丈政禪師與馬祖道一禪師的認知系統各自運行，言語的運用，並未達成眞正意義上的交流。故而百丈政禪師不知馬祖道一就眼前「境」提出「身邊什麼物」的討論，已在基於佛性本然具足、「即心即佛」的層面，關涉宗門形而上的第一義。他答曰「野鴨子」。若是在自性已經參悟的前提下，「即色明心」，無處不是佛性參證悟入之處，「野鴨子」也就是佛之空性的當下產物。馬祖道一對於百丈政的回答不能確定，因此再問「什麼處去」。眞如佛性是恒然不動，就在自心，不去亦不住。百丈政和尚答「飛過去」，讓馬祖道一明白，彼此的認知系統並未發生交互。

一次成功的禪法教育活動，禪師應該以自身的參悟體驗，啓發學人的參證體驗。但是又不能讓學人盲目借鑒自己的認知系統，而是要引導學人以自心爲起點，向內參證，回歸到自性的終點。正如此則公案中所示，馬祖道一與百丈政的認知境界不一樣，各自認知系統中的名相與其所指稱並不一致，因此言語交流並未達成佛性體驗的直接傳遞。馬祖所見「野鴨子」之「境」，是佛性當前的呈現，超越二分的渾然存在，「凡所見色，皆是見心；心不自心，因色故有」；百丈政所見「野鴨子」之「境」，只是與佛性分離存在的當前實境。對他而言，祖師意尚需從西來。

最終造成百丈政與馬祖道一認知系統交互的，是馬祖道一拽百丈政耳朵，造成百丈政「痛」的知覺。禪宗追求的第一義諦，是形而上的本原性存在。按照南禪宣揚的「即心即佛」，佛性在自身，這樣的一個形而上的具有「元」地位的主觀世界（個體獨特參證所得），存在於客觀世界之內，但不在具相之中。「哲學的第一活動應該是重返在客觀世界之內的主觀世界，因爲只有在這個世界中，我們才能理解客觀世界的權利和界限；使物體恢復其具體的外貌，使機體恢復其固有的對待世界的方式，使主體恢復其歷史的內在性。」〔註4〕

〔註3〕李澤厚《新版中國古代思想史論》，天津：天津社會科學院出版社 2008 年，第 167 頁。

〔註4〕〔法〕莫里斯·梅洛龐蒂《知覺現象學》，姜志輝譯，北京：商務印書館 2005 年，第 87 頁。

因此，佛法參證才能在生活中得以展開，「行住坐臥皆是道」。相對於時隱時現，不可從具相見，但可由具相現的本原佛性，身體具有相對的穩定性，佔據著我們無法看見的位置，可以作爲「向著世界的位置」。〔註5〕在禪宗之中，這將成爲朝向形而上眞如的直接途徑。馬祖道一拽百丈政禪師的耳朵，造成極度痛感，讓其超離主體思維所觀察的外部世界，回到最自然的身體感受，趨近混沌的形而上本體。禪宗這種參證徹透的體驗。正是「桶底脫落」的境界。主體的內部世界在客觀世界得以展開，成爲一個無偏向的旁觀者，這就是禪宗的「不二」之境。正如梅洛龐蒂所說，「世界不是我所思的東西，而是我所經歷的東西。」〔註6〕禪師教導學人在行住坐臥中進行佛法修證，也以身體接觸的方式，爲學人造成身體經歷，從而在不可窮盡的眞如佛性與主體之間，架構一瞬間契合的融點。

禪師在接機學人過程中時常與學人發生激烈的身體接觸，有以手或足直接與學人發生身體接觸，也有以器物間接與學人發生身體接觸。但這些行爲皆能造成身體體驗，幫助學人超越尋常邏輯經驗。

一、手觸

禪師機鋒應對時，常「掌摑」學人：

> 大彥上座初參見師，師在門前芸草次。彥上座戴笠子堂堂來，直到師面前，以手拍笠子，提起手云：「還相記在摩？」師拈得把草，攔面與一擲，云：「勿處！勿處！」他無語，便被師與三摑。〔註7〕

大彥上座到岩頭全奯處參證，以手拍「笠子」，問「還相記在摩」，一語中暗含機鋒。大彥上座，未詳其法系。就其初次參訪即拍笠子，再提起手的行爲，他很可能暗示的是實際女尼勘驗俱胝和尚事。《祖堂集》中記載，曰：

> 師因住庵時，有尼眾名實際，戴笠子執錫，遶師三匝，卓錫前立，問師曰：「和尚若答，某甲則下笠子。」師無對，其尼便發去。〔註8〕

〔註5〕〔法〕莫里斯・梅洛龐蒂《知覺現象學》，姜志輝譯，北京：商務印書館2005年，第127頁。

〔註6〕Maurice Merleau-Ponty,Phenomenology of Perception Roulrdge,2002,PPxviii-xix.

〔註7〕〔南唐〕靜、筠二禪師編撰《祖堂集》卷七，孫昌武等點校，北京：中華書局2007年，第340頁。

〔註8〕〔南唐〕靜、筠二禪師編撰《祖堂集》卷十七，孫昌武等點校，北京：中華書局2007年，第870頁。

大彥上座以此公案，表達個人欲勘驗岩頭全豁的意圖。道得則摘下笠子，道不得則提起笠子走人。岩頭全豁受教於德山宣鑒，從他早年與雪峰義存一同參學不事禪坐一事〔註9〕，可見也是個任心自由，倡導全用即體的禪師。他反對從言語上參證，主張「當機直下現前眞，認語之徒未可親。」〔註10〕大彥上座初次參見即以動作表述，規避言語，本無大過，但其又刻意問「記在麼」一語。則是畫蛇添足。其所爲乃是參照他人所爲，並非出自其本心，有造作嫌疑。因此岩頭全豁只是朝其臉上扔了把草，讓其「勿處」，要將大彥趕走。不過大彥上座一時未曾參透這渾然意旨，當即被岩頭全豁打了三個耳光。岩頭全豁三個耳光引發的知覺親身感受，並未將大彥上座從當下主觀世界中解脫出來，可見以非言語的行爲接機學人，並不一定能一舉奏效，其充其量也只是接機方便法門的一種，不値得將之神秘化。這則公案並未就此結束，隨後在法堂上，大彥上座再被岩頭全豁「攔胸一擒」，其就此是否參悟未見記載。但大彥上座對全豁「我將謂天下無人，元來有老大蟲在」的讚揚，或許可看作認可之語。

另外一種常發生的手部接觸是禪師將學人「擒」住，這種身體接觸方法，異常峻烈。如：

> 欽山曰：「何不道赤肉團上非無位眞人？」師便擒住曰：「無位眞人與非無位眞人，相去多少？速道！速道！」欽山被擒，直得面黃面青，語之不得。〔註11〕

此則公案中，欽山文邃參訪定上座，詢問的「赤肉團上非無位眞人」。定上座乃臨濟義玄門下，所謂「無位眞人」，即臨濟義玄對「心」、「佛性」的形象化描述，「也就是人的精神，包括人的意識、感覺和一切精神作用」。〔註12〕但欽山文邃刻意問「非無位眞人」爲何，已經將這一體的佛性分離爲「有」與「無」。定上座「擒住」欽山文邃，試圖中止他的分別心。欽山文邃被擒住，出不得氣，臉色都變黑，話也說出來，可見身體接觸的激烈程度與禪師追求眞諦常在生死之間的事實。

〔註9〕〔南唐〕靜、筠二禪師編撰《祖堂集》卷七，孫昌武等點校，北京：中華書局2007年，第336頁。

〔註10〕〔南唐〕靜、筠二禪師編撰《祖堂集》卷七，孫昌武等點校，北京：中華書局2007年，第338頁。

〔註11〕〔宋〕普濟《五燈會元》卷十一，蘇淵雷點校，北京：中華書局1984年，第662頁。

〔註12〕楊曾文《唐五代禪宗史》，北京：中國社會科學出版社1999年，第446頁。

禪師除了激烈的身體接觸，也有很輕柔的接觸，如「拊背」，也作「撫背」。如：

> 南泉因歸宗齋，垂語云：「今日爲歸宗設齋，歸宗還來也無？」眾無對。師出來，禮拜云：「請師徵起。」南泉便問。師對曰：待有伴則來。」南泉䞘跳下來，撫背云：「雖是後生，敢有彫啄之分。」師曰：「莫壓良爲賤。」〔註13〕

南泉普願爲歸宗智常設齋，洞山良價以「待有伴則來」回答了其「歸宗還來也無」的問題，體現了其善於以「兩可答案」應對「兩可問題」的本事。歸宗智常可以來也可以不來，其伴可以有可以不有，皆是以空對空之語。因而南泉普願撫摸洞山良價的背表示讚揚。至於爲什麼是以撫背表示認可，這在佛教中可以找到相對應的經典知識。《大智度論》謂佛爲人中獅子，佛祖亦曾化身獅子，震懾外道。〔註14〕禪宗公案中，禪師常將有天分的學人，比作「師子兒」。因此，「撫背」的動作就類似於撫摸獅子，比如「師一跳，撫背云：『眞師子兒！眞師子兒！』」〔註15〕撫背一般用在長輩禪師對晚輩學人的嘉許中，不過此則公案中，洞山良價對於普願的讚歎不置可否，認爲讚歎其堪「雕琢」是「壓良爲賤」。佛性在自身，本就具足圓滿，不必人爲加工，這句話透露了洞山對自性的極度肯定。他自己在以後的施教過程中也用到撫背，如「洞山持手撫背云：『汝甚有雕啄之分』」，〔註16〕更可見出他當初否定南泉「撫背」時有刻意之處。

二、腳觸——論「踏」

禪師在截斷學人思路的手段上，還用到激烈的腳「踏」。如：

> 師有時謂眾曰：「是你諸人，只得大識，不得大用。」有一上座在山下住，仰山自下來問：「和尚與摩道，意作摩生？」上座云：「更舉看。」仰山舉未了，被上座踏倒。卻歸來，舉似師。師吽

〔註13〕〔南唐〕靜、筠二禪師編撰《祖堂集》卷，孫昌武等點校，北京：中華書局2007年，第296頁。

〔註14〕「佛聖師子王，阿難是佛子。」〔後秦〕鳩摩羅什譯《大智度論》卷二，《大正藏》第25卷，第223頁下。

〔註15〕〔南唐〕靜、筠二禪師編撰《祖堂集》卷十五，孫昌武等點校，北京：中華書局2007年，第680頁。

〔註16〕〔南唐〕靜、筠二禪師編撰《祖堂集》卷十九，孫昌武等點校，北京：中華書局2007年，第861頁。

吽而笑。〔註 17〕

溈山靈祐主張體用兼得，不可偏於一隅，「這是靈祐主張的唯一特點」。〔註 18〕「體」就是形而上的眞諦第一義，不在言語、文字表述範疇，也不能通過邏輯的推論到達。得「體」之人可以有種種「相」的表現，但自己不著「相」，也不能讓他人以「相」度量。「用」即「行」與「事」，「萬行門中不捨一法」，第一義諦要在現實生活中去開展，「一切時中，視聽尋常，更無委曲，亦不閉眼塞耳，但情不附物即得」。靈祐在此認爲學人多從邏輯層面追溯形而上的本原，未能做到在生活中「行住坐臥皆是道」，不懂得「思想就是思想被理解和被解釋時的人際生活」。〔註 19〕因而「只得大識，不得大用。」仰山慧寂未能徹悟，於是向山下一座主詢問，在其將說之際被座主「踏倒」。

學人只求「大識」，從邏輯層面追溯形而上的眞如第一義，事實上在思維中已經預設了先驗的經驗認知系統，即「體」與「用」有別，爲對立的二元。在抽象思維的層面將不存在的「識」帶入經驗世界，卻無法爲其在眞實世界上找到對應之物，因此只能在名相層面肯定其爲眞且該判斷命題爲眞。這勢必無法爲本體之「識」尋到安放之處，學人從這一邏輯思辨之路求證，將無所得，只會陷入情識的迷惑。上座將仰山「踏倒」，從最簡單的交際層面來說，直接否定了仰山在「和尚與摩道，意作摩生」的疑惑中隱匿的體用有別的先驗判斷。從認知流程來說，直接中止了仰山慧寂的邏輯推證操作過程，正如休謨所說，中止邏輯判斷的操作並非要將傳統的邏輯推證模式「付之火炬」，而是要「喚起它們，使它們顯現、看。」〔註 20〕上座「踏倒」仰山的行爲，中斷了仰山對體用認知的固有判斷對其主體活動自上而下的干擾活動，造成身體的疼痛，形成切實的知覺感受（實踐經驗），這正是宗門體用不二，「如人飲水，冷暖自知」的親證。對於一個參悟者，盡可能有種種相狀，卻不著相，不離相，超越者在瞬間即能參悟永恒的本體，此在與彼岸達到統一。「當然也就超越了一切物我人己界限，與對象世界（例如自然界）完全合爲一體，

〔註 17〕〔南唐〕靜、筠二禪師編撰《祖堂集》卷十六，孫昌武等點校，北京：中華書局 2007 年，第 721 頁。

〔註 18〕杜繼文、魏道儒《中國禪宗通史》，南京：江蘇人民出版社 2007 年，第 347 頁。

〔註 19〕〔法〕莫里斯・梅洛龐蒂《知覺現象學》，姜志輝譯，北京：商務印書館 2005 年，第 226 頁。

〔註 20〕〔法〕莫里斯・梅洛龐蒂《知覺現象學》，姜志輝譯，北京：商務印書館 2005 年，第 6 頁。

凝成爲永恒的存在，於是這就達到了也變成了所謂眞正的「本體」自身了。」〔註 21〕再如：

> 師與仰山翫月次，山曰：「人人盡有這個，秖是用不得。」師曰：「恰是倩汝用。」山曰：「你作麼生用？」師劈胸與一踏，山曰：「囫！直下似個大蟲。」自此諸方稱爲岑大蟲。〔註 22〕

正是在「體用圓融」的思想基礎上，溈仰宗有「作相示意」的傳統，「理事不二，即如如佛」。〔註 23〕溈山靈祐自己接機學人也使用到「踏」的手段，如學人問「如何是溈山一頂笠」時被仰山靈祐「與一踏」。〔註 24〕當時禪林有諺語，「不作溈山一頂笠，無由得到莫傜村。」莫傜村，即「地名，今溈山塔莊是矣。」〔註 25〕不懂得「心色一如」，「體一用多」，就沒資格去參訪溈山和尙。即便參拜，難免被一踏。禪宗語錄中還有「馬駒踏殺天下人」的傳說，據稱是惠能對南嶽懷讓的預言，其門下將會有弟子，禪法大興天下。這段公案杜撰痕跡很明顯，若要領略這「踏殺」的峻烈，不妨結合禪宗公案對答之間所使用的「足踏」行爲，可資參照。

第二節　物觸示禪

禪師接機過程中，還藉助器物，與學人之間發生間接的身體接觸。這些器物通常是禪師的隨身之物或隨機拈取，如：

> 一日，將癢和子廊下行。逢一僧問訊次，師以癢和子驀口打曰：「會麼？」曰：「不會。」師曰：「大顛老野狐，不曾孤負人。」〔註 26〕

所謂「癢和子」，就是如意。「古謂爪杖。或骨角、竹木刻人手，指爪具焉。

〔註 21〕李澤厚《新版中國古代思想史論》，天津：天津社會科學院出版社 2008 年，第 165 頁。

〔註 22〕〔宋〕普濟《五燈會元》卷四，蘇淵雷點校，北京：中華書局 1984 年，第 210 頁。

〔註 23〕杜繼文、魏道儒《中國禪宗通史》，南京：江蘇人民出版社 2007 年。第 351 頁。

〔註 24〕〔宋〕普濟《五燈會元》卷九，蘇淵雷點校，北京：中華書局 1984 年，第 526 頁。

〔註 25〕〔宋〕睦庵 編撰《祖庭事苑》卷一，《卍新纂續藏經》第 64 卷，第 326 頁中。

〔註 26〕〔宋〕普濟《五燈會元》卷五，蘇淵雷點校，北京：中華書局 1984 年，第 265 頁。

柄可三尺許，背脊之癢，手不可及，用以搔爬，如人之意，故以名焉。觀古人質樸，刻指爪形，後世以銀銅作爪如尺許，闊似雲之狀，便抓也。」〔註27〕大顛和尚拿著「癢和子」打向他問訊的學人，正是藉助事物，製造身體知覺體驗，原理與身觸一樣。拿「癢和子」打人的大顛和尚，其語錄中留有他對當時禪林開始逐漸泛濫的非言語示禪行爲的嚴肅批判。他說，「夫學道人須識自家本心，將心相示，方可見道。多見時輩衹認揚眉瞬目，一語一默，驀頭印可，以爲心要，此實未了。」〔註28〕修行人最重要的是要參悟自心本性，如果沒有自性作爲根底，而將揚眉眨眼、沉默不語、驀頭等神秘行爲看作是參證佛性的必然手段，其實根本未曾了悟。正確地使用非言語行爲示範禪機的態度，應該是「應機隨照，泠泠自用。窮其用處，了不可得。喚作妙用，乃是本心。」〔註29〕禪機應對中一切非言語行爲的使用，正是應該作爲「本心」的自然呈現，而非刻意。在這一前提下，大顛和尚與韓愈交流時會「提起數珠」和「扣齒三下」，而此則公案中他隨機拈取「癢和子」打學人，都在「應機隨照」的意旨中可得到解讀。不僅如此，禪宗公案中的禪師藉助事物的棒打、拄杖打、坐具打等行爲，都在本體大用範疇之內，其中出現頻率最高的莫過於是棒打。

一、禪門棒打

禪師之所以最常以棒打接機學人，在於「棒」乃隨身之物。所謂「棒」，即禪師手中的拄杖。「禪宗之師，執柱杖打學人，謂之下棒。」〔註30〕據說拄杖是佛祖特許兩類人朝見他時持有：「一，爲老瘦無力。二，爲病苦嬰身。又制大小不得過粗指。」而在禪宗，拄杖成爲禪師手中必備之物。常有兩種用途：一是「禪家遊山拄杖。或乘危涉險。爲扶力故」，二是「行脚高士多攜粗重堅木。持以自衒。」〔註31〕禪法機鋒應對過程中，要截斷學人的邏輯思維，以明心見性，接機的手段必須簡單直接、易於施爲，棒打、大喝與沉默皆在其類。就棒打而言，禪宗史上以此獲得名望的是德山宣鑒，據說「德山凡見

〔註27〕〔宋〕睦庵 編撰《祖庭事苑》卷一，《卍新纂續藏經》第64卷，第326頁中。

〔註28〕〔宋〕普濟《五燈會元》卷五，蘇淵雷點校，北京：中華書局1984年，第頁265頁。

〔註29〕〔宋〕普濟《五燈會元》卷五，蘇淵雷點校，北京：中華書局1984年，第265頁。

〔註30〕丁福保《佛學大辭典》「下棒」條，北京：文物出版社1984年，第221頁。

〔註31〕〔宋〕睦庵 編撰《祖庭事苑》卷一，《卍新纂續藏經》第64卷，第326頁中。

僧入門便棒」。與其同時代的岩頭全豁評價到：

> 岩頭云：「德山老人尋常秖據一條白棒，佛來亦打，祖來亦打。」〔註 32〕

岩頭全豁指出，德山宣鑒最突出風格就是棒打。其棒打超凡脫俗，不被世俗的「佛」、「祖」等形上觀念所束縛。德山宣鑒自己也宣稱其門下接機學人的方式是「道得也三十棒，道不得也三十棒」，故而後世以「德山棒」名之。但棒打並非始於德山宣鑒，更非其專用。對於棒打作爲宗門教化手段的由來，《宗範》中概括爲：

> 祖祖相授，多於文字顯示。蓋以列祖名振當時，當機爲道心切。一語點睛，全身擔荷。了無扭揑纖疑其間，故不須多番勘驗照用，以辯其眞僞。其旁出諸祖，亦祇是臨時言接。惟六祖接荷澤，爲用棒始，然指授仍不離言詮也。馬祖於問西來意便打，則專以棒接，而機用之門大辟矣。〔註 33〕

這段文字承認了傳統佛教甚至早期禪宗在傳播時，對言語、文字的依賴。至於當時祖師以言語、文字接機學人而不至於誤導，原因在於祖師所言皆源於其參證體驗，而且具備絕對權威。但隨著禪宗的發展，旁支林立，偏離佛祖本意的言論越多，因此有了辨別眞假的必要。故而到六祖惠能時，在以言語接引學人時開始使用棒打。六祖使用棒打接機事，《祖堂集》中如此記述：

> 師初到六祖處，六祖問：「是你遠來大艱辛，還將本來不？若有本，即合識主。是你試說看！」師對曰：「神會以無住爲本，見即是主。」祖曰：「者沙彌爭取次語！」便以杖亂打。師杖下思惟：「大善知識歷劫難逢，今既得遇，豈惜身命！」六祖察其語深情至，故試之也。〔註 34〕

菏澤神會拜見惠能，惠能問其是否帶來了「本來」，即實身本心。只有在實身本心的基礎上，才能認識自性（主）。菏澤和尚答以「無住爲本」，正是與《壇經》中惠能「無念爲宗，無相爲體，無住爲本」觀點相符的觀念。所謂「無住」，按照僧肇對《維摩詰經》的釋文，即是「以心初動爲本」，「無住」就是

〔註 32〕〔宋〕普濟《五燈會元》卷七，蘇淵雷點校，北京：中華書局 1984 年，第 373 頁。

〔註 33〕〔清〕錢伊庵《宗範》卷一，《卍新纂續藏經》第 65 卷，第 289 頁下。

〔註 34〕〔南唐〕靜、筠二禪師編撰《祖堂集》卷三，孫昌武等點校，北京：中華書局 2007 年，第 159 頁。

生命運轉的的狀態，故而「念念不住，前念、今念、後念，念念相續，無有斷絕」，也是「爲人本性」。〔註 35〕惠能在《壇經》中要求行者「於一切法上念念不住，即無縛也。」〔註 36〕而神會在其禪法思想中對此發揮，「無住體上，自有本智；以本智慧知，常令本智而生其心」，〔註 37〕而這「本智」，即是自心。按照常理而言，神會的觀點相當契合惠能的觀點。但惠能卻以拄杖亂打，正是勘辨神會所言是鸚鵡學舌還是其自心領會。若神會不那麼理直氣壯，就沒有勇氣當下承當。故而此棒打正是勘辨學人虛實，其形而上的本原意義姑且不論，在交流實踐中發揮著交際作用，正是《五家宗旨纂要》中三山來歸納禪門棒打藝術中的「取驗虛實棒」，其曰：

> 取驗虛實棒，如學人才到，宗師便打，或進有語句，宗師亦打，此是辨驗學人虛實，看他有見無見，亦不在賞罰之類。〔註 38〕

中唐時期的馬祖道一開始大量地、高頻率地使用非言語動作，並帶動起門下弟子形成一股影響力巨大、重塑時代禪宗形象的風氣。這與馬祖道一宣揚「平常心是道」、「觸境皆如」的宗門意旨有關，從而衍化出諸多方便手段。學人常問「如何是祖師西來意」，屬於對宗門意旨形而上的追溯。在馬祖道一看來，這與其宗旨背道而馳，因此棒打學人，截斷其邏輯推論之路。《五燈會元》中「江西道一禪師」條有兩則關於學人問「如何是西來意」的公案。一則馬祖道一答曰，「即今是甚麼意」。馬祖和尚倡導「平常心是道」，佛法不離世間搬柴運水之事，行住坐臥皆是禪。故而佛法就在當下，學人必須在當下的實踐生活中參證；另一則關於「西來意」的公案裏，馬祖直接棒打學僧，並說「我若不打汝，諸方笑我也。」在馬祖和尚「觸境皆如」的思想背景下，任何的行爲甚至言語、文字，都不是認知佛性的障礙，而是眞如的顯現，馬祖和尚自己就說「隨時言說，即事即理，都無所礙。」〔註 39〕之所以要棒打學僧，是因爲學僧未能懂得馬祖門下「平常心是道」的宗門意旨，意圖從言語、文

〔註 35〕《南宗頓教最上大乘摩訶般若波羅蜜經六祖惠能大師於韶州大梵寺施法壇經》卷一，《大正藏》第第 48 卷，第 388 頁中。

〔註 36〕《南宗頓教最上大乘摩訶般若波羅蜜經六祖惠能大師於韶州大梵寺施法壇經》卷一，《大正藏》第第 48 卷，第 388 頁中。

〔註 37〕《神會和尚禪語錄》，楊曾文校釋，北京：中華書局 1996 年，第 119 頁。

〔註 38〕〔清〕性統編《五家宗旨纂要》卷一，《卍新纂續藏經》第 65 卷，第 260 頁中。

〔註 39〕杜繼文、魏道儒《中國禪宗通史》，南京：江蘇人民出版社 2007 年，第 254 頁。

字的邏輯推證上參究眞知，而非以身體在生活中去切實經歷「佛不遠人」的境界。因此馬祖道一以棒打爲學人製造了當下的經歷，引發的痛覺是私人化的直接感受。

但這種私人化的感受存在著一種人類的共通性，即梅洛龐蒂認爲的在我們的知覺中存在著一種「世界」的一致性，這有可能是佛法參證者棒下得悟的直接原因。梅洛龐蒂認爲，人的身體的並不是客觀刺激的結果。而是相反，它給予了客觀刺激一種意義。這樣客觀刺激就成了一種情境，因而反射與之的關係也就是一種認識關係，這在心理學上的「幻肢」案例中可以得到印證。因此，「生理現象」與「生理現象」發生連接，通向行爲之後的前認知客觀。〔註40〕禪宗說「佛不遠人」，「即心即佛」，正是這樣一種在生理身體但又超越生理進而達到心理身體的前認知客觀。在認知所能表述之外，因此「向上一路，千聖不傳。學者勞形，如猿捉影」；之所以是客觀，在於禪宗所有討論的前提是對佛性的絕對肯定。在交際實踐中，馬祖和尚這次棒打行爲，順應話頭來機，不作矯情，也無更多因緣錯謬，故而屬於三山來禪師歸納的「接機從正棒」，其曰：

> 接機從正棒，如宗師應接學人，順其來機，當打而打，謂之從正，此不在賞罰之類。〔註41〕

自中唐馬祖道一以下，禪宗棒打的粗暴風氣開始大興。「其時禪風大播，千里同風。」〔註42〕其原因一方面在於「從文字得力者弱，從事上得力者強」；另一方面，禪宗不同門派之間有意見相左之處，難免辯駁互論之時。而學人只知務虛，沉溺於言語邏輯之推論。「然門庭既別，曲調難齊，不無有淺深純雜之異。矧夫虛妄浮心，多諸巧見，口頭弄滑，以紫亂朱。在學輩既未能刻苦研窮，而專唇舌。」〔註43〕因此，棒打等身觸手段，就作爲一種糾正禪林不正之風的手段出現。「爲師者不得不掃除言句，而變機鋒。全提棒喝，塞斷咽喉。電閃雷轟，命喪眞露。一點再點，鼻痛耳聾。三打三拳，得牛完馬。」〔註44〕馬祖道一自己擅長用棒打等非言語手段接機學人，其眾多弟子也行棒喝之

〔註40〕〔法〕莫里斯·梅洛龐蒂《知覺現象學》，姜志輝譯，北京：商務印書館2005年，第114頁。

〔註41〕〔清〕性統編《五家宗旨纂要》卷一，《卍新纂續藏經》第65卷，第260頁中。

〔註42〕〔清〕錢伊庵《宗範》卷一，《卍新纂續藏經》第65卷，第289頁下。

〔註43〕〔清〕錢伊庵《宗範》卷一，《卍新纂續藏經》第65卷，第289頁下。

〔註44〕〔清〕錢伊庵《宗範》卷一，《卍新纂續藏經》第65卷，第290頁上。

事。就棒打而言，如百丈懷海、南泉普願、歸宗智常等人，皆有棒打學人的機鋒，如：

問：「如何是奇特事？」師曰：「獨坐大雄峰。」僧禮拜，師便打。〔註45〕（百丈懷海）

趙州問：「道非物外，物外非道。如何是物外道？」師便打。州捉住棒曰：「已後莫錯打人去。」師曰：「龍蛇易辨，衲子難謾。」〔註46〕（南泉普願）

師曰：「諸方有五味禪，我這裡祇有一味禪。」曰：「如何是一味禪？」師便打。僧曰：「會也，會也。」師曰：「道，道。」僧擬開口，師又打。〔註47〕（歸宗智常）

馬祖道一門下弟子的棒打行爲，皆是在心外無物、自性自悟基礎上展開的表述。但眞正使用棒打，並首先將其發展爲個人禪機風範的禪師，是馬祖道一的弟子烏臼和尙，其公案如下：

玄、紹二上座參。師乃問：「二禪客發足甚麼處？」玄曰：「江西。」師便打。玄曰：「久知和尚有此機要。」師曰：「汝既不會，後面個師僧祇對看。」紹擬近前，師便打。曰：「信知同坑無異土，參堂去。」〔註48〕

義玄與紹禪師彼時尙爲小和尙，被烏臼和尙問其來處，義玄答曰「江西」被烏臼和尙棒打，隨後紹禪師還未發言就已被打。烏臼和尙批評他們不從自心參悟，到處參學。先是「江西」再是本處，一味向外尋求。所謂「信知同坑」，意思是盲目迷信老師的見解，將之等同於眞知，這在烏臼和尙看來並非正確。這則公案裏，從義玄評價「久知和尙有此機要」的言句，可知烏臼和尙多以棒打設教。烏臼和尙先設下一話語，一語雙關。所謂發足什麼處，一問來自何處，二問認知從何起始。義玄的回答是從言詮的層面回答，卻未能從遮詮的層面予以深入討論，故而被打。在禪法教育實踐中，此則公案的棒打可歸入三山來的「觸令支玄棒」，其曰：

〔註45〕〔宋〕普濟《五燈會元》卷三，蘇淵雷點校，北京：中華書局1984年，第133頁。

〔註46〕〔宋〕普濟《五燈會元》卷三，蘇淵雷點校，北京：中華書局1984年，第140頁。

〔註47〕〔宋〕普濟《五燈會元》卷三，蘇淵雷點校，北京：中華書局1984年，第145頁。

〔註48〕〔宋〕普濟《五燈會元》卷三，蘇淵雷點校，北京：中華書局1984年，第174頁～第175頁。

觸令支玄棒，如宗師置下一令，學人不知迴避，觸犯當頭，支離玄旨，宗師便打，此是罰棒。〔註49〕

由此可知，臨濟義玄隨後泛行棒打，除了在黃檗希運門下的棒打悟機，還有叢林參證過程中的耳聞親證之處。

「中唐以來，禪宗僧侶往往舉止乖僻，言語怪誕，使人們難以常理理解，難用正常思維推斷。」〔註50〕這其中尤其以棒、喝在叢林之中廣為流行，總括其類，皆是「束杖理民」與「不言而化」的手段。無論是河北趙州和尚，湖南潙仰宗和尚，或惟儼禪系的僧人，都齊施棒喝之事。最具代表性的一是源出於南嶽懷讓馬祖道一法嗣的臨濟義玄，在河北地區大施棒、喝；另一路是源出於青原行思法嗣的龍潭崇信的弟子德山宣鑒，以棒打接機學人，在福建、湖南一帶有很大影響。二人分屬不同禪系，傳法地區不一，接機學人的方法卻遙相呼應，禪門公認的「德山棒，臨濟喝」，其事實上二人皆以棒、喝齊行。臨濟義玄與德山宣鑒以棒、喝接機學人並非個人行為，他們的接機方法手段，僅僅是當時峻烈禪風的一個方面。

禪史上以棒打學人為風範的無疑是德山宣鑒，他也是其時代激越禪風的代表人物。《祖堂集・臨濟和尚》中記載「德山見僧參，愛趕打」，〔註51〕但他早期其實也是義學僧。《傳燈錄》中稱他「常講金剛般若」，時謂之「周金剛」。棒打更多作為德山宣鑒顛覆常規認知途徑，否定名相妄見的手段，潙山靈祐稱其將「罵佛罵祖去也」。德山宣鑒激越的禪風在當時有較大的影響，「天下言激箭之禪道者，有德山門風焉」〔註52〕（當然也不排除禪宗語錄編纂的雪峰門下對自己前代祖師的吹捧，比附臨濟義玄。）德山宣鑒有時只是宣稱「放汝三十棒」，但並不真的棒打學人。就其棒打施教的實例，《祖堂集》中也就三例，分別是打欽山、打禮拜僧、打雪峰。第一則與第三則皆是因為欽山與雪峰陷入對前人公案的過度探究，被德山認為是從枝葉上參悟，不知本然命根。故而凡情聖解，一併掃除。依照其禪法施教過程中的作用，可歸入三山來禪師的「掃凡除聖棒」。德山之所以會反對就前人公案作過多探究，這與其在龍潭和尚處參悟經歷有直接關係：

〔註49〕〔清〕性統編《五家宗旨纂要》卷一，《卍新纂續藏經》第65卷，第260頁中。

〔註50〕杜繼文、魏道儒《中國禪宗通史》，南京：江蘇人民出版社2007年。

〔註51〕〔南唐〕靜、筠二禪師編撰《祖堂集》卷十九，孫昌武等點校，北京：中華書局2007年，第855頁。

〔註52〕杜繼文、魏道儒《中國禪宗通史》，南京：江蘇人民出版社2007年，第365頁。

> 因一夜參次，龍潭云：「何不歸去？」師對曰：「黑。」龍潭便點燭與師，師擬接，龍潭便息卻。師便禮拜。潭云：「見什麼道理？」師云：「從今向去，終不疑天下老師舌頭。」〔註53〕

龍潭崇信藉點蠟燭之機，教化德山宣鑒。禪宗常將「心」喻爲「燈」，未曾參悟之人心，黑暗蒙昧。而照亮自性依託外部力量只能明亮一時，要做到心性不被蒙蔽。必須自明其心。龍潭吹滅燈的意思正是激勵德山自己去參證，隨后德山說不懷疑天下老師的舌頭，正在於他明白了言語本身不是錯謬。對於參悟的人而言，無論是言語還是動作，全體皆用。這也可以看出，完全反對言語或文字，不是禪宗的眞正意圖。他們反對的只是一味貪圖從他人言論上參尋第一義，而忽略自修自證。德山宣鑒棒打學人也可從這個意旨上尋求，主要表達要求學人「無事於心，無心於事」，不爲外物羈絆，自心修證之意。他在接機學人過程中常故設機鋒，待學人觸機即當下棒打。如：

> 師又時云：「問則有過，不問則又乖。」僧便禮拜。師乃打之。僧云：「某甲始禮，爲什麼卻打？」師云：「待你開口，堪作什麼？」〔註54〕

德山宣鑒首先提出了一個禪宗的兩難命題：第一義諦無法用言語、文字表述，一旦開口，就是向外求證，有違自性自立；不問又違背心之所嚮，無法達到心的自然純如狀態。僧人禮拜，表達領會德山宣鑒的意見。但其不作獨立判斷，囫圇呑棗，卻正是違背了德山和尙的言語教化的本意，因此被棒打。此則公案中的棒打，按照其用途可歸入三山來禪師劃分的「苦責愚癡棒」，其曰：

> 如學人於此事不曾分曉，其資質見地十分癡愚，不堪策進，宗師勉強打他，是謂苦責愚癡，亦不在賞罰之類。〔註55〕

德山宣鑒禪風激烈，是對其比較準確的評價。他在禪法教育中運用棒打、大喝等手段，甚至到了蠻不講理的地步。在宣教過程中一旦言下設機，「聞此語者惕栗鉗結，無敢當對」，具備很強的震懾力。後人對此舉唱道，「一條白棒

〔註53〕〔南唐〕靜、筠二禪師編撰《祖堂集》卷，孫昌武等點校，北京：中華書局2007年，第274頁。

〔註54〕〔南唐〕靜、筠二禪師編撰《祖堂集》卷，孫昌武等點校，北京：中華書局2007年，第275頁。

〔註55〕〔清〕性統編《五家宗旨纂要》卷一，《卍新纂續藏經》第65卷，第260頁下。

劈頭來，血濺星飛痛可哀。祖師更無迴避處，妙高峰頂也崩摧。」〔註 56〕但德山宣鑒的弟子並不好棒打之事，因而未能光大門庭。作爲一種傳教的獨特手段，棒打在臨濟宗的生命力顯然更強大。臨濟義玄及其弟子不僅形成了宗門好棒打、大喝的傳統，一直向後延續到宋代臨濟宗那裡。臨濟義玄好棒打之事，與其自身早期參悟經歷有關：

> 初在黃檗會中，行業純一。時睦州爲第一座，乃問：「上座在此多少時？」師曰：「三年。」州曰：「曾參問否？」師曰：「不曾參問，不知問個甚麼？」州曰：「何不問堂頭和尚，如何是佛法的的大意？」師便去，問聲未絕，檗便打。師下來，州曰：「問話作麼生？」師曰：「某甲問聲未絕，和尚便打。某甲不會。」州曰：「但更去問。」師又問，檗又打。如是三度問，三度被打。〔註 57〕

《祖堂集》對此記載略有不同，打臨濟義玄的是大愚禪師，〔註 58〕但臨濟於棒打下參悟的事實應該無疑。臨濟義玄在傳法過程中多次提起這段往事，可見其受教感觸之深，其好棒打、大喝的峻烈門風與此經歷有較大關係。

對於棒打的禪法啓悟方式，臨濟義玄曾專門派遣弟子去德山宣鑒門下受教，最後得出「從來疑這個老漢」的模棱兩可的結論，〔註 59〕可見二人同施棒打，意旨卻有所不同。德山宣鑒在其棒打中主要貫穿了「無心無事、離念去情的主張」，〔註 60〕與六祖惠能的「無念」一脈相承。因此毫無掛礙之心，「佛來也打，祖來也打」。臨濟義玄棒打主要貫穿的是自六祖惠能以來，並被馬祖道一宣揚的「即心即佛」思想，重點在突出個人的「自信」。義玄說大多數人「病在不自信處。你若自信不及，即使茫茫地徇一切境轉，被他萬境回換，不得自由」，〔註 61〕因此以棒打接機學人，考驗的是學人是否具備一種不

〔註 56〕〔宋〕法應《禪宗頌古聯珠通集》卷二三，《卍新纂續藏經》第 65 卷，第 618 頁中。

〔註 57〕〔宋〕普濟《五燈會元》卷十一，蘇淵雷點校，北京：中華書局 1984 年，第 642 頁。

〔註 58〕〔南唐〕靜、筠二禪師編撰《祖堂集》卷十九，孫昌武等點校，北京：中華書局 2007 年，第 856 頁。

〔註 59〕〔南唐〕靜、筠二禪師編撰《祖堂集》卷十九，孫昌武等點校，北京：中華書局 2007 年，第 855 頁。

〔註 60〕杜繼文、魏道儒《中國禪宗通史》，南京：江蘇人民出版社 2007 年，第 365 頁。

〔註 61〕杜繼文、魏道儒《中國禪宗通史》，南京：江蘇人民出版社 2007 年，第 335 頁。

向外馳求、立足自我的參證立場，從而達到「立處皆眞」。因此，德山宣鑒棒打學人問「凡聖相去幾何」，是責備其不能抛棄分別心，不能達到中觀不二的無念、無心、無事；而臨濟義玄也要求學人「被他凡聖名礙」，也要求「歇念」、「息心」，但其棒打學人的首要目的是要促其樹立自信，做「大丈夫漢」，自信與佛無別，才敢於向自心求證。如下公案：

> 僧侍立，師豎起拂子，僧禮拜，師打之。後來再度侍立，師豎起拂子，僧不顧，師亦打。〔註 62〕

機鋒應對時「豎起拂子」是禪師禪法教育時常用的手段，以顯示佛法之「體」的當下之「用」。義玄豎起拂子，布下一機。僧人禮拜，卻不知當下承當，故而被打。若以三山來的概括歸納，這就是「觸令支玄棒」，其曰：

> 如宗師置下一令，學人不知迴避，觸犯當頭，支離玄旨，宗師便打，此是罰棒。〔註 63〕

隨後再度相見，義玄依然豎起拂子，僧人若是眞能運心無礙，當拜即拜。但上次被棒打的經歷讓他否認了豎起的拂子是佛法當下即現，於是憑藉經驗，做出判斷，故意不看。這並非當下的直覺體驗，因而再度被義玄棒打。按照三山來的歸納，這屬於「靠玄傷正棒」，其曰：

> 如學人來見宗師，專務奇特造作，依靠玄妙，反傷正理，宗師直下便打，不肯放過，此亦是罰棒。〔註 64〕

相較於德山宣鑒以棒痛打學人、截斷言語道路以達「無念」，臨濟義玄的棒打意旨更豐富一些，在禪法教育過程方法指導意義更強。義玄反覆使用棒、喝等峻烈的禪教手段，樹立峻烈的宗門風範，門下弟子與來往的世俗信眾眾多。其以非言語的行爲教化學人，「罷唱經論之徒皆親堂室示人心要」，在當時引起了很大的反響。其倡導做「大丈夫漢」，強調極度自信，得到了文人的認可，故而「宋元以來，有相當一批具有叛逆性格和反潮流精神的人物服膺臨濟宗旨」。〔註 65〕

〔註 62〕〔南唐〕靜、筠二禪師編撰《祖堂集》卷十九，孫昌武等點校，北京：中華書局 2007 年，第 855 頁。

〔註 63〕〔清〕性統編《五家宗旨纂要》卷一，《卍新纂續藏經》第 65 卷，第 260 頁中。

〔註 64〕〔清〕性統編《五家宗旨纂要》卷一，《卍新纂續藏經》第 65 卷，第 260 頁中。

〔註 65〕杜繼文、魏道儒《中國禪宗通史》，南京：江蘇人民出版社 2007 年，第 335 頁。

當棒打成爲一種常規，如果學人入門不被棒打反而要令人生疑，如：

> 大覺到參。師舉起拂子，大覺敷坐具。師擲下拂子，大覺收坐具入僧堂。眾僧云：「這僧莫是和尚親故？不禮拜又不吃棒。」〔註66〕

大覺和尚到臨濟門下參訪，義玄一言不發，只舉起拂子，以色觀入。大覺立即展開坐具，打算坐下由色悟入；義玄扔掉拂子，意謂色非眞如本身，大覺收起坐具離開。整個交際過程，二人一言未發，但宗門即色明心，又不執著於色的觀點已經交流並傳遞。門下眾僧已經習慣義玄見人就棒打，難免執著於棒打這一接機形式，認爲其必不可少，故而有「莫是和尚親」的疑問，其長舌之處，可堪一笑。

臨濟禪系「以徹底的空觀，打破一切精神枷鎖，做無求人、無事人、自由人」，〔註67〕凸顯了自性的光輝，具有獨立人格之美。臨濟棒打也呈現出與之前禪門棒打不一樣的地方，臨濟義玄的前輩禪師勘驗學人時使用棒打，通常只是老師打學人，極少有學人打老師。如使用棒打而獲得禪林名望的德山宣鑒，也是在這個古典的意義上使用棒打。自臨濟義玄禪法大興後，禪林之中開始頻繁出現師、生互相棒打的情況。究其原因，一是臨濟禪法鼓勵自信自主，號召人們做「大丈夫漢」，不「屈言我是凡夫，他是聖人」，不「被他凡聖名礙」。因此禪師在行腳天下、接應四方時，一定不要迷信權威，不要「被他萬境回換，不得自由」，要相信「眞正見解」就在自身。「師不必賢於弟子，弟子不必賢於師」，大家在眞理面前皆是平等。臨濟義玄鼓勵學人有獨立的辨識力，在參證過程中開始敢於質疑老師的觀點和參證手段，以棒打的方式表達自己的正確立場觀念；二是禪宗發展到晚唐五代，各宗林立，禪法思想不一，觀點衝突的也爲數不少。更有爲數不少的沙門自己並未參透佛法，「接待學人，不辨學人來機，一味亂打，眼裏無珠」，難免在施教過程中「裝模作樣」、「披枷帶鎖」。當被有見地的學人堪破，只得受人一頓好棒。臨濟義玄專門以「四賓主」，對這種禪法應對中的實際情況予以分析；三是晚唐五代時期，社會劇烈動蕩，佛教內部生存空間的爭鬥與勢力範圍的劃分日趨激烈，行腳僧人劇增，僧團構成複雜。禪宗必須要求新求變，才能在生存。因此反對因襲、鼓勵創新成爲臨濟門下的一大特色，潙山靈祐評論義玄與其師黃檗希運的關

〔註66〕〔宋〕道原《景德傳燈錄》卷十二，《大正藏》第51卷，第290頁中。

〔註67〕杜繼文、魏道儒《中國禪宗通史》，南京：江蘇人民出版社2007年，第338頁。

係時說：「見與師齊，減師半德；見過於師，方堪傳授」。〔註 68〕禪宗反對成見，獨立創新的精神，可以在臨濟宗師生互棒間找到落腳之處。

臨濟義玄棒打的禪法教化手段，是晚唐五代動蕩時代人心不安的眞實寫照，正是「行棒行喝，爲亂世之英雄。」〔註 69〕其以製造粗暴的身體感受，幫助學人突破對常知俗見的沉溺。棒打被義玄門下弟子繼承，其中以興化存獎爲首。「在存獎一代，棒喝成爲更主要的闡化形式，『賓主』之類的應對語言其實是沒有的。」〔註 70〕這一棒打、大喝之風，甚至能在宋代臨濟後嗣楊歧方會禪師及其門人那裡也被頻繁施爲，生命延續力非常頑強。

總括其類，禪宗棒打的根本目的在於令學人摒棄擬議之心，返歸自心，「不滯名相，不墮理性言說。放出活卓卓地，脫灑自由妙機。」〔註 71〕學人求取大法時需具備勇氣與毅力，不怕被棒打，「打即任打，要且無祖師意。」唯有如此，才能「斷卻命根，不存枝葉，乃上上提持。」〔註 72〕有時禪師機鋒應對之時並不眞的棒打，而是直接說「放汝三十棒」，德山宣鑒雖以棒打馳名禪林，但常常並不眞的棒打學人。臨濟門下多行眞棒打，但其法嗣的禪師，基本上傾向於將棒打語言化，並發展出「朝打三千，暮打八百」等諺語。就禪宗非言語行爲在禪法教育、交流活動中的發展趨勢而言，逐漸呈式微之勢。即便傳承力最強的棒打、大喝、沉默等，都逐漸被程序化，最終只能在公案文字中供人揣摩。

二、棒、喝、沉默——禪宗最具流佈性的三種接機手段

中唐以來，禪宗禪師在機鋒應對之中使用到類型豐富、姿態各異的非言語行爲。有些行爲只在特定禪教情景之中出現一次，如道林禪師「拈布毛吹之」；或者是某一位禪師獨有，如秘魔岩禪師常以木叉叉人脖頸；有些行爲並不被某一位禪師獨享，而是在一定範圍內流行。如俱胝和尚「舉一指」，就是學自天龍和尚。而差不多同時的五峰常觀禪師、稍後的安國禪師、瑞峰院志端禪師、溈山靈祐等，皆有使用「豎一指」的禪法教育實踐。禪宗的「豎拂

〔註 68〕〔宋〕普濟《五燈會元》卷三，蘇淵雷點校，北京：中華書局 1984 年，第 132 頁。

〔註 69〕「上堂：『說妙談玄，乃太平之奸賊。行棒行喝，爲亂世之英雄。英雄奸賊，棒喝玄妙，皆爲長物。』」〔宋〕普濟《五燈會元》卷十七，蘇淵雷點校，北京：中華書局 1984 年，第 1107 頁。

〔註 70〕杜繼文、魏道儒《中國禪宗通史》，南京：江蘇人民出版社 2007 年，第 340 頁。

〔註 71〕《圓悟佛果禪師語錄》卷十四，《大正藏》第 47 卷，第 776 頁下。

〔註 72〕〔清〕性統編《五家宗旨纂要》卷一，《卍新纂續藏經》第 65 卷，第 260 頁下。

子」、「拈拄杖」、「畫圓相」等皆屬此類；或前人首創，被後人傚仿，如「女人拜」等；還有一類行爲，無論宗派門戶、地理區域或施爲者資歷深淺，皆有施用，這就是禪師機鋒應對中刻意使用到的「棒」、「喝」與「沉默（良久）」。從某種意義而言，一種非言語的行爲在禪眾間被選擇廣泛流傳，或被遺棄，與人類的選擇適應性相關。「人類學家認爲，有機世界和文化世界的選擇是以同樣的標準而運作的——也就是絕對地以適應性爲標準的——而且這兩種選擇互爲補充。」〔註73〕除此之外，與一種非言語行爲本身的質量也有關係。

首先，從保眞度（fidelity）來看，實施棒打、大喝、沉默，所受到的外在因素影響最小，保眞度最高。無論是舉一指、豎拂子、畫圓相、女人拜等，都存在著因爲個體差異、環境差異、時間差異而導致的行爲差異問題。比如「女人拜」，不同地域、不同時代，女性參拜的方式都有差異。即便在一個地區一個時代，也因爲動作施爲者不同而導致觀感不一，較難接近公案歷史上的眞實情狀。同時，動作施爲者以直觀的「勢」呈現佛法，傳遞的是個體主觀經驗。與之相比，棒打、大喝、沉默，均是在生理層面或原初認知層面形成感受，無論何時、何地、何人，這種最原始的直覺感受都較爲一致。而動作施爲者以此行爲直接造成被施爲者的身體觸覺、聽覺、心靈直覺的自我感受，引發的是直接經驗。

其次，從多產性（fecundity）來看，整個唐五代，甚至到宋代，棒打、大喝、沉默都是被禪師頻繁傚仿的行爲。相對於其它的非言語行爲的偶然爲之或小範圍流行，公案中這三種行爲出現的數量最多、頻率最高。在禪宗公案眾多非言語行爲之中，棒打、大喝、沉默最基本的功能就是「截斷」，截斷言路或邏輯思考，其表意功能相對較弱，引發的認知聯繫相對較少，因此也最容易被人模仿。

再次，從長壽性（longevity）來看，棒打、大喝、沉默無疑是禪宗流傳時間最長的非言語接機手段。如果追溯「沉默「作爲開示手段的緣起，可以追溯到釋迦牟尼在世時代。就棒打、大喝、沉默在禪法教育實踐中的運用，由其產生爲始，在中唐到晚唐五代期間，被不同門派的禪師頻繁模仿使用。而宋代臨濟宗禪師如楊歧方會、大慧宗杲等，也常行棒喝之事。沉默（良久）首先成爲禪法應對之間較爲固定的手段，在宋代則發展成爲上堂示機的固定

〔註73〕〔英〕蘇珊·布萊克摩爾《謎米機器》，高申春譯，長春：吉林人民出版社2001年，第60頁。

程序之一。而以宏智正覺爲代表的禪師，在兩宋之際掀起的了「默照禪」的禪風，在士大夫階層具有很大的影響力，也代表著對原始沉默禪坐風格的回歸。棒打、大喝、沉默的接機手段，在隨後禪法式微的元明清時代，仍有禪師倣仿使用。不過彼時禪宗禪法已無任何創見，此類行爲純屬效尤之作。

當禪師所使用的非言語行爲，在其同時或後代禪師的認知與心理作用下被模仿，從而以動態符號的形式，實現宗門之內的文化習得與傳播。蘇珊·布萊克摩爾曾描述這一過程：「當你模仿別人時，必然有某種東西從別人身上傳遞到你身上，爾後，它又會從你身上傳遞到另外一個人身上，又從另一個人身上再傳遞到另一個人身上，從而獲得它自己的生命。」布萊克摩爾將這種動態傳遞的符號命名爲「謎米（meme）」，「這種在不同的人之間相互傳遞的東西，可以是一個觀念、一個教誨、一個行爲、一條消息。」〔註 74〕至於爲什麼大量創作的新符號消失，只有極少數的被保留下來，與我們上面論述的三個方面密切相關。

從這個意義而言，但凡被模仿而傳遞的任何事物，都是一個肩負著文化信息與宗門體驗的「謎米（meme）」。種種非言語行爲在叢林中被模仿時，其中的意義也在傳播中被傳達，模仿的過程就是信息被傳遞的過程，自我認知更新的過程。如：

> 示眾云：「每日起來，拄卻臨濟棒，吹雲門曲，應趙州拍，擔仰山鍬。驅溈山牛，耕白雲田。七八年來，漸成家活。」〔註 75〕

禪師每一種施教手段，都是「文化傳播單位」即「謎米（meme）」。每一種對前人施教手段的模仿，都是「謎米（meme）」的自我瘋狂複製。複製的過程就是宗門的文化習得即佛法修證的經歷，雖然這一模仿過程微妙而不能被人直接感知到，但學人最後「漸成家活」，有了獨立認知，已經是自我進化後的結果。

禪師公案中所使用的棒打、大喝，形制比較簡單：一個是以拄杖打，直接引發痛覺；一個是以聲音吼，造成聽覺的震撼。總結其類，皆是以外在的強烈刺激，斷絕向外部世界求索的趨向。如果說沉默是促使人主動積極地由向外求證轉到向內探索，棒與喝就是一種被迫地內省，最後造成思維「懸擱」。

〔註 74〕〔英〕蘇珊·布萊克摩爾《謎米機器》，高申春譯，長春：吉林人民出版社 2001 年，第 7 頁。

〔註 75〕〔宋〕普濟《五燈會元》卷十九，蘇淵雷點校，北京：中華書局 1984 年，第 1245 頁。

〔註 76〕這樣的「懸擱」迫使禪教活動的參與者，放棄依託他方經驗而獲取佛性的預設性前提，進而自否定，發動經驗對觀念、對象自下而上的作用，這就是禪宗所謂的自證自悟。由於佛性並不是看上去似乎「是」的樣子，故而主體必須拋棄原有的對象認知，自主把握一種嶄新形態的對象意識。這種新的對象意識，源於自心，將逐漸固化爲一種知識，也就是參證後的「心識」。若再度呈現在無限發展的經驗現象之中，則「觸景皆如」：

> 才到便問:「從上宗乘中事，學人還有分也無？」德山打一棒云:「道什麼？」因此有省。後在鰲山阻雪，謂嵓頭云:「我當時在德山棒下，如桶底脫相似。」嵓頭喝云:「爾不見道，從門入，不是家珍。須是自己胸中流出，蓋天蓋地，方有少分相應。」雪峰忽然大悟。〔註 77〕

德山宣鑒「一棒」，截斷了雪峰義存對形而上本原佛性在邏輯層面上的追溯過程，促使雪峰義存反省。這已經是令其屬於拋棄固有認知，重新把握對象意識的功效，雪峰義存將之比作「桶底脫」。隨後被岩頭再一「喝」，將外在引發雪峰義存知覺的棒打、甚至當下的大喝，都否定掉。而從自性中找到活水之源，這是一種類似於現象學懸置與還原的過。棒打、大喝、沉默等禪悟方法，類似於梅洛龐蒂對「懸置」的描述:「引導我們偏離嚴格的科學方法論而進入到『辯證的處境』、『無限的沉思和對話當中』。」〔註 78〕

〔註 76〕〔德〕埃德蒙德·胡塞爾《現象學的方法》，倪梁康譯，上海：上海譯文出版社 2005 年，第 28 頁。

〔註 77〕〔宋〕重顯頌古 克勤評唱《碧巖錄》卷一，《大正藏》第 48 卷，第 145 頁上。

〔註 78〕Merleau-Ponty，Maurice Sense and non ～sense.trans Hubert L Dreyfus,Patricia Allen Dreyfus Evanston:Northweatern univ.pr,1964,135.